中央高校基本科研业务费专项资金资助重大培育项目"新高考时代普通高中学生学习力研究"（SWU1909227）

重庆市教育科学规划 2017 年度重点项目"新高考政策实施中学校深度变革研究"（项目编号：2017 – GX – 005）

西南大学教育学部
现代教育文库

# 高中师生的新课程认同

李宝庆 著

人民出版社

图书在版编目（CIP）数据

高中师生的新课程认同 / 李宝庆 著. —北京：人民出版社，2018

ISBN 978-7-01-020014-9

Ⅰ.①高… Ⅱ.①李… Ⅲ.①课程－教学研究－高中 Ⅳ.①G633

中国版本图书馆CIP数据核字(2018)第250048号

高中师生的新课程认同

GAOZHONG SHISHENG DE XIN KECHENG RENTONG

著　　者：李宝庆

责任编辑：阮宏波　韩 悦

出版发行：人 民 出 版 社

地　　址：北京市东城区隆福寺街99号

邮政编码：100706

印　　刷：廊坊市海涛印刷有限公司

版　　次：2019年4月　第1版

印　　次：2019年4月　河北第1次印刷

开　　本：710毫米×1000毫米　1/16

印　　张：17

字　　数：220千字

书　　号：ISBN 978-7-01-020014-9

定　　价：68.00元

销售中心：(010) 65250042 65289539

# 目　录

# 导　论

## 第一节　研究背景

### 一、高中新课程改革的稳步推进

世界上愈来愈多的国家已经充分认识到：未来各国间综合国力的竞争，关键在于人才的竞争。因此，西方一些主要国家都大力倡导教育的重要性，并把教育作为重中之重来抓。纵观中外近代教育改革，无不把课程改革放在突出的位置，作为提高人才质量的关键。"教育的第一要义是课程。向年轻一代展开何种教育，使孩子们学到什么，宣示什么是最有价值的，最终将影响国家的前途、民族的振兴。从这个意义上讲，对课程改革的关注就是对国家未来和民族未来的关注。"① 每一次教育改革，最终必然要深化、落实到课程这个核心问题上。如果没有课程的实质性改革，而只改学制，或只改教法，这样的教育改革最后是不可能成功的。

20 世纪 80 年代以来，世界各国掀起了基础教育课程改革的浪潮。面对竞争日趋激烈的国际环境，人才显得越来越重要，我国的基础教育课程改革也被提上日程。1999 年召开的第三次全国教育工作会议提出了改革现行基础教育课程体系的问题，新一轮基础教育课程改革开始启

---

① 石鸥：《结构的力量——〈普通高中课程方案（实验）〉的理解与实施》，高等教育出版社 2004 年版，第 2 页。

动。2001 年教育部《基础教育课程改革纲要（试行）》提出的六项具体目标，构成了这一次基础教育课程改革的总体框架。作为新中国成立以来的第八次基础教育课程改革，相比之前的七次课程改革，这次课程改革在课程的功能、结构、内容、实施、评价和管理方面都较传统课程有了重大突破，是对原有课程体系和观念的重大变革。

普通高中教育处于义务教育与高等教育之间，是基础教育的重要组成部分，是学生个性形成、自主发展的关键时期，对提高国民素质和培养创新人才具有特殊意义。2003 年 3 月，教育部颁布了《普通高中课程方案（实验）》和语文等十五个学科的课程标准（实验），普通高中新课程改革正式启动。2004 年 9 月，广东、山东、海南、宁夏开始进行普通高中新课程的实施；2005 年秋季，江苏开始实施普通高中新课程实验；2006 年秋季，浙江、福建、辽宁和安徽全面开始实施普通高中新课程；2007 年秋季，北京、湖南、黑龙江、吉林和陕西全面进行普通高中新课程实验；2009 年秋季，内蒙古自治区开始全面进行高中新课程改革；2010 年高中新课程在我国全面展开。此次高中新课程改革，涉及普通高中培养目标的变化、课程结构的调整、课程管理的变化、课程内容的更新、课程资源的开发、教学方式的变化、课程评价体系的重建等方面。

对高中课程改革的重视也在我国近期出台的诸多政策文件中得以体现。比如，2010 年 7 月中共中央、国务院颁布的《国家中长期教育改革和发展规划纲要（2010—2020 年）》指出："全面提高普通高中学生综合素质。深入推进课程改革，全面落实课程方案，保证学生全面完成国家规定的文理等各门课程的学习。创造条件开设丰富多彩的选修课，提高课程的选择性，促进学生全面而有个性的发展。积极开展研究性学习、社区服务和社会实践。建立科学的教育质量评价体系，全面实施高中学业水平考试和综合素质评价。建立学生发展指导制度，加强对学生的理想、心理、学业等多方面的指导。"2017 年 1 月国务院颁布的《国家教育事业发展"十三五"规划》也指出："鼓励普通高中实行选课制、走班制，开设多样优质的选修课程。推动合作探究式学习，倡导任务驱动学习，提高学生分析解决问题的能力。支持有条件的普通高中与高等学校、科研院所开展有效合作，推进创新人才培养。继续推进中学生科技创新后备人才培养计划、全国青少年高校科学营等活动，积极试点探索大学先修课程。"

随着高中新课程改革的实施与逐步推进，高中课程改革研究近年来在我国取得了显著进展。高中课程改革研究早期的讨论主要集中在课程政策的制定以及教科书等文本资源的开发等问题上。随着改革的深入，研究者的视角逐步下移至改革真正发生的场域——学校。这种研究重心的下移正反映了高中课程改革研究逐渐深入的历程。教师和学生对高中新课程改革的认同感如何，是一个非常重要的理论和实践问题。

## 二、教师：高中新课程改革的关键因素

国际 21 世纪教育委员会主席雅克·德洛尔（J. Dolors）在《教育——财富蕴藏其中》一书中指出："不管怎样，没有教师的协助及其积极参与，任何改革都不能成功。"[①] 加拿大著名教育改革专家富兰（M. Fullan）认为："教育改革包括学习如何处理新事物。从这个意义上说，如果有某种单一的重要因素能够影响改革，那么只能是教师。"[②] 可见，教师在课程改革中起着重要的作用。事实上，"课程变革从来都是对教师适应性的一种挑战"。[③] "教师通过参与学校甚或学区课程委员会的工作，可以贡献他们的实践知识，以确认哪些计划在课堂里是切实可行

---

① 联合国教科文组织总部：《教育——财富蕴藏其中》，联合国教科文组织总部中文科译，教育科学出版社 1996 年版，第 15 页。
② 转引自："新课程实施与实施过程评价"课题组：《基础教育课程改革的成就、问题与对策》，《中国教育学刊》2003 年第 12 期。
③ 靳玉乐、尹弘飚：《教育改革中教师适应性探究》，《全球教育展望》2008 年第 9 期。

的，哪些是不可行的，从而提高课程的适切性。"① 随着课程理论研究的不断深入和课程改革实践的逐步推进，教师作为课程改革系统中的重要因素，在人们的研究视野中日益占据了显要位置，于是便有研究者提出了"教师参与课程改革"这一命题。斯滕豪斯（L. Stenhouse）认为："知识不是需要学生接受的现成的东西，而是学生思考的对象；它不能被作为必须达到的目标来束缚人，教育是要通过促使人思考知识来解放人，使人变得自由。""改进教育实践不能靠远离实践的心理学家通过'精确化'的研究成果设计方案，让教师执行而实现；相反，要靠真正进行教育活动的教师自己发现实践中的问题、思考解决问题的办法来实现。改革的关键在于使教师得到发展，扩大他们的专业自主性。"② 他的一句名言就是"没有教师的发展就没有课程发展"。③ 斯滕豪斯认为，课程开发的核心力量应是教师，因为教师最明白教育现场发生的事情，与学生接触的时间也最长。他鼓励教师对自己的课程实践进行反思批判和发挥创造，主张教师成为主动的反思者和实践者，发展教师对于教学的理解和研究能力，从而扩大教师的专业自主性。英国教育专家埃利奥特（J. Elliott）强调："课程的改革实际上是教师的变革，没有教师自身的主动适应与变化发展，课程改革是不可能实施和成功的"。④ 因此，关注高中教师对我国新课程改革的认同状况，无疑有助于我国高中新课程改革的顺利推进。

---

① 王建军：《教师参与课程发展：理念、效果与局限》，《课程·教材·教法》2000 年第 5 期。
② 施良方：《课程理论——课程的基础、原理与问题》，教育科学出版社 1996 年版，第 187 页。
③ 施良方：《课程理论——课程的基础、原理与问题》，教育科学出版社 1996 年版，第 189 页。
④ 石筠弢、刘捷：《变革中成长——高中新课改与教师专业发展》，《当代教育科学》2004 年第 12 期。

### 三、学生：高中新课程改革的重要力量

学生的地位问题在教育领域一直是重要话题。学生的地位如何，往往在一定程度上决定着教育的价值取向，并对教育目的、内容、实施和评价等都产生深远影响。《学会生存——教育世界的今天和明天》中指出，"如果任何改革不能引起学习者积极地亲自参加活动，那么这种教育充其量只能取得微小的成功"。① 麦克尼尔（J. D. McNeil）曾指出，"许多团体和个人都想对应该教什么的问题争得一份发言权，没有一个单一的来源认为自己有足够的影响力量……虽然学生常被认为在决定学校教什么上没有多大权力，但他们对于学什么的问题有很大的发言权"。② 学生的声音在课程改革中长期被忽视既不利于学生的发展，也不利于课程改革的推进。高中新课程改革强调为了每一个学生的发展，让学生真正成为学习的主体、课堂的主人，其核心理念是以学生发展为本。研究高中生对新课程的认同感，从学生的视角出发关注学生的态度，恰恰是对新课程改革"以人为本"这一理念的生动体现。高中新课程的顺利推行，除了教师有效地实施新课程以外，同时也要考虑学生对新课程的态度。事实上，高中学生是课程活动的参与者，如果不关注学生对新课程的认同状况，我们就难以掌握学生对新课程的真正态度，从而极大影响课程实施的效果。因此，课程认同是我们理解学生对高中新课程行为反应的一个重要途径，直接关系到新课程改革的实施效果，即高中课程目标是否能从注重传授知识转变为引导学生学会学习，学会做人。在课程结构方面，学生的接受程度如何？在课程实施方面，学生扮演的角色是否得到真正体现？在课程评价方面，学生对于参与评价这

---

① 联合国教科文组织国际教育发展委员会：《学会生存——教育世界的今天和明天》，华东师范大学比较教育研究所译，教育科学出版社1996年版，第265页。
② ［美］约翰·D.麦克尼尔：《课程导论》，施良方译，辽宁教育出版社1990年版，第340页。

种形式的态度以及评价过程中的行为是否实现？

## 第二节　研究意义

目前高中新课程的认同问题已成为影响和制约新课程改革深入推进的重要因素。高中教师和学生是新课程实施过程中最直接的参与者，是高中新课程改革顺利进行的重要条件。他们对高中新课程能否认同、认同程度如何，直接关系到高中新课程改革的成败。随着高中新课程的深入推进和全面实施，对师生课程认同的研究具有深远的意义。

就理论意义而言，本书有助于丰富课程改革的理论研究。马克思主义认为，"哲学意义上的价值是从人们对待满足其需要的外界事物的关系中产生的，是主体以自身的需要为尺度对客体意义的认识。"[①] 从性质上说，"课程价值属于课程问题的哲学层面，而课程实际的设计、编制、实施、评价都无一不受到课程价值取向的制约"。[②] "现代课程的价值取向越来越趋向于个体本位、能力本位和学生本位，人们越来越强调新课程在实施过程中，将学校、教师、学生作为改革的主体，赋予其更多的自主权来实施变革并解决问题。"[③] 基于这种价值取向，通过研究教师和学生对高中新课程的认同状况，可以为我们进一步研究新课程价值的实现提供事实依据与理论基础。本书可以引起国内教育领域重视这一问题，正视高中新课程改革课程实施中存在的问题，推进高中新课程改革的开展。同时，随着本书研究的深入，高中教师与学生对高中新课程改革的认同状况及其影响因素等理论问题也将逐渐明晰，有助于进一步丰富课程改革的理论研究，并同时扩展我们对教师与学生情感态度的认识。

---

[①] 陆志远：《课程的价值与评价》，《海南大学学报（人文社会科学版）》1994 年第 1 期。
[②] 王颖慧：《课程价值问题述评》，《安徽教育学院学报》2007 年第 2 期。
[③] 朱萌、杨会萍：《影响课程实施的归因分析》，《当代教育论坛》2006 年第 10 期。

就实践意义而言，本书可以为全面修订高中课程工作提供参考，促进高中新课程改革的顺利推进。2014 年 9 月，国务院发布了《关于深化考试招生制度改革的实施意见》（国发［2014］35 号），标志着我国新一轮考试招生制度改革正式启动。该文件指出，要"形成分类考试、综合评价、多元录取的考试招生模式，健全促进公平、科学选才、监督有力的体制机制，构建衔接沟通各级各类教育、认可多种学习成果的终身学习'立交桥'"。此次高考改革旨在探索基于统一高考和高中学业水平考试成绩、参考综合素质评价的多元录取机制，改善"唯分数论""一考定终身"的现行高考制度，其改革内容涉及完善高中学业水平考试、促进高中学生综合素质评价、规范考试加分、完善和规范高校招生选拔机制、改进录取方式等方面。为了与高考招生制度改革相衔接，我国也正全面修订高中课程，涉及课程方案、课程标准、教材，以加大高中课程的选择性，并满足高考"选考"要求。本书从教师和学生的视角审视高中新课程改革本身，包括课程目标确立，课程内容选择，课程实施情况，课程评价途径的科学性、合理性与适切性，目的在于了解高中教师和学生经过一段时间的教学和学习后，对高中新课程改革的感受和看法，从中发现高中新课程改革过程中存在的优势与不足，对于促进高中新课程改革的有效运作具有重要的指导作用。另外，调查研究的过程有助于促进师生对高中新课程改革的理解，使他们更加明确高中新课程改革的价值与意义，从而获得他们的支持与认可，并促进高中新课程的顺利实施。

## 第三节　概念界定

### 一、认同

"认同"一词的英文 identification 是由两个拉丁文演变而来的，即

idem 和 facere，idem 是"相同"（the same）的意思，facere 是"去做"（to do）的意思，合而言之，意思就是去做和别人相同的事情。在许多文献中我们会发现，认同是主体受到一套价值模型影响的过程，此过程可能为学习过程、心理过程、社会化过程、有意识与不知不觉中进行的过程。另外，认同的概念也包含行为、动机、接受一套价值模型等。认同是一个复合词，其意义是由"认"和"同"复合而成。"认同"在现代汉语中有两种含义：一是认为跟自己有共同之处而感到亲切；二是承认、认可。根据"认"和"同"的复合含义来说，"认同"还有赞同、同意的意思，其义与承认有相似之处。① 按照《辞海》的解释，认同泛指"个人与他人有共同的想法。人们在交往过程中，为他人的感情和经验所同化，或者自己的感情和经验足以同化他人，彼此间产生内心的默契"。②

在心理学、人类学、社会学、民族学等领域中，认同是一个被广泛使用的概念，是一个独立的主体对客体在情感、态度乃至认识上的一种转换过程，对其研究也涵盖了诸多领域，对其定义有以下几种："认同是一种情感、态度乃至认识的移入过程"③；"认同是社会化过程中个体对他人的整个人格发生全面、持久的模仿学习"④；"认同是一种防御性机制，指由于某种动机而有选择地模仿别人某些特质的行为"⑤；"认同是心理学中用来解释人格结合机制的概念，即人格与社会及文化之间怎样互动而维系人格的统一和一贯性的内在力量，因此这个概念又用来表示主体性、归属感"⑥；"认同是一种社会学习的历程，人格发展的过程

---

① 李素华：《对认同概念的理论述评》，《兰州学刊》2005 年第 4 期。
② 夏征农主编：《辞海》，上海辞书出版社 1999 年版，第 1094 页。
③ 费娜宇：《社会心理学词典》，河北人民出版社 1988 年版，第 346 页。
④ 朱智贤：《心理学大词典》，北京师范大学出版社 1989 年版，第 535 页。
⑤ 朱智贤：《心理学大词典》，北京师范大学出版社 1989 年版，第 535 页。
⑥ 沙莲香：《社会心理学》，中国人民大学出版社 2002 年版，第 172 页。

就是从社会认同转变为自我统合"①。通过对认同概念的相关梳理,我们不难发现,不同学科分别从功能方面、动机特征、行为特征来对认同进行阐述。心理学的认同主要指个体在成长中出现自我认识危机时如何适应和调整的问题,而社会学研究的对象是人们对社会角色达成的共识及其对社会关系的影响。因此,社会学的认同主要集中在研究不同文化背景下个体对民族文化的认同,或者是对自己民族成员身份的认可和接受,是指对"身份"的认同,即对社会身份(或社会角色的合法性)的确证。

综上所述,认同就是接受、认可或同意,是在知晓基础上产生了发自内心的好感和赞同,以及行动上的一致。本书的认同指的是"主体对客体表现出来的积极的正面态度和行为"。②

## 二、课程认同

课程认同有两方面的内容构成,一是指作为主体的教师、学生等对课程理念、课程目标、课程资源配备、课程设置、课程评价等是否赞同、是否认可的心理意向和态度,另一方面也指课程主体对课程客体的理解和认识。课程主体一般包括教育行政人员、校长、教师、学生、家长等,课程客体是课程所具有的能够满足课程主体需要的属性、功能及相关材料,一般包括课程理想、课程文件、课程文本、课程实施条件等。③ 主体对课程认同的内容以目标认同、内容认同、教材认同、评价认同、教学认同等为主体。课程认同受课程主体的教育观念、价值取向、生活环境等的影响,同时也受文化传统和社会发展的影响。课程主体对课程认同的某种状态可以用认同度来表征。作为主体的学生对新课

---

① 张春兴:《青年的认同与过失》,台湾东华书局世界图书出版社 1993 年版,第201 页。
② 李子建:《香港小学教师对课程改革的认同感:目标为本课程与常识科的比较》,《课程论坛(香港)》1998 年第 2 期。
③ 解月光:《高中信息技术教师的课程认同状况及其归因分析》,《中小学电教》2005 年第 10 期。

程认同度越高，对新课程的实施越有利。

### 三、教师的课程认同

"教师认同"（teacher identity）是教育研究的热点。北美学者卡洛是较早对教师课程改革认同感进行探讨的，他指出："认同与抵制是教师在面对课程变革时自然而可预测的两种共生反应，前者表示教师在心理上对变革所持的倾向态度，后者关注教师外显行为反应"。① 庞奇与麦卡提在早期研究中表明，"教师对变革的知识、教师参与变革的行为、教师对教育的一般态度是影响认同感的三个主要因素。"② 澳洲学者沃与庞奇指出："对教师课程改革认同感的理解要考虑七个因素：教育改革的实用性、对教育改革的期望、教师对改革的成本效益评价、学校对教师的支持、缓解改革给教师带来的担忧和不确定性、对教育问题的基本信念、教师比较新旧制度之后的看法。"③沃与戈弗雷依据沃与庞奇的评定模式研究澳大利亚教师对单元课程的认同感，认为"影响认同感变化的有 7 个因素，包括单元课程给教师带来的非金钱成本效益、课程的实用性、减轻实施中教师的恐慌和不确定性、教师对单元课程的关心事项、教师在学校课程决策中的参与、对比新旧课程后的感觉、其他人士的支持。"④

教师对课程改革的认同感是影响课程实施的重要因素。如果教师积

① C. Kazlow, Faculty Receptivity to Organizational Change: A Test of Two Explanations of Resistance to Innovation in Higher Education, *Journal of Research and Development in Education*, 1977, 10(2), pp. 87 – 98.

② K. F. Punch, W. A. McAtee, Accounting for Teachers' Attitude towards Change, *Journal of Educational Administration*, 1979, 17(2), pp. 35 – 49.

③ R. F. Waugh, K. F. Punch, Teacher Receptivity to System – wide Change in the Implementation Stage, *Review of Educational Research*, 1987, 57(3), pp. 237 – 254.

④ Russell F. Waugh, John Godfrey, Teacher Receptivity to System – wide Change in the Implementation Stage, *British Educational Research Journal*, 1993, 19(5), pp. 565 – 578.

极认同改革，课程改革就有可能取得预期的效果。一般而言，认同与抵制（resistance）是教师在面对课程变革时自然而可预测的两种共生反应，前者表示教师在心理上对变革所持的倾向程度，后者则关注教师外显的负面行为反应。教师的课程认同，是指教师对课程改革表现出的正面的态度和行为意向。

### 四、学生的课程认同

"学生课程认同是学生对课程本身的功能属性满足其需要的一种肯定的态度认识，是学生在感情上和心理上趋同的结果，也是学生在认识上和情感上对课程的一种内化与同化。"[①] 可进一步理解为学生对新课程的接受程度。研究表明，学生的课程认同感越高，越利于学生对于新课程的适应，反之亦然。以学生的视角为切入点来评价课程，让学生参与到课程评价中来，这是在新课程改革背景下"以人为本"理念的生动体现，学生是学习的主体，每个学生都有自己的头脑、性格、意愿、知识和思想基础以及自己的思想和行为规律，每个学生都是发展中的个体，需要相应的以课程为中介的教育对其进行塑造和培养。关注学生对课程的看法和态度，正体现了高中新课程改革中关注人的要求。

## 第四节　研究方法

### 一、文献研究法

文献是进行科学研究的基础，它贯穿科学研究的全过程，从选题、初步调查以及论证课题、制订计划、搜集整理和分析研究资料到形成研究报告，都离不开相关文献的检查和利用。本书通过对国内外文献的梳

---

① 邢志芳：《普通高中学生通用技术课程认同现状研究》，硕士学位论文，东北师范大学 2006 年，第 5 页。

理，了解了关于高中新课程和课程认同的国内外研究现状，以及与本书相关的理论支撑和调查方法，为本书的研究寻求启示、提供依据。

## 二、问卷调查法

本书的重要方法是问卷调查法。问卷调查以书面提出问题的形式搜集资料，通过借鉴其他研究者的调查问卷设计，设计出高中教师和学生新课程认同的调查问卷，然后施测，确定最终调查问卷。

## 三、访谈法

访谈，就是研究性交谈，是以口头形式，根据被询问者的答复搜集客观的、不带偏见的事实材料，以准确地说明样本所要代表的总体的一种方法。访谈在发放问卷的学校进行，访谈对象包括高中教师、学生。因研究问题的性质、目的或对象的不同，访谈法具有不同的形式。通过访谈获得一个多层次、多声音的对话结构文本，从而就关注的问题进行多角度、多方面的深入描述与分析。

## 四、个案研究法

个案研究法是"以一个个体或者一个组织（一个家庭、一个社会、一所学校或一个部落等）为对象研究某项特定行为或者问题，它偏重于探讨当前的事件或问题，尤其强调对于事件的真相、问题形成的原因等方面做深刻而且周详的探讨，旨在探讨一个个案在特定情境脉络下的活动性质，以了解它的独特性与复杂性"。① 个案的实质是为了达到对某类现象的认识而对某一个（或几个）案例进行研究。本书选取高中数学、研究性学习等学科，以之为个案，深入分析高中教师与学生对新课程的认同状况。

---

① 林重新：《教育研究法》，台湾扬智文化出版社2001年版，第428页。

# 第一章

## 高中教师的新课程认同[①]

① 该部分由李宝庆与龙兴共同完成，胡亚慧、吕婷婷、马晓玲也协助作了调查数据的整理与统计工作。

## 第一节 研究设计

### 一、研究目的

1. 调查在高中新课程改革过程中，教师对新课程的认同现状。

2. 在上述调查的基础上，分析高中教师对新课程的认同差异及影响因素。

3. 提出有效的促进高中教师更好地认同新课程的实践策略与保障机制。

### 二、研究程序

（一）研究思路

首先对国内外关于高中教师新课程改革认同方面的研究进行总结、评论，进而建立研究假设，并根据这个理论假设作为问卷设计的基础，初步拟订相关问卷。其次，深入高中学校进行实地研究，包括访谈、课堂观察等，改进初拟问卷，并通过统计检验，确定问卷设计的信度和效度，编制出科学可靠的问卷调查表，然后着手开展问卷调查。最后，综合质化和量化分析以及研究结果，发现目前高中教师新课程改革认同具体存在的问题。

（二）研究对象

根据课题研究目标，课题组选定重庆、四川、江苏等省市城乡高中学校的教师作为研究对象。

（三）研究工具

1. 高中教师新课程认同感问卷

（1）问卷的编制

在已有相关研究的基础上，通过整理质化调查阶段的相关信息，开发出适用于本书的调查问卷，编制出了《高中教师新课程认同调查问卷（教师用）》（见附录1）。该问卷主要包括两部分。第一部分是高中教师的基本情况，即高中教师的个人背景信息，主要包括性别、教龄、学历、所在学校、任教班额、任教科目。第二部分是高中教师新课程认同感的调查，由47个题目组成，共分7个维度：主要包括课程目标认同（1－6题）、课程内容认同（7－14题）、教学方式认同（15－21题）、教师角色认同（22－28题）、课程评价认同（29－35题）、影响高中教师新课程认同的因素（35.47题）。问卷最后部分留有两道开放题。问卷采用5点计分制，正向题从"完全同意"到"完全不同意"分别赋5、4、3、2、1分，反向题相反，得分越高，说明高中教师新课程认同程度越高，反之，则说明高中教师新课程认同程度越低。

（2）研究对象

本书的主要对象是国内不同地区的高中教师，并且是选取了具有典型代表性的高中进行问卷发放。所有问卷均以匿名的方式进行。正式发放问卷1400份，收回问卷1232份，有效问卷1221份。在被调查者中，男教师562人（45.6%），女教师670人（54.4%）；5年以下教龄者242人（19.6%），5—10年教龄者320人（26.1%），11—20年教龄者412人（33.4%），20年以上教龄者258人（20.9%）；中专（高中）学历者7人（0.6%），大专学历者35人（2.8%），本科学历者1079人（87.6%），本科以上学历者111人（9.0%）；城区高中教师773人

（62.7%），农村高中教师459人（37.3%）；班额30人以下教师有28人（2.3%），班额30—39人教师有263人（21.3%），班额40—49人教师有274人（22.2%），班额50—59人教师有454人（36.9%），班额60人以上教师有213人（17.3%）；数学教师172人（14.0%），语文教师211人（17.1%），英语教师198人（16.1%），历史教师138人（11.2%），地理教师104人（8.4%），生物教师80人（6.5%），政治教师64人（5.2%），物理教师101人（8.2%），化学教师86人（7.0%），美术教师15人（1.2%），音乐教师16人（1.3%），信息技术教师20人（1.6%），体育教师27人（2.2%）。无效问卷产生的原因主要有以下两个方面：一是部分教师问卷出现填写不完整的情况，造成数据缺失，二是整份问卷出现统一答案或者波浪形作答。

**表1.1 调研对象分布情况**

| 项目 | 类别 | 人数 | 百分比 | 合计 |
|------|------|------|--------|------|
| 性别 | 男 | 562 | 45.6% | 1221(100%) |
|      | 女 | 670 | 54.4% |  |
| 教龄 | 5年以下 | 242 | 19.6% | 1221(100%) |
|      | 5—10年 | 320 | 26.1% |  |
|      | 10—20年 | 412 | 33.4% |  |
|      | 20年以上 | 258 | 20.9% |  |
| 学历 | 中专(高中) | 7 | 0.6% | 1221(100%) |
|      | 大专 | 35 | 2.8% |  |
|      | 本科 | 1079 | 87.6% |  |
|      | 本科以上 | 111 | 9.0% |  |
| 区域 | 城区高中 | 773 | 62.7% | 1221(100%) |
|      | 农村高中 | 459 | 37.3% |  |

| 项目 | 类别 | 人数 | 百分比 | 合计 |
|------|------|------|--------|------|
| 班额 | 30 人以下 | 28 | 2.3% | 1221(100%) |
| | 30－39 人 | 263 | 21.3% | |
| | 40－49 人 | 274 | 22.2% | |
| | 50－59 人 | 454 | 36.9% | |
| | 60 人以上 | 213 | 17.3% | |
| 任教科目 | 数学 | 172 | 14.0% | 1221（100%） |
| | 语文 | 211 | 17.1% | |
| | 英语 | 198 | 16.1% | |
| | 历史 | 138 | 11.2% | |
| | 地理 | 104 | 8.4% | |
| | 生物 | 80 | 6.5% | |
| | 政治 | 64 | 5.2% | |
| | 物理 | 101 | 8.2% | |
| | 化学 | 86 | 7.0% | |
| | 美术 | 15 | 1.2% | |
| | 音乐 | 16 | 1.3% | |
| | 信息技术 | 20 | 1.6% | |
| | 体育 | 27 | 2.2% | |

（3）问卷的信度检验

对问卷的信度进行检验是本书获得可靠性研究结果的基本保证。为了验证《高中教师新课程认同调查问卷（教师用）》的信度，研究者采取了 1221 份有效问卷作为样本，进行了预测。将所有数据输入 SPSS17.0 统计软件进行分析，从而得出了本问卷的信度系数 a 为

0.935，当信度系数 a 大于 0.75 时，为高信度。从表 1.2 中的数据可以看出课程目标认同、教学方式认同、课程评价认同这 3 个维度认同的克朗巴哈 a 值 >0.83，课程内容认同、教师角色认同、影响因素这 3 个维度认同的克朗巴哈 a 值 >0.75。总的来说，从各个分量表的信度系数来看，各因素的内部一致性整体上比较理想，均在 0.76 以上。因此，用这份问卷来调查高中教师新课程认同状况是可靠的。

**表 1.2　问卷各分量表的内部一致性（$n = 1221$）**

| 因素 | 题数 | 题　项 | Alpha |
|---|---|---|---|
| 课程目标认同 | 6 | 1—6 | 0.873 |
| 课程内容认同 | 8 | 7—14 | 0.761 |
| 教学方式认同 | 7 | 15—21 | 0.836 |
| 教师角色认同 | 7 | 22—28 | 0.779 |
| 课程评价认同 | 7 | 29—35 | 0.846 |
| 影响因素 | 12 | 36—47 | 0.764 |

2. 高中教师新课程认同的访谈提纲

（1）访谈目的

本书主要采用质化与量化的研究方法来完成，调查问卷主要是通过量化的方法，来分析得出高中教师新课程改革认同感的数据资料，但是由于问卷题目的限制以及问卷调查法本身存在的不足之处，数据从某一方面来说很难体现或者更进一步反映出问题的实质，因此需要采用访谈法来弥补问卷调查法的不足，通过质化的研究方式，更深入解析高中教师对新课程改革的真实态度、看法以及感受。

（2）访谈内容的设计

本书编制的教师访谈提纲，主要是围绕高中教师对新课程改革的总体态度，教师对课程目标、课程内容、课程评价以及教师角色转变等具体内容的看法，教师对自身能力与地位的重新定位与审视，教师对学校实施新课程的看法，以及对有关部门提出相应的意见和建议等内容展开。

（3）访谈对象

访谈的对象是在不同地区高中的不同年级里随机抽取已经接受问卷调查的部分高中教师。访谈主要是个人访谈的形式。通过访谈更加全面地了解高中教师对新课程改革的态度以及现存的问题。

（4）资料整理

访谈的内容将在高中教师新课程改革认同的调查结果中进行分析，同时结合问卷调查分析得出的数据来共同呈现。

## 第二节 高中教师新课程认同的现状分析

### 一、高中教师新课程认同的总体状况

统计结果表明，高中教师基本认同新课程改革。由表 1.3 可知，高中教师对新课程改革的认同感的最低分为 1.83 分，最高得分为 5.00 分，平均得分为 4.055 分，中数为 4.11，众数是为 4.26，这表明 1221 位高中教师新课程认同的集中趋势是 4.055，说明高中教师对新课程整体表示基本认同。标准差是 0.49，偏度系数及其标准误分别为 -0.656 和 0.070，说明数据呈负偏态分布。峰度系数及其标准误分别是 0.662 和 0.140，该数据的分布比标准正态分布略高，说明多数高中教师对新课程改革持认同态度。

表 1.3　高中教师新课程认同统计表

| 样本量 | 有效问卷 | 1221 |
|---|---|---|
| | 缺失问卷 | 11 |
| 平均数 | | 4.055 |
| 最小值 | | 1.83 |
| 最大值 | | 5.00 |
| 众数 | | 4.26 |
| 中数 | | 4.11 |
| 标准差 | | 0.49 |
| 偏差系数 | | −0.656 |
| 偏差系数标准误 | | 0.070 |
| 峰度系数 | | 0.662 |
| 峰度系数标准误 | | 0.140 |
| 百分位数 | 25 | 3.74 |
| | 50 | 4.11 |
| | 75 | 4.40 |

　　直方图也进一步印证了这一结论。图 1.1 显示，1221 位高中教师对新课程改革认同感的平均得分为 4.0551，标准差是 0.49。认同感得分低于 3.00 的只有 2.8%，得分在 3.00 至 4.00（不包括 4.00）之间的比例为 35.5%，得分在 4.00 至 5.00（不包括 5.00）之间的比例为 60.6%。该结果表明，35.5% 的高中教师对新课程认同介于不确定和基本同意之间，60.6% 的教师介于基本同意和完全同意之间。

　　表 1.4 显示，高中教师对新课程改革的认同的各维度得分趋向于基本认同（得分约为 4 分），所以高中教师趋向于基本认同新课程改革。教师对新课程的认同在各个维度上的得分有所差异，高中教师对新课程认同各维度得分从高到低依次是课程目标认同、课程评价认同、教学方式认同、教师角色认同和课程内容认同。说明高中教师对新课程的目标

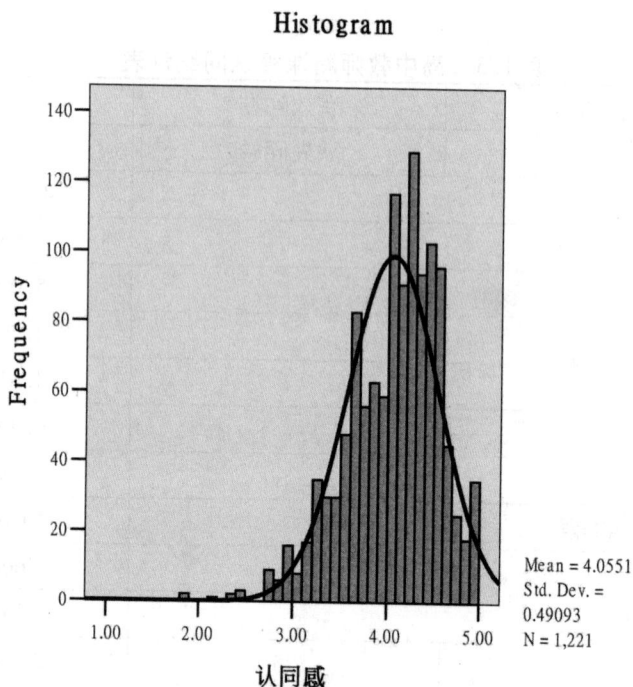

图 1.1　高中教师新课程认同均值

认同度最高，其次是课程评价。而对课程内容的认同程度最低，平均得分没有达到基本同意水平（平均得分 <4 分）。

表 1.4　高中教师新课程认同的各维度统计

| 维度 | 均值 | 标准差 | 题项 | 题项平均值 |
|---|---|---|---|---|
| 课程目标认同 | 25.89 | 3.74 | 6 | 4.32 |
| 课程内容认同 | 30.61 | 4.90 | 8 | 3.83 |
| 教学方式认同 | 28.41 | 4.13 | 7 | 4.06 |
| 教师角色认同 | 28.04 | 4.17 | 7 | 4.00 |
| 课程评价认同 | 28.97 | 4.19 | 7 | 4.14 |

在访谈中这一结论得到了进一步印证。当问到"您对当前高中新课程改革有什么看法"时，一位高二物理老师答道："高中新课程为高中生提供了一个较为广阔的学习选择和个性发展空间。以往课程过分注重知识传授的倾向，而高中新课程强调形成积极主动的学习态度，要将学习过程变为学生学会合作、学会生存、学会做人的过程。打破了传统的基于精英主义思想和升学价值取向过于狭窄的课程定位，改变了以往教学大纲要求过高，教学内容繁、难、偏、旧的情况，而关注学生的全面发展。"这说明高中教师对新课程改革的认识比较清晰，对新课程改革有赞扬之意，认同新课程改革。

### 二、高中教师新课程认同的各维度分析

本书中将高中教师对新课程的认同分为 5 个维度：课程目标认同、课程内容认同、教学方式认同、教师角色认同、课程评价认同。研究表明，高中教师在各维度上的认同存在差异。

（一）课程目标认同

高中教师对课程目标的认同程度最高，但对三维目标的认同存在较大差异。高中教师对知识与能力、过程与方法目标维度的认同感高于情感、态度、价值观目标维度的认同感。由表 1.5 可知，90.9% 的教师在"我注重培养学生的学习方法"问题上作出了肯定性回答，这说明绝大多数教师关注培养学生的学习方法，认同过程与方法维度的目标；85.3% 的教师在"我注重培养学生的创新精神"问题上做出了肯定性回答，说明高中教师认同学生知识与能力维度的课程目标；在"我注重培养学生的实践能力""我注重培养学生的合作能力""我注重培养学生的探究能力"三个题目中分别有 86.1%、87.7%、88.3% 的教师做出了肯定性回答，说明高中教师在知识与能力、过程与方法层面有较高认同感。这一结论在访谈中也得到印证。在问到"您对新课程改革有什么看法"时，一位高三英语老师答道："教育的本质是引导而不是讲和

练，教育要求关注每一个学生的发展。教育目标由以前的注重知识的传授，而转变为让学生形成积极主动的学习态度，让他们既能基本掌握必备的基础知识与基本技能，又能学会学习和形成正确的价值观。"这说明教师认同新课程改革的目标。

相对而言，在"我注重培养学生良好的情感、态度、价值观"的题目上只有82.6%的教师做出了肯定性回答，说明高中教师对培养学生良好的情感、态度、价值观的认同感低于其他两个维度的认同感。在访谈中这一结论也得到了印证。在问到"您如何评价学生在情感、态度、价值观等方面的发展"时，一位高二物理老师答道："我在对于学生的情感、态度、价值观等方面发展的评价工作做得比较少。"

**表 1.5　高中教师课程目标认同频数（单位:%）**

| | 题目 | 完全同意 | 基本同意 | 不确定 | 不太同意 | 完全不同意 |
|---|---|---|---|---|---|---|
| 课程目标认同 | 1. 我注重培养学生的学习方法 | 52.2 | 38.7 | 7.1 | 1.5 | 0.5 |
| | 2. 我注重培养学生的创新精神 | 46.3 | 39.0 | 11.9 | 2.1 | 0.7 |
| | 3. 我注重培养学生的实践能力 | 48.4 | 37.7 | 11.0 | 2.3 | 0.6 |
| | 4. 我注重培养学生的合作能力 | 52.7 | 35.0 | 10.1 | 1.6 | 0.6 |
| | 5. 我注重培养学生的探究能力 | 49.8 | 38.5 | 10.0 | 1.4 | 0.3 |
| | 6. 我注重培养学生良好的情感、态度、价值观 | 40.7 | 41.9 | 11.9 | 3.4 | 2.1 |

（二）课程内容认同

表 1.6 显示，高中教师对新课程内容的认同程度最低。影响教师对课程内容认同的因素主要有教材内容偏多偏难、没有现成的参考资料等。较之于对课程目标的认同，教师对课程内容的认同得分明显降低，仅为 3.83 分，对课程内容的认同中选择不确定和否定回答的比例显著增高。

新课程标准是国家课程的纲领性文件，是国家对基础教育课程的基本规范和质量要求，也是教材编写、教学、评估和考试命题的依据。而教师在使用教材的过程中也应该以新课程标准作为指导依据，在实际的教学过程中，教师对高中语文新课程标准有怎样的看法呢？某高中语文教师指出："新课程标准对语文课程提出了更高的要求。从审美教育方面来说，要促进学生的知情意全面发展；从感情发展方面来说，要让学生受到美的熏陶；从审美意识方面来说，要培养他们自觉高尚的审美情趣；从培养语文素养方面来说，要为具有不同需求的学生提供更大的发展空间，激发学生创作诗歌散文的兴趣。学习鉴赏诗歌、散文的基本方法，让学生从不同角度和层面发现作品意蕴，能不断获得新的阅读体验。"

高中教师中对"新课程标准容易理解"做出肯定回答的教师仅占65.2%，说明新课程标准存在不易理解的内容；对"我喜欢现在的新教材"做出肯定回答的教师仅占61.9%，说明高中教师对新教材喜欢程度不太理想；对"我教新教材时有些困难"做出肯定回答的教师占73.5%，说明新教材对教师提出了更高的要求，多数教师在教授新教材时存在困难；对"新教材内容偏多"做出肯定性回答的教师占78.0%，说明多数教师认为新教材在内容选择上存在偏多的现象。由此可见，新教材的内容偏多、偏难严重影响了教师对新课程的认同感。

访谈也进一步印证了这一结论，在问到"您对新教材如何看待呢？"时，重庆市一名高一女教师回答："板块内容太多了，对老师来说，要想把每个板块都进行好的话压力比较大。对学生来说，知识点较散，有些结合了大学里的知识，学生理解有难度。"重庆市一名高三英语教师答道："英语教材以前是第一册、第二册，这样子来编排的。现在所谓的模块设置并没有让老师感到有多少逻辑性存在，感觉凌乱。"在开放式题目中有教师指出："新课改下，教材内容删减，知识点零散，必修课与选修课的内容主次不明确，内容与实际生活之间的联系依旧不密切。对教学的重难点把握不明确。"

高中教师认为学校设置选修模块有必要，但在实施过程中存在很多困难。73.7%的高中教师认为很有必要开设选修模块，75.0%的教师认为讲授选修模块内容时有些困难。这一方面反映出教师对新课程内容的肯定，但多数教师在理解、教授新课程内容时存在困难。在访谈中，当我们问到"您对选修模块有什么看法"时，一位农村高中教师回答："我觉得选修模块就是对学生知识的一个拓展，让他们去见识一下更多的东西吧。我觉得这个板块是很好的，更开阔学生的视野。"一位语文教师指出："必修是为了能让学生掌握高中语文的基本学习内容，具备基本的语文素养。而选修则是让对语言文学吃不饱、感兴趣的学生进一步拓展深入地学习，以便在更高一级的专业学习中有所建树。选修有选修的特性，所谓'花开四季，各有千秋'。选修在必修的基础上有提高、延伸，特别是在思维的深度和广度上有明显拓展。选修课更注重教学过程，就诗歌与散文这一系列来说，教学更关注诗歌与散文的方法指导，以培养学生的情感、态度、价值观。"这说明教师认同设置选修模块的做法。但涉及"您认为实施选修模块有什么困难"时，这位语文教师回答："在使用教材的时候，我们教师会明显感到力不从心，有时大容量的课程让我们无从下手，很多时候会处于盲目、混沌的状态。我们高中要面对高考这个大难题，所有教学最终还是要落实到高考之中，落实到更优异的成绩上。模块很多，教学任务很重，我们没有太多的时间花在这上面。"这说明考试评价制度也是影响选修模块实施效果的重要因素，所以如何协调好课程设置与高考的关系是提升教师对新课程改革认同感的重要方面。

同时，我们发现没有现成的参考资料也增加了教师对新课程内容理解的难度。当问到一名重庆市高三男性老师"您觉得在使用新教材的过程中遇到的困难有哪些？您是如何解决这些困难的？"，该教师回答："在新教材的使用过程中遇到的困难比较多。比如新教材的材料比较新颖，没有现成的资料作为参考。"

表 1.6　高中教师课程内容认同频数（单位:%）

| 题目 | 完全同意 | 基本同意 | 不确定 | 不太同意 | 完全不同意 |
|---|---|---|---|---|---|
| 7.　新课程标准容易理解 | 19.6 | 45.6 | 20.5 | 10.6 | 3.7 |
| 8 我喜欢现在的新教材 | 19.0 | 42.9 | 19.0 | 13.0 | 6.1 |
| 9.新教材有助于开展合作和探究教学 | 21.8 | 45.7 | 22.4 | 6.9 | 3.2 |
| 10.我能很好地理解新教材 | 22.8 | 51.7 | 16.9 | 6.5 | 2.1 |
| 11.我教新教材时有些困难 | 27.1 | 46.4 | 14.4 | 9.9 | 2.2 |
| 12.新教材内容偏多 | 35.9 | 42.1 | 12.7 | 7.0 | 2.3 |
| 13.设置选修模块很有必要 | 32.3 | 41.4 | 16.2 | 6.8 | 3.3 |
| 14.讲授选修模块内容时有些困难 | 30.7 | 44.3 | 17.2 | 5.3 | 2.5 |

（表格左侧纵向标注：课程内容认同）

（三）教学方式认同

教学方式是联系教师教与学生学的重要纽带，是完成教学任务的必要条件。为了更好地使用教材，保证教学的质量，教师就必须选择合适的教学方式。高中新课程强调自主、合作、探究式教学，在教学中体现学生的主体性，给学生提供学习的空间，让不同学生在学习过程中感受到学习的兴趣。那么在实际的教学过程中，教师是否会落实这样的教学方式呢？在教学过程中是否会遇到问题呢？

高中教师对教学方式基本认同，但在运用新的教学方式方面还存在困难。由表 1.7 可知，有 81.9% 的高中教师对"我喜欢运用新的教学方式"持肯定态度，78% 的高中教师认为"我能较好地指导学生的自主学习"，76% 的高中教师认为"我能较好地引导学生的探究学习"，73.4% 的高中教师认为"我经常以小组合作学习的方式让学生讨论问题"，同时也有 87.9% 的教师认为新的教学方式对教师要求较高，这说明教师喜欢新的教学方式，但新课程改革对教师自身素质也提出了更高的要求。因此，教师对新教学方式的向往与自身素质有待提高形成了一对矛盾，这也是影响教师对新课程认同感的一个原因。访谈也印证了这一结论。课题组在重庆市某中学教务处的安排下，观摩了一位有 19 年教龄的高级教师的公开课，并在课后与这位教师进行了访谈。他说："这次的新课程改革对教学方式的转变起着重大的作用，但这同时是一个巨大的挑战。不仅是对学生，更是对教师。特别是对于语文选修课程来说，传统的教学方式只能让课堂越来越枯燥，所以必须把学习的主动权交还给学生。比如，在教《项脊轩志》这篇古代散文的时候，我尽量避免文言文教学中出现的两种偏向，为了将'文'与'言'有效的结合在一起，我还是颇费了一番功夫。我采用探究式的教学方式，以话题形式展开教学活动，以'情'字切入带动本课。教学过程中，我首先提出教学目标，并展示鉴赏步骤与方法。接着，要求学生诵读课文，披文入情，用文中文字概括感情基调，然后根据话题找意象特征，最后要求学生读写结合，迁移深化，以探究的教学方式展开教材讨论。"

调查中也发现，一些老师对新教学方式的理解还存在一些问题。在对一名重庆市女性教师访谈时问到"谈谈您对自主合作探究学习方式的认识"时，她回答："自主，就是基础知识学过后，让学生自己去做练习，看会不会，不会的地方大家小组讨论，进行合作学习。学习完过后，就一个知识难点，拿出来让学生来探究，从而使知识更加深化。"由此可看出，教师对新教学方式的认识仍存在偏差。教师虽已基本适应新的教学方式，但在运用新的教学方式上仍有待进一步提高。

在问到"您认为实施新教学方式有什么困难"时，四川省一位高中英语老师回答："我觉得一是学生的基础有限，二是老师的经验有限，我觉得应该多给老师这方面的学习机会，让老师的经验再丰富一点，然后学生的基础再慢慢提高，以后在高二高三可能效果就要好一些。"这说明教师在使用新教学方式方面的经验和可参考的范例有限，同时学生对新教学方式存在的不适应，影响了教师对新课程改革的认同感。

**表 1.7 高中教师教学方式认同频数（单位:%）**

| | 题目 | 完全同意 | 基本同意 | 不确定 | 不太同意 | 完全不同意 |
|---|---|---|---|---|---|---|
| 课程内容认同 | 15. 我喜欢运用新的教学方式 | 36.0 | 45.9 | 15.3 | 1.9 | 0.9 |
| | 16. 新教学方式对教师要求较高 | 44.1 | 43.8 | 9.7 | 1.5 | 0.9 |
| | 17. 我单纯讲授的时间比以前减少 | 30.1 | 51.5 | 14.0 | 3.5 | 0.9 |
| | 18. 我能较好地指导学生的自主学习 | 28.2 | 49.8 | 18.9 | 2.4 | 0.7 |
| | 19. 我能较好地引导学生的探究学习 | 26.6 | 49.4 | 18.1 | 4.1 | 1.8 |
| | 20. 我经常以小组合作学习的方式让学生讨论问题 | 28.0 | 45.4 | 19.5 | 5.5 | 1.6 |
| | 21. 我会引导每个学生在合作学习中积极参与 | 29.2 | 48.7 | 17.5 | 3.4 | 1.2 |

（四）教师角色认同

在教师角色认同维度，频数由高到低大致趋势是："基本满意" > "完全满意" > "不确定" > "不太同意" > "完全不同意"，说明教师对教师角色持基本认同态度。81.1% 的教师认为 "我能较好地做学生学习的指导者和参与者"，说明大部分教师具备了新课程要求的指导能力。但在访谈中我们发现，教师在做学生的指导者时还存在一些不足。在问到："您是怎样指导学生进行自主探究合作学习的呢？"一位高中英语教师回答："学生的合作学习主要是通过课堂上的一些问题让他们进行小组讨论，然后一起学习。探究学习这方面我们还做得不够，就很少有探究学习这方面的吧。"这说明一些教师还不能很好地作为学生学习的指导者。

在开发与利用课程资源的能力方面，83.6% 的教师认为 "我更多地应用互联网、多媒体等资源"，这说明大部分教师能很好地利用校内现有课程资源。82.1% 的教师认为 "我重视课堂中的生成性资源"，说明大部分教师注重课堂教学的生成性和发展性，能够较好地掌控课堂教学。但涉及"我常积极开发利用校外资源（自然、博物馆、家长等）"问题时，仅有64.6%的教师做出肯定性回答。这说明教师对校外课程资源的利用不够充分，尚有待提高。在反思与研究能力方面，85.1%的教师对"我常主动反思并研究如何改进教学"作了肯定回答，说明大部分教师在教学中具备了反思与研究能力。有72.3%的教师在"我会将教学问题转化为课题进行研究"作了肯定回答，这说明教师将教学问题转化为课题进行研究的科研能力有待增强。

表1.8　高中教师角色认同频数（单位:%）

| | 题目 | 完全同意 | 基本同意 | 不确定 | 不太同意 | 完全不同意 |
|---|---|---|---|---|---|---|
| 课程内容认同 | 22. 我能较好地做学生学习的指导者和参与者 | 30.0 | 51.1 | 14.1 | 3.6 | 1.2 |
| | 23. 我常根据实际增删教学内容 | 33.5 | 41.3 | 15.4 | 6.4 | 3.4 |
| | 24. 我常积极开发利用校外资源(自然、博物馆、家长等) | 24.5 | 40.1 | 20.1 | 10.6 | 4.7 |
| | 25. 我更多地应用互联网、多媒体等资源 | 36.1 | 47.5 | 12.8 | 2.0 | 1.6 |
| | 26. 我重视课堂中的生成性资源 | 30.8 | 51.3 | 14.4 | 2.4 | 1.1 |
| | 27. 我常主动反思并研究如何改进教学 | 36.3 | 48.8 | 11.6 | 1.9 | 1.4 |
| | 28. 我会将教学问题转化为课题进行研究 | 30.2 | 42.1 | 20.9 | 5.0 | 1.8 |

（五）课程评价认同

研究表明，高中教师对课程评价持基本认同态度，但教师在评价方法的运用方面有待提高。表1.9显示，86.9%在的教师在"评价是为了促进学生的发展"中做出了肯定回答，说明绝大多教师认同评价的目的是促进学生的发展，而不是单纯的提高学生成绩。90.5%的教师在"我对所有学生一视同仁"中做出了肯定回答，说明绝大多数教师能够正确对待学生的差异，能够树立正确的学生观。89.3%的教师在"我既评价学生知识的掌握情况，也评价能力、情意等方面"中做出了肯定回答，说明教师注重学生知情意的协调发展。85.5%的教师在"我既关注学生学习结果，又关注其学习过程中的变化"中做出了肯定回答，说明教师认同过程性评价与总结性评价相结合的评价方式。

但在访谈中我们发现了部分问题。在问到"您在教学过程中是如何评价学生的？您采用过哪些评价方法？"时，一位教龄为13年的高三英语老师指出："在我的教学过程中，我对学生的评价主要是平时的一些阶段性评价。比如说，学生在课堂上的表现、每天的作业的完成情况，比如作业有没有完成、作业完成的质量怎么样。也有最后这个总结性的评价，比如说学生期末考试、期中考试的情况。我都会将这些做一下聚拢。最后，将几方面结合起来对学生的整体情况做一个评价。"这说明教师认同过程性评价与总结性评价相结合的评价方式，但在教学实践中较多地关注学生的学业成绩（如作业完成情况、考试成绩），较少关注学生的情感、态度和价值观方面的评价。

而接下来的33、34、35三个题目中持"完全同意"观点的教师所占比例明显降低，"不确定"的比重也相对较高，说明教师在运用评价方法方面存在不足。有78.8%的教师认为"我善于引导学生自评和互评"，而选择"不确定"的教师有16.2%，说明多数教师有能力指导学生自评和互评，但有超过20%的教师缺乏指导学生自评与互评的能力。有76.1%的教师认为"我善于运用多种评价方法"，说明多数教师能够恰当地运用不同的评价方式，但仍有部分教师缺乏运用不同评价方法的能力。只有67.5%的教师认为"我善于指导学生利用自己的成长记录手册"。在对一名高一语文教师进行访谈时，当我们问到："关于档案袋评价，您是如何看待的？"这名老师的回答是："档案袋评价？学校好像目前还没做到这一步。"说明目前课程评价方式还存在单一化、简单化倾向，部分教师在运用评价方法方面存在问题，尚有待提高。

**表1.9 高中教师课程评价认同频数（单位:%）**

| | 题目 | 完全同意 | 基本同意 | 不确定 | 不太同意 | 完全不同意 |
|---|---|---|---|---|---|---|
| 课程内容认同 | 29. 评价是为了促进学生发展 | 44.5 | 42.4 | 9.9 | 1.9 | 1.3 |
| | 30. 我对所有学生一视同仁 | 53.6 | 36.9 | 7.6 | 1.5 | 0.4 |
| | 31. 我既评价学生的知识掌握情况,也评价能力、情意等方面 | 43.9 | 45.4 | 8.3 | 1.8 | 0.6 |
| | 32. 我既关注学生学习结果,又关注其学习过程中的变化 | 41.7 | 43.8 | 11.4 | 2.1 | 1.0 |
| | 33. 我善于引导学生自评和互评 | 31.0 | 47.8 | 16.2 | 3.7 | 1.3 |
| | 34. 我善于运用多种评价方法(观察、操作、作品展示等) | 27.6 | 48.5 | 17.7 | 4.4 | 1.8 |
| | 35. 我善于指导学生利用自己的成长记录手册 | 20.8 | 46.7 | 22.0 | 7.6 | 2.9 |

## 第三节 高中教师新课程认同的差异分析

### 一、高中教师新课程认同差异的独立样本 t 检验

（一）男女教师新课程认同的比较

本书通过性别差异的独立样本 t 检验，考察了不同性别教师之间对新课程认同的差异，表1.10 和表1.11 分别是性别差异的描述性统计结果和独立样本 t 检验结果。

描述性统计结果表明，共有 561 名男教师参与调查，均值为 4.0637，标准差为 0.50310，标准误是 0.02134；共有 665 名女教师参与调查，均值为 4.0479，标准差为 0.48077，标准误是 0.01864。总体而言，男女教师在认同上的总分差异并不显著，但男教师认同感略高于女教师。

表 1.10 显示，在"课程目标认同"上，男教师均值为 4.3197，标准差为 0.62948，标准误为 0.02658；女教师均值为 4.3107，标准差为 0.61928，标准误为 0.2394。在"课程内容认同"上，男教师均值为 3.8351，标准差为 0.64698，标准误为 0.02732；女教师均值为 3.8199，标准差为 0.58306，标准误为 0.02258。在"教学方式认同"上，男教师均值为 4.0522，标准差为 0.61753，标准误为 0.02607；女教师均值为 4.0631，标准差为 0.56669，标准误为 0.02189。在"教师角色认同"上，男教师均值为 4.0227，标准差为 0.59210，标准误为 0.02502；女教师均值为 3.9908，标准差为 0.59939，标准误为 0.02321。在"课堂评价认同"上，男教师均值为 4.1513，标准差为 0.60413，标准误为 0.02553；女教师均值为 4.1288，标准差为 0.59506，标准误为 0.02299。以上表明，不同性别教师认同感在各个维度上差异不大，男教师在"课程目标认同""课程内容认同""教师角色认同""课堂评价认同"四个方面略高于女教师，在"教学方式认同"上女教师略高于男教师。

### 表 1.10　性别差异的描述性统计结果

| 项目 | 性别 | 样本量 | 均值 | 标准差 | 标准误 |
|------|------|--------|------|--------|--------|
| 课程目标认同 | 男 | 561 | 4.3197 | 0.62948 | 0.02658 |
| | 女 | 665 | 4.3107 | 0.61928 | 0.02394 |
| 课程内容认同 | 男 | 561 | 3.8351 | 0.64698 | 0.02732 |
| | 女 | 665 | 3.8199 | 0.58306 | 0.02258 |
| 教学方式认同 | 男 | 561 | 4.0522 | 0.61753 | 0.02607 |
| | 女 | 665 | 4.0631 | 0.56669 | 0.02189 |
| 教师角色认同 | 男 | 561 | 4.0227 | 0.59210 | 0.02502 |
| | 女 | 665 | 3.9908 | 0.59939 | 0.02321 |
| 课堂评价认同 | 男 | 561 | 4.1513 | 0.60413 | 0.02553 |
| | 女 | 665 | 4.1288 | 0.59506 | 0.02299 |
| 总体认同感 | 男 | 561 | 4.0637 | 0.50310 | 0.02134 |
| | 女 | 665 | 4.0479 | 0.48077 | 0.01864 |

性别差异的独立样本 t 检验结果显示，方差齐性检验结果不显著（P＞0.05），即男女教师之间的方差齐性。这意味着男女教师对新课程认同不存在显著差异（t＝0.560，df＝1219，P＞0.05）。在课程目标认同、课程内容认同、教学方式认同、教师角色认同、课堂评价认同 5 个维度上也不存在男女差异。

**表 1.11　性别差异的独立样本 t 检验结果**

| 项目 | | 方差齐性检验 | | 均值 t 检验 | | | | | | |
|---|---|---|---|---|---|---|---|---|---|---|
| | | F 值 | 显著性 | t 值 | 自由度 | 双尾检验 t 值 | 平均差异 | 标准误差异 | 95% 置信区间 | |
| | | | | | | | | | 低值 | 高值 |
| 课程目标认同 | 等方差假设 | 0.154 | 0.695 | 0.252 | 1228 | 0.801 | 0.00900 | 0.03572 | -0.06107 | 0.07908 |
| | 异方差假设 | | | 0.252 | 1184.042 | 0.801 | 0.00900 | 0.03577 | -0.06118 | 0.07919 |
| 课程内容认同 | 等方差假设 | 3.978 | 0.046 | 0.433 | 1226 | 0.665 | 0.01521 | 0.03512 | -0.05369 | 0.08412 |
| | 异方差假设 | | | 0.429 | 1139.350 | 0.668 | 0.01521 | 0.03544 | -0.05432 | 0.08474 |
| 教学方式认同 | 等方差假设 | 1.063 | 0.303 | -0.323 | 1229 | 0.747 | -0.01091 | 0.03379 | -0.07720 | 0.05538 |
| | 异方差假设 | | | -0.320 | 1149.681 | 0.749 | -0.01091 | 0.03405 | -0.07771 | 0.05589 |
| 教师角色认同 | 等方差假设 | 0.032 | 0.858 | 0.934 | 1225 | 0.350 | 0.03191 | 0.03416 | -0.03511 | 0.09894 |
| | 异方差假设 | | | 0.935 | 1193.285 | 0.350 | 0.03191 | 0.03413 | -0.03504 | 0.09887 |
| 课程评价认同 | 等方差假设 | 0.251 | 0.617 | 0.656 | 1228 | 0.512 | 0.02249 | 0.03431 | -0.04482 | 0.08980 |
| | 异方差假设 | | | 0.655 | 1183.111 | 0.513 | 0.02249 | 0.03435 | -0.04491 | 0.08989 |
| 总体认同感 | 等方差假设 | 0.043 | 0.836 | 0.560 | 1219 | 0.575 | 0.01581 | 0.02822 | -0.03956 | 0.07117 |
| | 异方差假设 | | | 0.558 | 1160.552 | 0.577 | 0.01581 | 0.02833 | -0.03979 | 0.07140 |

（二）不同性质学校的教师新课程认同的比较

本书把学校性质划分为城区高中和农村高中，并通过独立样本 t 检验来考察不同性质学校的高中教师对新课程认同程度的差异。

学校性质差异的描述性统计结果表明，共有 459 名城区高中教师和

762名农村高中教师参与调查。其中，城区高中教师认同感的均值为4.2527，标准差为0.40211，标准误是0.01877；农村高中教师认同感的均值为3.9360，标准差为0.50132，标准误是0.01816。具体而言，在"课程目标认同"上，城区高中教师的均值为4.4408，标准差为0.46799，标准误为0.02184；农村高中教师的均值为4.2397，标准差为0.68959，标准误为0.02483。在"课程内容认同"上，城区高中教师的均值为4.1048，标准差为0.54034，标准差为0.02522；农村高中教师的均值为3.6609，标准差为0.59350，标准误为0.02140。在"教学方式认同"上，城区高中教师的均值为4.2340，标准差为0.51611，标准误为0.02409；农村高中教师的均值为3.9536，标准差为0.60669，标准误为0.02184。在"教师角色认同"上，城区高中教师的均值为4.2101，标准差为0.50725，标准误为0.02368；农村高中教师的均值为3.8830，标准差为0.61168，标准误为0.02207。在"课程评价认同"上，城区高中教师的均值为4.3215，标准差为0.44840，标准误为0.02093；农村高中教师的均值为4.0304，标准差为0.64927，标准误为0.02338。由此可知，城区高中教师在各个维度上的认同感高于农村高中教师。

表1.12　学校性质差异的描述性统计结果

| 项目 | 学校性质 | 样本量 | 均值 | 标准差 | 均值的标准误 |
|---|---|---|---|---|---|
| 课程目标认同 | 城区高中 | 459 | 4.4408 | 0.46799 | 0.02184 |
| | 农村高中 | 762 | 4.2397 | 0.68959 | 0.02483 |
| 课程内容认同 | 城区高中 | 459 | 4.1048 | 0.54034 | 0.02522 |
| | 农村高中 | 762 | 3.6609 | 0.59350 | 0.02140 |
| 教学方式认同 | 城区高中 | 459 | 4.2340 | 0.51611 | 0.02409 |
| | 农村高中 | 762 | 3.9536 | 0.60669 | 0.02184 |

续表

| 项目 | 学校性质 | 样本量 | 均值 | 标准差 | 均值的标准误 |
|------|---------|-------|------|--------|-------------|
| 教师角色认同 | 城区高中 | 459 | 4.2101 | 0.50725 | 0.02368 |
| | 农村高中 | 762 | 3.8830 | 0.61168 | 0.02207 |
| 课程评价认同 | 城区高中 | 459 | 4.3215 | 0.44840 | 0.02093 |
| | 农村高中 | 762 | 4.0304 | 0.64927 | 0.02338 |
| 总体认同 | 城区高中 | 459 | 4.2527 | 0.40211 | 0.01877 |
| | 农村高中 | 762 | 3.9360 | 0.50132 | 0.01816 |

在总体认同方面，学校性质差异的独立样本 t 检验结果显示，方差齐性检验结果极其显著（$P < 0.01$），即城区高中、农村高中教师之间的方差不齐性，则 t 值是第二行方差不齐性时的值，$t = 12.123$，且 $P < 0.01$。这说明城区高中教师和农村高中教师对新课程改革的认同存在极其显著差异，即城区教师对新课程的认同极其显著高于农村教师的认同。

在课程目标认同维度上，学校性质差异的独立样本 t 检验结果显示，方差齐性检验结果极其显著（$P < 0.01$），即城区高中、农村高中教师之间的方差不齐性，则 t 值是第二行方差不齐性时的值，$t = 6.080$，且 $P < 0.01$。这说明在课程目标认同维度上城区高中教师和农村高中教师存在极其显著差异，即城区教师对新课程改革的课程目标认同得分极其显著高于农村教师得分。

在课程内容认同维度上，学校性质差异的独立样本 t 检验结果显示，方差齐性检验结果极其显著（$P < 0.05$），即城区高中、农村高中教师之间的方差不齐性，则 t 值是第二行方差不齐性时的值，$t = 13.421$，且 $P < 0.01$。这说明在课程内容认同维度上，城区高中教师和农村高中教师存在极其显著差异，即城区教师对新课程改革的课程内容认同得分极其显著高于农村教师得分。

在教学方式认同维度上，学校性质差异的独立样本 t 检验结果显示，方差齐性检验结果极其显著（P < 0.01），即城区高中、农村高中教师之间的方差不齐性，则 t 值是第二行方差不齐性时的值，t = 8.627，且 P < 0.01。这说明在教学方式认同维度上，城区高中教师和农村高中教师存在极其显著差异，即城区教师对新课程改革的教学方式认同得分极其显著高于农村教师得分。

在教师角色认同维度上，学校性质差异的独立样本 t 检验结果显示，方差齐性检验结果极其显著（P < 0.01），即城区高中、农村高中教师之间的方差不齐性，则 t 值是第二行方差不齐性时的值，t = 10.105，且 P < 0.01。这说明在教师角色认同维度上，城区高中教师和农村高中教师存在极其显著差异，即城区教师对新课程改革的教师角色认同得分极其显著高于农村教师得分。

在课程评价认同维度上，学校性质差异的独立样本 t 检验结果显示，方差齐性检验结果极其显著（P < 0.01），即城区高中、农村高中教师之间的方差不齐性，则 t 值是第二行方差不齐性时的值，t = 9.277，且 P < 0.01。这说明在课程评价认同维度上，城区高中教师和农村高中教师存在极其显著差异，即城区教师对新课程改革的课程评价得分极其显著高于农村教师得分。

表 1.13　学校性质差异的独立样本 t 检验结果

| 项目 | | 方差齐性检验 | | 均值 t 检验 | | | | | 95% 置信区间 | |
|---|---|---|---|---|---|---|---|---|---|---|
| | | F 值 | 显著性 | t 值 | 自由度 | 双尾检验 t 值 | 平均差异 | 标准误差异 | 低值 | 高值 |
| 课程目标认同 | 等方差假设 | 90.659 | 0.000 | 5.534 | 1228 | 0.000 | -0.20108 | 0.03634 | -0.27237 | -0.12979 |
| | 异方差假设 | | | 6.080 | 1207.366 | 0.000 | -0.20108 | 0.03307 | -0.26597 | -0.13619 |
| 课程内容认同 | 等方差假设 | 5.113 | 0.024 | 13.107 | 1226 | 0.000 | -0.44392 | 0.03387 | -0.51037 | -0.37748 |
| | 异方差假设 | | | 13.421 | 1035.041 | 0.000 | -0.44392 | 0.03308 | -0.50883 | -0.37902 |

续表

| 项目 | | 方差齐性检验 | | 均值t检验 | | | | | | |
|---|---|---|---|---|---|---|---|---|---|---|
| | | F值 | 显著性 | t值 | 自由度 | 双尾检验t值 | 平均差异 | 标准误差异 | 95%置信区间 | |
| | | | | | | | | | 低值 | 高值 |
| 教学方式认同 | 等方差假设 | 13.679 | 0.000 | 8.282 | 1229 | 0.000 | -0.28050 | 0.03387 | -0.34694 | -0.21405 |
| | 异方差假设 | | | 8.627 | 1084.748 | 0.000 | -0.28050 | 0.03251 | -0.34429 | -0.21670 |
| 教师角色认同 | 等方差假设 | 20.055 | 0.000 | 9.644 | 1225 | 0.000 | -0.32709 | 0.03392 | -0.39362 | -0.26055 |
| | 异方差假设 | | | 10.105 | 1102.681 | 0.000 | -0.32709 | 0.03237 | -0.39060 | -0.26357 |
| 课程评价认同 | 等方差假设 | 60.618 | 0.000 | 8.477 | 1228 | 0.000 | -0.29112 | 0.03434 | -0.35849 | -0.22374 |
| | 异方差假设 | | | 9.277 | 1201.487 | 0.000 | -0.29112 | 0.03138 | -0.35269 | -0.22955 |
| 总体认同感 | 等方差假设 | 39.774 | 0.000 | 11.487 | 1219 | 0.000 | -0.31663 | 0.02756 | -0.37071 | -0.26255 |
| | 异方差假设 | | | 12.123 | 1124.069 | 0.000 | -0.31663 | 0.02612 | -0.36787 | -0.26538 |

据统计结果发现，五类影响因素对城乡高中教师认同均有重大影响，但城乡高中教师在对新课程的影响因素维度存在极其显著差异。表1.14表明，不同学校性质的教师在各个影响因素上存在极其显著差异（P=0.000<0.01）。其中，城乡高中教师在学校文化维度上差异最大，接下来依次是学校资源、教师培训、教师素质、教师评价。数据显示，在5个维度上，这5类影响因素对城区教师的认同影响大于对农村教师认同的影响。

首先，城乡高中教师在学校文化维度上的差异最大（t=8.170）且城乡教师差异显著（P=0.000<0.01），说明学校文化对城乡教师的认同具有重大影响。城乡教师认同均值得分分别为4.3312和4.0032，城区教师在学校文化维度上的认同感高于农村教师认同。

其次，城乡学校资源差异也是影响城乡教师认同差异的重要因素。由表1.14可知，城乡教师受学校资源影响较大（t=6.553）且影响显著（P=0.000<0.01）。城乡教师这一维度上的认同均值分别为4.0828和3.7516。城区教师在学校资源维度上的认同高于农村教师认同，说

明城区教师比农村教师的新课程认同更容易受学校资源的影响。

第三，随着新课程改革的不断推进，城乡教师获得培训的机会不断增多，但数据显示教师培训对城乡高中教师的认同感具有显著差异（$t = 6.255$，$P = 0.000 < 0.01$）。城乡教师这一维度上的认同均值分别为4.3867和4.1663。城区教师在教师培训维度上的认同高于农村教师认同，说明城区教师比农村教师的新课程认同更容易受教师培训的影响。

第四，城乡教师素质的差异也是造成教师认同差异的重要原因。城乡教师均认为教师素质是影响其认同的重要因素，但结果显示城乡高中教师素质差异仍是教师认同差异的重要原因（$t = 5.323$，$P = 0.000 < 0.01$）。城乡教师在教师素质维度上的认同均值分别为4.3388和4.1455。城区教师在这一维度上的认同高于农村教师的认同，说明城区教师比农村教师更容易受教师素质的影响。访谈也进一步印证了这一结论。当问到"您认为本校实施新课程的不利条件主要有哪些?"时，一位农村高中英语教师回答："首先氛围不够，学生的整个水平不够，教师的素质，教师在这方面的素质还不够。"对是否能够胜任教学工作的问题上，农村高中教师有信心不足的现象："我觉得我在这方面还比较欠缺，自己也在不断学习吧，还需要向其他的老师多学习，向其他新课改做得比较好的学校学习。"而城区教师对自己能否胜任教学工作的问题基本持肯定态度："我个人认为，自己目前尚能胜任新课程教学工作。但是，如果要更好地胜任新课程教学工作，那就要不断地加强自身的学习。"首先，城区学校一般对教师素质要求较高，这些教师大多受过较高水平的教育，能较快地接受新的课程理念，对课程改革的先进理念和主导思想理解较为深刻。相比而言，农村学校的师资力量相对较弱，在理解和接受新的教学理念时阻碍较多。其次，城区高中教师接受职后培训的机会较多，对教师素质的提升有更多支持。相比而言，农村高中教师职后培训机会较少，影响到教师的新课程认同。

最后，对城乡教师认同差异影响最小的是教师评价（$t = 4.337$）。

城乡高中对教师的评价均以考试成绩为主。城乡教师在教师评价维度上的认同均值分别为 4.1710 和 3.9390。城区教师在这一维度上的认同程度高于农村教师，说明城区教师比农村教师更容易受教师评价的影响。

表 1.14　影响因素对高中教师新课程认同差异性检验

| 认同感影响因素 | 地区 | 人数 | 均值 | 标准差 | t 值 | 显著性 |
|---|---|---|---|---|---|---|
| 学校文化 | 城区 | 459 | 4.3312 | 0.58672 | 8.170 | 0.000 |
| | 农村 | 762 | 4.0032 | 0.81567 | | |
| 学校资源 | 城区 | 459 | 4.0828 | 0.81719 | 6.553 | 0.000 |
| | 农村 | 762 | 3.7516 | 0.92168 | | |
| 教师培训 | 城区 | 459 | 4.3867 | 0.50943 | 6.255 | 0.000 |
| | 农村 | 762 | 4.1663 | 0.72186 | | |
| 教师素质 | 城区 | 459 | 4.3388 | 0.57242 | 5.323 | 0.000 |
| | 农村 | 762 | 4.1455 | 0.68323 | | |
| 教师评价 | 城区 | 459 | 4.1710 | 0.86454 | 4.337 | 0.000 |
| | 农村 | 762 | 3.9390 | 0.93186 | | |

**二、高中教师新课程认同的方差分析**

为进一步检验教龄、学历、班额、任教科目等因素对高中教师新课程认同的影响，本书用单因素方差分析的方法，研究教龄、学历、班额、任教科目等在高中教师新课程认同不同水平和层次上的具体表现，以期为我国高中新课程改革决策提供借鉴。

（一）教龄差异的单因素方差分析

本书把教龄划分为 4 个层级，即 5 年以下、5—10 年、11—20 年、20 年以上。了解不同教龄高中教师对新课程的认同程度，有助于开展针对性的教师教育工作。本书对 1232 名不同教龄的教师新课程认同进行了单因素方差分析，对其分别进行了描述统计、方差齐性检验、方差分析、事后多重比较，并列出了不同教龄的均数分布图。

表 1.15 显示，不同教龄的描述统计表，分别列出了不同教龄段教

师的人数、均值、标准差、标准误、95％的置信区间、最小值和最大值的信息，以及全体教师的相关信息。其中 5 年以下教龄教师 240 人，5—10 年教龄教师 319 人，11—20 年教龄教师 406 人，20 年以上教龄教师 256 人，人数大体相当。

表 1.15　不同教龄高中教师新课程认同的描述统计

| | 样本 | 均值 | 标准差 | 标准误 | 95%置信区间 低值 | 95%置信区间 高值 | 最小值 | 最大值 |
|---|---|---|---|---|---|---|---|---|
| 5 年以下 | 240 | 3.9556 | 0.45124 | 0.02913 | 3.8982 | 4.0130 | 2.80 | 4.94 |
| 5 – 10 年 | 319 | 4.0686 | 0.48442 | 0.02712 | 4.0152 | 4.1220 | 2.17 | 5.00 |
| 11 – 20 年 | 406 | 4.0969 | 0.47850 | 0.02375 | 4.0502 | 4.1436 | 2.49 | 5.00 |
| 20 年以上 | 256 | 4.0651 | 0.54175 | 0.03386 | 3.9984 | 4.1317 | 1.83 | 5.00 |
| 总体 | 1221 | 4.0551 | 0.49093 | 0.01405 | 4.0275 | 4.0826 | 1.83 | 5.00 |

表 1.16 的方差齐性检验结果表明，高中教师对课程目标认同、课程内容认同、教学方式认同、教师角色认同、课程评价认同 5 个维度及总体认同上，显著性水平均大于 0.05（P＞0.05）。这表明各教龄的方差在 0.05 的显著性水平上差异不显著，即各组方差为齐性。

表 1.16　不同教龄高中教师新课程认同的方差齐性检验

| | 齐性检验 | 组间自由度 | 组内自由度 | 显著性 |
|---|---|---|---|---|
| 课程目标认同 | 2.019 | 3 | 1226 | 0.109 |
| 课程内容认同 | 2.248 | 3 | 1224 | 0.081 |
| 教学方式认同 | 1.074 | 3 | 1227 | 0.359 |
| 教师角色认同 | 0.337 | 3 | 1223 | 0.799 |
| 课程评价认同 | 1.074 | 3 | 1226 | 0.359 |
| 总体认同 | 1.207 | 3 | 1217 | 0.306 |

表1.17方差分析表说明，总体认同的组间离差平方和为3.169，自由度为3，均方值为1.056，F值为4.420，显著性值为0.004，即P<0.01，这表明在认同感方面，不同教龄组存在极其显著差异。课程目标认同的组间离差平方和为7.771，自由度为3，均方值2.590，F值为6.753，显著性值为0.000，即P<0.01，这表明在课程目标认同维度上，不同教龄组存在极其显著差异（P<0.01）。课程内容认同的组间离差平方和为3.270，自由度为3，均方值为1.090，F值为2.916，显著性值为0.033，即p<0.05，这表明在课程内容认同维度上，不同教龄组存在显著差异（p<0.05）。教学方式认同的组间离差平方和为3.505，自由度为3，均方值为1.168，F值为3.373，显著性值为0.018，即p<0.05，这表明在教学方式认同维度上，不同教龄组存在显著差异（p<0.05）。教师角色认同的组间离差平方和为2.309，自由度为3，均方值为0.770，F值为2.173，显著性值为0.090，即P>0.05，这表明在教师角色认同维度上，不同教龄组不存在显著差异（P>0.05）。课程评价认同的组间离差平方和为2.860，自由度为3，均方值为0.953，F值为2.667，显著性值为0.046，即p<0.05，这表明在课程评价认同维度上，不同教龄组存在显著差异（p<0.05）。

表1.17　不同教龄高中教师新课程认同的方差分析

|  |  | 离差平方和 | 自由度 | 均方值 | F值 | 显著性 |
|---|---|---|---|---|---|---|
| 课程目标认同 | 组间 | 7.771 | 3 | 2.590 | 6.753 | 0.000 |
|  | 组内 | 470.332 | 1226 | 0.384 |  |  |
|  | 总和 | 478.104 | 1229 |  |  |  |
| 课程内容认同 | 组间 | 3.270 | 3 | 1.090 | 2.916 | 0.033 |
|  | 组内 | 457.617 | 1224 | 0.374 |  |  |
|  | 总和 | 460.888 | 1227 |  |  |  |

续表

|  |  | 离差平方和 | 自由度 | 均方值 | F 值 | 显著性 |
|---|---|---|---|---|---|---|
| 教学方式认同 | 组间 | 3.505 | 3 | 1.168 | 3.373 | 0.018 |
|  | 组内 | 424.926 | 1227 | 0.346 |  |  |
|  | 总和 | 428.431 | 1230 |  |  |  |
| 教师角色认同 | 组间 | 2.309 | 3 | 0.770 | 2.173 | 0.090 |
|  | 组内 | 433.248 | 1223 | 0.354 |  |  |
|  | 总和 | 435.557 | 1226 |  |  |  |
| 课程评价认同 | 组间 | 2.860 | 3 | 0.953 | 2.667 | 0.046 |
|  | 组内 | 438.203 | 1226 | 0.357 |  |  |
|  | 总和 | 441.064 | 1229 |  |  |  |
| 总体认同 | 组间 | 3.169 | 3 | 1.056 | 4.420 | 0.004 |
|  | 组内 | 290.860 | 1217 | 0.239 |  |  |
|  | 总和 | 294.030 | 1220 |  |  |  |

由于表 1.18 的方差齐性检验结果表明方差齐性，本书选用 LSD 法进行各组均值之间的多重比较。以下是对不同教龄教师总体认同以及在各个维度上教龄差异的事后多重比较。表 1.18 的事后多重比较结果显示，在总体认同上，5 年以下教龄教师与 5—10 年教龄教师、11—20 年教龄教师对新课程改革的认同相比，显著性值均小于 0.01，在 0.01 水平上存在极其显著差异，这说明 5 年以下教龄教师新课程认同极其显著低于 5—10 年教龄教师和 11—20 年教龄教师；5 年以下教龄教师与 20 年以上教龄教师新课程认同的显著性低于 0.05，在 0.05 水平上存在显著差异，这说明 5 年以下教龄教师新课程认同显著低于 20 年以上教龄教师；5—10 年教龄、11—20 年教龄、20 年以上教龄之间的显著性值大于 0.05，均不存在显著差异。

表 1.18　不同教龄高中教师新课程认同差异的事后多重比较

| （I）教龄 | （J）教龄 | 均值差异（I－J） | 标准误 | 显著性 |
|---|---|---|---|---|
| 5 年以下 | 5－10 年 | －0.11301* | 0.04177 | 0.007 |
| | 11－20 年 | －0.14131* | 0.03981 | 0.000 |
| | 20 年以上 | －0.10947* | 0.04393 | 0.013 |
| 5－10 年 | 5 年以下 | 0.11301* | 0.04177 | 0.007 |
| | 11－20 年 | －0.02830 | 0.03658 | 0.439 |
| | 20 年以上 | 0.00354 | 0.04102 | 0.931 |
| 11－20 年 | 5 年以下 | 0.14131* | 0.03981 | 0.000 |
| | 5－10 年 | 0.02830 | 0.03658 | 0.439 |
| | 20 年以上 | 0.03184 | 0.03902 | 0.415 |
| 20 年以上 | 5 年以下 | 0.10947* | 0.04393 | 0.013 |
| | 5－10 年 | －0.00354 | 0.04102 | 0.931 |
| | 11－20 年 | －0.03184 | 0.03902 | 0.415 |

（*说明 $p < 0.05$，表示存在显著差异。）

表 1.19 表明，在"课程目标认同"维度，5 年以下教龄教师与 5－10 年教龄教师、11－20 年教龄教师和 20 年以上教龄教师相比，显著性值均低于 0.01，在 0.01 水平上，差异极其显著。这表明，在"课程目标认同"维度，5 年以上教龄教师对新课程的认同度高于 5 年以下教龄教师。

表 1.19　"课程目标认同"维度教龄差异的事后多重比较

| （I）教龄 | （J）教龄 | 均值差异（I－J） | 标准误 | 显著性 |
|---|---|---|---|---|
| 5 年以下 | 5－10 年 | －0.16338* | 0.05283 | 0.002 |
| | 11－20 年 | －0.15417* | 0.05025 | 0.002 |
| | 20 年以上 | －0.24465* | 0.05549 | 0.000 |
| 5－10 年 | 5 年以下 | 0.16338* | 0.05283 | 0.002 |
| | 11－20 年 | 0.00921 | 0.04618 | 0.842 |
| | 20 年以上 | －0.08127 | 0.05182 | 0.117 |

续表

| (I) 教龄 | (J) 教龄 | 均值差异(I−J) | 标准误 | 显著性 |
|---|---|---|---|---|
| | 5 年以下 | 0.15417* | 0.05025 | 0.002 |
| 11−20 年 | 5−10 年 | −0.00921 | 0.04618 | 0.842 |
| | 20 年以上 | −0.09048 | 0.04920 | 0.066 |
| | 5 年以下 | 0.24465* | 0.05549 | 0.000 |
| 20 年以上 | 5−10 年 | 0.08127 | 0.05182 | 0.117 |
| | 11−20 年 | 0.09048 | 0.04920 | .066 |

(*说明 p < 0.05，表示存在显著差异。)

表 1.20 "课程内容认同"维度教龄差异的事后多重比较显示，在课程内容认同维度上，5 年以下教龄教师与 5−10 年教龄教师相比，显著性值低于 0.05，在 0.05 水平上存在显著差异；5 年以下教龄教师与 11−20 年教龄教师相比，显著性值小于 0.01，在 0.01 水平上差异极其显著。这表明，"5−10 年"教龄教师对新课程内容的认同高于"5 年以下"教龄教师，"11−20 年"教龄教师极其显著高于"5 年以下"教龄教师。

**表 1.20　"课程内容认同"维度教龄差异的事后多重比较**

| (I) 教龄 | (J) 教龄 | 均值差异（I−J） | 标准误 | 显著性 |
|---|---|---|---|---|
| | 5−10 年 | −0.10540* | 0.05215 | 0.043 |
| 5 年以下 | 11−20 年 | −0.14451* | 0.04961 | 0.004 |
| | 20 年以上 | −0.07953 | 0.05488 | 0.148 |
| | 5 年以下 | 0.10540* | 0.05215 | 0.043 |
| 5−10 年 | 11−20 年 | −0.03911 | 0.04559 | 0.391 |
| | 20 年以上 | 0.02588 | 0.05127 | 0.614 |
| | 5 年以下 | 0.14451* | 0.04961 | 0.004 |
| 11−20 年 | 5−10 年 | 0.03911 | 0.04559 | 0.391 |
| | 20 年以上 | 0.06499 | 0.04868 | 0.182 |
| | 5 年以下 | 0.07953 | 0.05488 | 0.148 |
| 20 年以上 | 5−10 年 | −0.02588 | 0.05127 | 0.614 |
| | 11−20 年 | −0.06499 | 0.04868 | 0.182 |

(*说明 p < 0.05，表示存在显著差异。)

表 1.21 事后多重比较结果显示，在教学方式认同维度，5 年以下教龄教师与 11－20 年教龄教师相比，显著性值小于 0.01，在 0.01 水平上存在极其显著差异；11－20 年教龄教师与 20 年以上教龄教师相比，显著性值小于 0.05，在 0.05 水平上存在显著差异。根据均值比较结果来看，11－20 年教龄教师高于 5－10 年教龄教师，5－10 年教龄教师的均值又高于 20 年以上教龄教师，而 5 年以下教龄教师的均值最低。因此，11－20 年教龄教师对新课程改革的认同度最高，远远高于 5 年以下教龄教师，也显著高于 20 年以上教龄教师的认同度。

表 1.21 "教学方式认同"维度教龄差异的事后多重比较

| （I）教龄 | （J）教龄 | 均值差异（I－J） | 标准误 | 显著性 |
|---|---|---|---|---|
| 5 年以下 | 5－10 年 | － 0.09201 | 0.05019 | 0.067 |
|  | 11－20 年 | － 0.14511* | 0.04772 | 0.002 |
|  | 20 年以上 | － 0.05317 | 0.05272 | 0.313 |
| 5－10 年 | 5 年以下 | 0.09201 | 0.05019 | 0.067 |
|  | 11－20 年 | － 0.05311 | 0.04385 | 0.226 |
|  | 20 年以上 | 0.03883 | 0.04924 | 0.430 |
| 11－20 年 | 5 年以下 | 0.14511* | 0.04772 | 0.002 |
|  | 5－10 年 | 0.05311 | 0.04385 | 0.226 |
|  | 20 年以上 | 0.09194* | 0.04672 | 0.049 |
| 20 年以上 | 5 年以下 | 0.05317 | 0.05272 | 0.313 |
|  | 5－10 年 | － 0.03883 | 0.04924 | 0.430 |
|  | 11－20 年 | － 0.09194* | 0.04672 | 0.049 |

（*说明 $p < 0.05$，表示存在显著差异。）

表 1.22 "教师角色认同"维度教龄差异的事后多重比较结果表明，在教师角色认同维度上，5 年以下教龄与 11－20 年教龄教师的显著性值小于 0.05，在 0.05 水平上存在显著差异。而其他教龄教师之间对教

师角色的认同的显著性值大于 0.05，不存在显著差异。这说明 11-20 年教龄教师对教师角色的认同显著高于 5 年以下教龄教师，其他教龄段的教师对教师角色的认同程度相当，不存在显著差异。

表 1.22 "教师角色认同"维度教龄差异的事后多重比较

| （I）教龄 | （J）教龄 | 均值差异（I-J） | 标准误 | 显著性 |
|---|---|---|---|---|
| 5 年以下 | 5-10 年 | -0.08065 | 0.05074 | 0.112 |
| | 11-20 年 | -0.12293* | 0.04827 | 0.011 |
| | 20 年以上 | -0.08494 | 0.05331 | 0.111 |
| 5-10 年 | 5 年以下 | 0.08065 | 0.05074 | 0.112 |
| | 11-20 年 | -0.04228 | 0.04446 | 0.342 |
| | 20 年以上 | -0.00429 | 0.04989 | 0.931 |
| 11-20 年 | 5 年以下 | 0.12293* | 0.04827 | 0.011 |
| | 5-10 年 | 0.04228 | 0.04446 | 0.342 |
| | 20 年以上 | 0.03799 | 0.04738 | 0.423 |
| 20 年以上 | 5 年以下 | 0.08494 | 0.05331 | 0.111 |
| | 5-10 年 | 0.00429 | 0.04989 | 0.931 |
| | 11-20 年 | -0.03799 | 0.04738 | 0.423 |

（*说明 $p < 0.05$，表示存在显著差异。）

表 1.23"课程评价认同"维度教龄差异的事后多重比较结果显示，在课程评价认同维度，5 年以下教龄教师与 5-10 年教龄教师、20 年以上教龄教师的显著性值均小于 0.05，在 0.05 水平上差异显著；5 年以下教龄教师与 11-20 年教龄教师的显著性值小于 0.01，在 0.01 的水平上差异极其显著，这表明 5-10 年教龄教师、11-20 年教龄教师和 20 年以上教龄教师对新课程评价认同都高于 5 年以下教龄教师。

表 1.23 "课程评价认同"维度教龄差异的事后多重比较

| (I) 教龄 | (J) 教龄 | 均值差异 (I−J) | 标准误 | 显著性 |
|---|---|---|---|---|
| 5 年以下 | 5−10 年 | −0.12230* | 0.05096 | 0.017 |
| | 11−20 年 | −0.12608* | 0.04844 | 0.009 |
| | 20 年以上 | −0.10811* | 0.05350 | .044 |
| 5−10 年 | 5 年以下 | 0.12230* | 0.05096 | 0.017 |
| | 11−20 年 | −0.00378 | 0.04461 | 0.933 |
| | 20 年以上 | 0.01419 | 0.05006 | 0.777 |
| 11−20 年 | 5 年以下 | 0.12608* | 0.04844 | 0.009 |
| | 5−10 年 | 0.00378 | 0.04461 | 0.933 |
| | 20 年以上 | 0.01797 | 0.04749 | 0.705 |
| 20 年以上 | 5 年以下 | 0.10811* | 0.05350 | 0.044 |
| | 5−10 年 | −0.01419 | 0.05006 | 0.777 |
| | 11−20 年 | −0.01797 | 0.04749 | 0.705 |

(* 说明 $p < 0.05$，表示存在显著差异。)

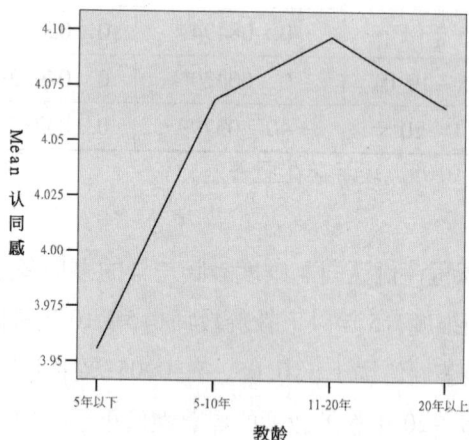

图 1.2 不同教龄高中教师新课程认同的均数分布图

　　图 1.2 的均数分布图表明，5 年以下教龄教师的均数最低，11−20 年教龄教师均数最高，5−10 年教龄教师和 20 年以上教龄教师均数接

近。在 20 年教龄之前，均数随教龄的增长而依次增加；20 年教龄之后，均数出现回落，接近于 11 - 15 年教龄的水平。

（二）学历差异的单因素方差分析

研究把教龄划分为 4 个层级，即中专（高中）、大专、本科、本科以上。了解不同学历高中教师对新课程改革的认同状况，有助于我们开展针对性的教师教育工作。本书对不同学历的教师新课程认同进行了单因素方差分析，分别进行了描述统计、方差齐性检验、方差分析。

表 1.24 分别列出了不同学历教师的人数、均值、标准差、标准误、95% 的置信区间、最小值和最大值的信息，以及全体教师的相关信息。其中中专（高中）学历的教师 7 人，大专学历的教师 34 人，本科学历的教师 1069 人，本科以上学历的教师 111 人。本科学历教师占了87.6%，本科以上学历教师占9.0%，而中专（高中）学历教师仅占0.6%，大专学历教师仅为2.8%。由此可见，高中教师学历分布较集中。

**表 1.24　不同学历高中教师新课程认同的描述统计**

| | 人数 | 均值 | 标准差 | 标准误 | 95% 的置信区间 | | 最小值 | 最大值 |
|---|---|---|---|---|---|---|---|---|
| | | | | | 低值 | 高值 | | |
| 中专（高中） | 7 | 4.1592 | 0.46419 | 0.17545 | 3.7299 | 4.5885 | 3.66 | 4.80 |
| 大专 | 34 | 4.1202 | 0.37575 | 0.06444 | 3.9891 | 4.2513 | 3.29 | 5.00 |
| 本科 | 1069 | 4.0543 | 0.49134 | 0.01503 | 4.0248 | 4.0838 | 1.83 | 5.00 |
| 本科以上 | 111 | 4.0355 | 0.52205 | 0.04955 | 3.9373 | 4.1337 | 2.71 | 4.97 |
| 总数 | 1221 | 4.0551 | 0.49093 | 0.01405 | 4.0275 | 4.0826 | 1.83 | 5.00 |

表 1.25 显示，高中新课程认同 5 个维度：课程目标认同、课程内容认同、教学方式认同、教师角色认同、课程评价认同和总体认同在不同的学历水平上均没有显著差异。

表 1.25　不同学历高中教师新课程认同的方差齐性检验

|  | 齐性检验 | 组间自由度 | 组内自由度 | 显著性 |
|---|---|---|---|---|
| 课程目标认同 | 3.000 | 3 | 1226 | 0.030 |
| 课程内容认同 | 1.939 | 3 | 1224 | 0.122 |
| 教学方式认同 | 2.126 | 3 | 1227 | 0.095 |
| 教师角色认同 | 2.035 | 3 | 1223 | 0.107 |
| 课程评价认同 | 5.159 | 3 | 1226 | 0.002 |
| 总体认同 | 1.941 | 3 | 1217 | 0.121 |

表 1.26 的方差分析说明，总体认同的组间离差平方和为 0.263，自由度为 3，均方值为 0.088，F 值为 0.363，显著性值为 0.780，即 $P > 0.05$，这表明在总体认同方面，不同学历之间没有显著差异。

课程目标认同的组间离差平方和为 1.573，自由度为 3，均方值为 0.524，F 值为 1.349，显著性值为 0.257，即 $P > 0.05$，这表明在课程目标认同维度上，不同学历之间没有显著差异。

课程内容认同的组间离差平方和为 2.673，自由度为 3，均方值为 0.891，F 值为 2.380，显著性值为 0.068，即 $P > 0.05$，这表明在课程内容认同维度上，不同学历之间没有显著差异。

教学方式认同的组间离差平方和为 1.008，自由度为 3，均方值为 0.336，F 值为 0.965，显著性值为 0.408，即 $P > 0.05$，这表明在教学方式认同维度上，不同学历之间没有显著差异。

教师角色认同的组间离差平方和为 0.865，自由度为 3，均方值为 0.288，F 值为 0.811，显著性值为 0.488，即 $P > 0.05$，这表明在教师角色认同维度上，不同学历之间没有显著差异。

课程评价认同的组间离差平方和为 0.510，自由度为 3，均方值为 0.170，F 值为 0.473，显著性值为 0.701，即 $P > 0.05$，这表明在课程评价认同维度上，不同学历之间没有显著差异。

表1.26　不同学历高中教师新课程认同的方差分析结果

| | | 平方和 | 自由度 | 均方值 | F 值 | 显著性 |
|---|---|---|---|---|---|---|
| 课程目标认同 | 组间 | 1.573 | 3 | 0.524 | 1.349 | 0.257 |
| | 组内 | 476.531 | 1226 | 0.389 | | |
| | 总和 | 478.104 | 1229 | | | |
| 课程内容认同 | 组间 | 2.673 | 3 | 0.891 | 2.380 | 0.068 |
| | 组内 | 458.215 | 1224 | 0.374 | | |
| | 总和 | 460.888 | 1227 | | | |
| 教学方式认同 | 组间 | 1.008 | 3 | 0.336 | 0.965 | 0.408 |
| | 组内 | 427.422 | 1227 | 0.348 | | |
| | 总和 | 428.431 | 1230 | | | |
| 教师角色认同 | 组间 | 0.865 | 3 | 0.288 | 0.811 | 0.488 |
| | 组内 | 434.692 | 1223 | 0.355 | | |
| | 总和 | 435.557 | 1226 | | | |
| 课程评价认同 | 组间 | 0.510 | 3 | 0.170 | 0.473 | 0.701 |
| | 组内 | 440.553 | 1226 | 0.359 | | |
| | 总和 | 441.064 | 1229 | | | |
| 总体认同 | 组间 | 0.263 | 3 | 0.088 | 0.363 | 0.780 |
| | 组内 | 293.767 | 1217 | 0.241 | | |
| | 总和 | 294.030 | 1220 | | | |

（三）班额差异的单因素方差分析

本书把班额划分为 5 个层级，即 30 人以下、30 – 39 人、40 – 49 人、50 – 59 人、60 人以上。了解不同班额的高中教师对新课程改革的认同度，有助于开展针对性的教师教育工作。本书对不同班额的教师新课程改革认同进行了单因素方差分析，分别进行了描述统计、方差齐性检验、方差分析、事后多重比较。

不同班额描述统计表，分别列出了不同班额的样本数、均值、标准差、标准误、95% 置信区间、最小值和最大值的信息，以及全体教师的相关信息。1221 名教师中，教授 30 人以下班额的教师最少，共有 27 位，教授 30 - 39 人班额的教师有 262 位，教授 40 - 49 人班额的教师共 274 位，教授 50 - 59 人班额的教师最多，共有 446 位，教授 60 人以上 班额的教师共 212 位。这表明，班级教学仍以大班教学为主。

表 1.27  不同班额高中教师新课程认同感的描述统计

| 维度 | 人数 | 均值 | 标准差 | 标准误 | 95%的置信区间 | | 最小值 | 最大值 |
| --- | --- | --- | --- | --- | --- | --- | --- | --- |
| | | | | | 低值 | 高值 | | |
| 30 人以下 | 27 | 4.1566 | 0.32075 | 0.06173 | 4.0297 | 4.2835 | 3.51 | 4.91 |
| 30 - 39 人 | 262 | 4.2567 | 0.37886 | 0.02341 | 4.2106 | 4.3028 | 2.46 | 5.00 |
| 40 - 49 人 | 274 | 4.1362 | 0.47995 | 0.02899 | 4.0791 | 4.1933 | 2.71 | 5.00 |
| 50 - 59 人 | 446 | 3.9581 | 0.51521 | 0.02440 | 3.9102 | 4.0060 | 1.83 | 5.00 |
| 60 人以上 | 212 | 3.8920 | 0.48837 | 0.03354 | 3.8259 | 3.9582 | 2.49 | 4.91 |
| 总体 | 1221 | 4.0551 | 0.49093 | 0.01405 | 4.0275 | 4.0826 | 1.83 | 5.00 |

表 1.28 方差齐性检验结果显示，显著性值均小于 0.05，即方差不 齐性，则选用 Tamhane's T2 的方法进行事后多重比较。

表 1.28  不同班额的方差齐性检验

| | 齐性检验 | 组间自由度 | 组内自由度 | 显著性 |
| --- | --- | --- | --- | --- |
| 课程目标认同 | 17.133 | 4 | 1225 | 0.000 |
| 课程内容认同 | 8.176 | 4 | 1223 | 0.000 |
| 教学方式认同 | 6.970 | 4 | 1226 | 0.000 |
| 教师角色认同 | 7.685 | 4 | 1222 | 0.000 |
| 课程评价认同 | 13.948 | 4 | 1225 | 0.000 |
| 认同感 | 13.382 | 4 | 1216 | 0.000 |

由表 1.29 得知，在课程目标认同维度，30 - 39 人班额的高中教师 与 60 人以上班额的高中教师的显著性值和 40 - 49 人班额的高中教师与

50－59 人班额的高中教师的显著性值分别为 0.014 和 0.042，均小于 0.05，即 p＜0.05，这表明 30－39 人班额的高中教师与 60 人以上班额的教师之间存在显著差异，40－49 人班额的高中教师的得分显著高于班额为 50－59 人的得分；30－39 人班额的高中教师与班额为 50－59 人的高中教师的显著性值为 0.004，小于 0.01，即 p＜0.01，这表明 30－39 人班额的高中教师对课程目标的认同极其显著高于班额为 50－59 人的高中教师。

**表 1.29　"课程目标认同"维度班额差异的事后多重比较**

| （I）教龄 | （J）教龄 | 均值差异（I－J） | 标准误 | 显著性 |
| --- | --- | --- | --- | --- |
| 30 人以下 | 30－39 人 | －0.02677 | 0.09512 | 1.000 |
| | 40－49 人 | －0.02038 | 0.09870 | 1.000 |
| | 50－59 人 | 0.12205 | 0.09630 | 0.910 |
| | 60 人以上 | 0.14808 | 0.10228 | 0.814 |
| 30－39 人 | 30 人以下 | 0.02677 | 0.09512 | 1.000 |
| | 40－49 人 | 0.00640 | 0.04729 | 1.000 |
| | 50－59 人 | 0.14882** | 0.04205 | 0.004 |
| | 60 人以上 | 0.17486* | 0.05438 | 0.014 |
| 40－49 人 | 30 人以下 | 0.02038 | 0.09870 | 1.000 |
| | 30－39 人 | －0.00640 | 0.04729 | 1.000 |
| | 50－59 人 | 0.14243* | 0.04961 | 0.042 |
| | 60 人以上 | 0.16846 | 0.06042 | 0.054 |
| 50－59 人 | 30 人以下 | －0.12205 | 0.09630 | 0.910 |
| | 30－39 人 | －0.14882** | 0.04205 | 0.004 |
| | 40－49 人 | －0.14243* | 0.04961 | 0.042 |
| | 60 人以上 | 0.02603 | 0.05641 | 1.000 |
| 60 人以上 | 30 人以下 | －0.14808 | 0.10228 | 0.814 |
| | 30－39 人 | －0.17486* | 0.05438 | 0.014 |
| | 40－49 人 | －0.16846 | 0.06042 | 0.054 |
| | 50－59 人 | －0.02603 | 0.05641 | 1.000 |

（*说明 p＜.05，表示存在显著差异；**说明 p＜.01，表示存在极其显著差异。）

表1.30方差分析表说明，总体认同的组间离差平方和为22.561，自由度为4，均方值为5.640，F值为25.265，显著性值为0.000，即P<0.01，这表明在认同感上，不同班额之间存在极其显著差异。课程目标认同的组间离差平方和为7.244，自由度为4，均方值为1.811，F值为4.712，显著性值为0.001，即P<0.01，这表明在课程目标认同维度上，不同班额之间存在极其显著差异。课程内容认同的组间离差平方和为47.694，自由度为4，均方值为11.924，F值为35.292，显著性值为0.000，即P<0.01，这表明在课程内容认同维度上，不同班额之间存在极其显著差异。教学方式认同的组间离差平方和为18.437，自由度为4，均方值为4.609，F值为13.783，显著性值为0.000，即P<0.01，这表明在教学方式认同维度上，不同班额之间存在极其显著差异。教师角色认同的组间离差平方和为25.019，自由度为4，均方值为6.255，F值为18.618，显著性值为0.000，即P<0.01，这表明在教师角色认同维度上，不同班额之间存在极其显著差异。课程评价认同的组间离差平方和为18.701，自由度为4，均方值为4.675，F值为13.560，显著性值为0.000，即P<0.01，这表明在课程评价认同维度上，不同班额之间存在极其显著差异。

表1.30　不同班额高中教师的方差分析结果

| | | 平方和 | 自由度 | 均方值 | F 值 | 显著性 |
|---|---|---|---|---|---|---|
| 课程目标认同 | 组间 | 7.244 | 4 | 1.811 | 4.712 | 0.001 |
| | 组内 | 470.860 | 1225 | 0.384 | | |
| | 总和 | 478.104 | 1229 | | | |
| 课程内容认同 | 组间 | 47.694 | 4 | 11.924 | 35.292 | 0.000 |
| | 组内 | 413.193 | 1223 | 0.338 | | |
| | 总和 | 460.888 | 1227 | | | |

续表

|  |  | 平方和 | 自由度 | 均方值 | F 值 | 显著性 |
|---|---|---|---|---|---|---|
| 教学方式认同 | 组间 | 18.437 | 4 | 4.609 | 13.783 | 0.000 |
|  | 组内 | 409.994 | 1226 | 0.334 |  |  |
|  | 总和 | 428.431 | 1230 |  |  |  |
| 教师角色认同 | 组间 | 25.019 | 4 | 6.255 | 18.618 | 0.000 |
|  | 组内 | 410.538 | 1222 | 0.336 |  |  |
|  | 总和 | 435.557 | 1226 |  |  |  |
| 课程评价认同 | 组间 | 18.701 | 4 | 4.675 | 13.560 | 0.000 |
|  | 组内 | 422.362 | 1225 | 0.345 |  |  |
|  | 总和 | 441.064 | 1229 |  |  |  |
| 总体认同 | 组间 | 22.561 | 4 | 5.640 | 25.265 | 0.000 |
|  | 组内 | 271.469 | 1216 | 0.223 |  |  |
|  | 总和 | 294.030 | 1220 |  |  |  |

　　课程目标认同、课程内容认同、教学方式认同、教师角色认同、课程评价认同和总体认同在不同的 5 个班额水平上均存在极其显著的差异。为了进一步了解情况，我们对其进行了多重事后比较。以下为教授不同班额的教师的新课程认同的事后多重比较。

　　表 1.31 "总体认同"维度班额差异的事后多重比较结果表明，在总体认同方面，30 人以下班额的高中教师与 50 - 59 人班额的高中教师的显著性值为 0.050，这表明 30 人以下班额的高中教师的得分显著高于班额为 50 - 59 人的得分；30 人以下班额与 60 人以上班额相比，显著性值为 0.005，低于 0.01，这表明 30 人以下班额的得分极其显著高于班额 60 人以上的得分；30 - 39 人班额的高中教师的得分显著高于班额 40 - 49 人的得分；30 - 39 人与 40 - 49 人班额的高中教师的得分极其显著高于班额 50 - 59 人、60 人以上的得分。根据表格可知，不同班额高中教师对新课程的总体认同得分由高到低依次为 30 - 39 人、30 人以下、40 - 49 人、50 - 59 人、60 人以上。这说明，教师的总体认同度在学生规模为 30 - 39 人的班级最高，而班级规模大于 50 人时，教师的总体认同度较低。

表1.31 "总体认同"维度班额差异的事后多重比较

| （I）教龄 | （J）教龄 | 均值差异（I−J） | 标准误 | 显著性 |
|---|---|---|---|---|
| 30人以下 | 30−39人 | −0.10009 | 0.06602 | 0.775 |
| | 40−49人 | 0.02043 | 0.06820 | 1.000 |
| | 50−59人 | 0.19851* | 0.06637 | 0.050 |
| | 60人以上 | 0.26457** | 0.07025 | 0.005 |
| 30−39人 | 30人以下 | 0.10009 | 0.06602 | 0.775 |
| | 40−49人 | 0.12052* | 0.03726 | 0.013 |
| | 50−59人 | 0.29860** | 0.03381 | 0.000 |
| | 60人以上 | 0.36466** | 0.04090 | 0.000 |
| 40−49人 | 30人以下 | −0.02043 | 0.06820 | 1.000 |
| | 30−39人 | −0.12052* | 0.03726 | 0.013 |
| | 50−59人 | 0.17808** | 0.03789 | 0.000 |
| | 60人以上 | 0.24414** | 0.04434 | 0.000 |
| 50−59人 | 30人以下 | −0.19851* | 0.06637 | 0.050 |
| | 30−39人 | −0.29860** | 0.03381 | 0.000 |
| | 40−49人 | −0.17808** | 0.03789 | 0.000 |
| | 60人以上 | 0.06606 | 0.04147 | 0.695 |
| 60人以上 | 30人以下 | −0.26457* | 0.07025 | 0.005 |
| | 30−39人 | −0.36466** | 0.04090 | 0.000 |
| | 40−49人 | −0.24414** | 0.04434 | 0.000 |
| | 50−59人 | −0.06606 | 0.04147 | 0.695 |

（*说明 $p < 0.05$，表示存在显著差异；**说明 $p < 0.01$，表示存在极其显著差异。）

由表1.32得知，在课程目标认同维度，30−39人班额的高中教师与60人以上班额的高中教师的显著性值和40−49人班额的高中教师与50−59人班额的高中教师的显著性值分别为0.014和0.042，均小于0.05，即 $P < 0.05$，这表明30−39人班额的高中教师与60人以上班额的教师之间存在显著差异，40−49人班额的高中教师的得分显著高于班额为50−59人的得分；30−39人班额的高中教师与班额为50−59人

的高中教师的显著性值为0.004，小于0.01，即 P < 0.01，这表明30 -
39 人班额的高中教师对课程目标的认同极其显著高于班额为50 - 59 人
的高中教师。

表 1.32 "课程目标认同"维度班额差异的事后多重比较

| （I）教龄 | （J）教龄 | 均值差异（I - J） | 标准误 | 显著性 |
|---|---|---|---|---|
| 30 人以下 | 30 - 39 人 | - 0.02677 | 0.09512 | 1.000 |
| | 40 - 49 人 | - 0.02038 | 0.09870 | 1.000 |
| | 50 - 59 人 | 0.12205 | 0.09630 | 0.910 |
| | 60 人以上 | 0.14808 | 0.10228 | 0.814 |
| 30 - 39 人 | 30 人以下 | 0.02677 | 0.09512 | 1.000 |
| | 40 - 49 人 | 0.00640 | 0.04729 | 1.000 |
| | 50 - 59 人 | 0.14882** | 0.04205 | 0.004 |
| | 60 人以上 | 0.17486* | 0.05438 | 0.014 |
| 40 - 49 人 | 30 人以下 | 0.02038 | 0.09870 | 1.000 |
| | 30 - 39 人 | - 0.00640 | 0.04729 | 1.000 |
| | 50 - 59 人 | 0.14243* | 0.04961 | 0.042 |
| | 60 人以上 | 0.16846 | 0.06042 | 0.054 |
| 50 - 59 人 | 30 人以下 | - 0.12205 | 0.09630 | 0.910 |
| | 30 - 39 人 | - 0.14882** | 0.04205 | 0.004 |
| | 40 - 49 人 | - 0.14243* | 0.04961 | 0.042 |
| | 60 人以上 | 0.02603 | 0.05641 | 1.000 |
| 60 人以上 | 30 人以下 | - 0.14808 | 0.10228 | 0.814 |
| | 30 - 39 人 | - 0.17486* | 0.05438 | 0.014 |
| | 40 - 49 人 | - 0.16846 | 0.06042 | 0.054 |
| | 50 - 59 人 | - 0.02603 | 0.05641 | 1.000 |

（*说明 p < 0.05，表示存在显著差异；**说明 p < 0.01，表示存在极
其显著差异。）

根据表1.33，在课程内容认同维度，30 人以下班额的高中教师与
50 - 59 人、60 人以上班额教师的显著性值均小于0.01，在0.01 水平上
存在极其显著差异；30 - 39 人班额的高中教师与40 - 49 人、50 - 59
人、60 人以上班额的高中教师的显著性值均为0.000，小于0.01，即

P＜0.01，说明30－39人班额高中教师与40－49人、50－59人、60人以上班额的高中教师在0.01水平存在非常显著的差异；40－49人班额的高中教师与30－39人、50－59人、60人以上班额的高中教师的显著性值均为0.000，小于0.01，即P＜0.01，这表明40－49人班额的高中教师认同感极其显著高于班额50－59人、60人以上班额的教师。以上分析表明，对课程内容认同度较高的有班额为30人以下、30－39人、40－49人的高中教师，而班额在50－59人和60人以上的高中教师的认同度很低，因此要将班级规模控制在50人以下。

表1.33　"课程内容认同"班额差异的事后多重比较

| （I）教龄 | （J）教龄 | 均值差异（I－J） | 标准误 | 显著性 |
|---|---|---|---|---|
| 30人以下 | 30－39人 | －0.12322 | 0.08552 | 0.823 |
| | 40－49人 | 0.07489 | 0.08873 | 0.994 |
| | 50－59人 | 0.31796** | 0.08535 | 0.007 |
| | 60人以上 | 0.40793** | 0.09112 | 0.001 |
| 30－39人 | 30人以下 | 0.12322 | 0.08552 | 0.823 |
| | 40－49人 | 0.19811** | 0.04727 | 0.000 |
| | 50－59人 | 0.44118** | 0.04057 | 0.000 |
| | 60人以上 | 0.53115** | 0.05163 | 0.000 |
| 40－49人 | 30人以下 | －0.07489 | 0.08873 | 0.994 |
| | 30－39人 | －0.19811** | 0.04727 | 0.000 |
| | 50－59人 | 0.24307** | 0.04695 | 0.000 |
| | 60人以上 | 0.33305** | 0.05677 | 0.000 |
| 50－59人 | 30人以下 | －0.31796** | 0.08535 | 0.007 |
| | 30－39人 | －0.44118** | 0.04057 | 0.000 |
| | 40－49人 | －0.24307** | 0.04695 | 0.000 |
| | 60人以上 | 0.08997 | 0.05134 | 0.568 |
| 60人以上 | 30人以下 | －0.40793** | 0.09112 | 0.001 |
| | 30－39人 | －0.53115** | 0.05163 | 0.000 |
| | 40－49人 | －0.33305** | 0.05677 | 0.000 |
| | 50－59人 | －0.08997 | 0.05134 | 0.568 |

（*说明 p＜.05，表示存在显著差异；**说明 p＜.01，表示存在极其

显著差异。)

　　表1.34"教学方式认同"维度班额差异的事后多重比较结果显示，在教学方式认同维度上，30－39 人班额的高中教师与班额为 50－59 人、60 人以上的教师的显著性值均为 0. 000，小于 0.01，即 P＜0.01，在 0.01 水平上存在极其显著差异，这表明 30－39 人班额高中教师的认同感显著高于 50－59 人、60 人以上班额的高中教师；40－49 人班额的高中教师与班额为 50－59 人、60 人以上的高中教师的显著性值小于 0.01，说明 40－49 人班额的高中教师与 50－59 人、60 人以上的高中教师在 0.01 水平上存在极其显著差异。在教学方式这一维度上，班级规模设定在 30－49 人为最佳。

表 1.34　　"教学方式认同"维度班额差异的事后多重比较

| （I）教龄 | （J）教龄 | 均值差异（I－J） | 标准误 | 显著性 |
|---|---|---|---|---|
| 30 人以下 | 30－39 人 | －0.11568 | 0.10212 | 0.954 |
| | 40－49 人 | －0.02655 | 0.10400 | 1.000 |
| | 50－59 人 | 0.14415 | 0.10226 | 0.842 |
| | 60 人以上 | 0.21259 | 0.10709 | 0.428 |
| 30－39 人 | 30 人以下 | 0.11568 | 0.10212 | 0.954 |
| | 40－49 人 | 0.08913 | 0.04491 | 0.387 |
| | 50－59 人 | 0.25983** | 0.04074 | 0.000 |
| | 60 人以上 | 0.32826** | 0.05167 | 0.000 |
| 40－49 人 | 30 人以下 | 0.02655 | 0.10400 | 1.000 |
| | 30－39 人 | －0.08913 | 0.04491 | 0.387 |
| | 50－59 人 | 0.17071** | 0.04524 | 0.002 |
| | 60 人以上 | 0.23914** | 0.05529 | 0.000 |
| 50－59 人 | 30 人以下 | －0.14415 | 0.10226 | 0.842 |
| | 30－39 人 | －0.25983** | 0.04074 | 0.000 |
| | 40－49 人 | －0.17071** | 0.04524 | 0.002 |
| | 60 人以上 | 0.06843 | 0.05195 | 0.876 |

续表

| (I) 教龄 | (J) 教龄 | 均值差异(I－J) | 标准误 | 显著性 |
|---|---|---|---|---|
| 60 人以上 | 30 人以下 | －0.21259 | 0.10709 | 0.428 |
| | 30－39 人 | －0.32826＊＊ | 0.05167 | 0.000 |
| | 40－49 人 | －0.23914＊＊ | 0.05529 | 0.000 |
| | 50－59 人 | －0.06843 | 0.05195 | 0.876 |

（＊说明 p＜0.05，表示存在显著差异；＊＊说明 p＜0.01，表示存在极其显著差异。）

表1.35 "教师角色认同"维度班额差异的事后多重比较结果显示，班额为 30 人以下与 60 人以上的显著性值是 0.009，小于 0.01，即 P＜0.01，这表明 30 人以下班额教师对教师角色的认同极其显著高于 60 人以上班额的高中教师；30－39 人班额的高中教师的教师角色的认同与 40－49 人、50－59 人、60 人以上的显著性值均小于 0.01，即 P＜0.01，这表明 30－39 人班额的高中教师的教师角色认同远远高于班额为 40－49 人、50－59 人、60 人以上的高中教师；40－49 人班额与 30－39 人、50－59 人班额和 60 人以上班额的显著性值分别为 0.002（P＜0.01）、0.013（P＜0.05）、0.001（P＜0.01），这表明 40－49 人班额高中教师的教师角色认同感显著高于 50－59 人班额的教师，极其显著高于 60 人以上班额的教师。这说明，要提高高中教师的教师角色认同，最好将班额控制在 30－39 人或 30 人以下。

表1.35 "教师角色认同"维度班额差异的事后多重比较

| (I) 教龄 | (J) 教龄 | 均值差异（I－J） | 标准误 | 显著性 |
|---|---|---|---|---|
| 30 人以下 | 30－39 人 | －0.08542 | 0.08158 | 0.973 |
| | 40－49 人 | 0.08923 | 0.08420 | 0.970 |
| | 50－59 人 | 0.23926 | 0.08139 | 0.057 |
| | 60 人以上 | 0.30777＊＊ | 0.08683 | 0.009 |

续表

| (I) 教龄 | (J) 教龄 | 均值差异(I - J) | 标准误 | 显著性 |
|---|---|---|---|---|
| 30 - 39 人 | 30 人以下 | 0.08542 | 0.08158 | 0.973 |
| | 40 - 49 人 | 0.17465 ** | 0.04664 | 0.002 |
| | 50 - 59 人 | 0.32468 ** | 0.04135 | 0.000 |
| | 60 人以上 | 0.39319 ** | 0.05124 | 0.000 |
| 40 - 49 人 | 30 人以下 | - 0.08923 | 0.08420 | 0.970 |
| | 30 - 39 人 | - 0.17465 ** | 0.04664 | 0.002 |
| | 50 - 59 人 | 0.15003 * | 0.04631 | 0.013 |
| | 60 人以上 | 0.21854 ** | 0.05532 | 0.001 |
| 50 - 59 人 | 30 人以下 | - 0.23926 | 0.08139 | 0.057 |
| | 30 - 39 人 | - 0.32468 ** | 0.04135 | 0.000 |
| | 40 - 49 人 | - 0.15003 * | 0.04631 | 0.013 |
| | 60 人以上 | 0.06851 | 0.05094 | 0.861 |
| 60 人以上 | 30 人以下 | - 0.30777 ** | 0.08683 | 0.009 |
| | 30 - 39 人 | - 0.39319 ** | 0.05124 | 0.000 |
| | 40 - 49 人 | - 0.21854 ** | 0.05532 | 0.001 |
| | 50 - 59 人 | - 0.06851 | 0.05094 | 0.861 |

（* 说明 $p < 0.05$，表示存在显著差异；** 说明 $p < 0.01$，表示存在极其显著差异。）

表 1.36 不同班额"课程评价认同"维度差异的事后多重比较分析结果表明，在课程评价认同维度，30 - 39 人班额的高中教师与 40 - 49 人班额的高中教师分别与 50 - 59 人、60 人以上班额的高中教师的显著性值均低于 0.01，这表明 30 - 39 人、40 - 49 人班额的高中教师的认同度均极其显著高于班额 50 - 59 人、60 人以上的得分。

表1.36 "课程评价认同"维度班额差异的事后多重比较

| （I）教龄 | （J）教龄 | 均值差异（I－J） | 标准误 | 显著性 |
|---|---|---|---|---|
| 30人以下 | 30－39人 | －0.12163 | 0.08650 | 0.843 |
| | 40－49人 | －0.02052 | 0.08918 | 1.000 |
| | 50－59人 | 0.14726 | 0.08754 | 0.657 |
| | 60人以上 | 0.20904 | 0.09433 | 0.275 |
| 30－39人 | 30人以下 | 0.12163 | 0.08650 | 0.843 |
| | 40－49人 | 0.10111 | 0.04360 | 0.189 |
| | 50－59人 | 0.26889** | 0.04014 | 0.000 |
| | 60人以上 | 0.33067** | 0.05336 | 0.000 |
| 40－49人 | 30人以下 | 0.02052 | 0.08918 | 1.000 |
| | 30－39人 | －0.10111 | 0.04360 | 0.189 |
| | 50－59人 | 0.16778** | 0.04562 | 0.003 |
| | 60人以上 | 0.22956** | 0.05759 | 0.001 |
| 50－59人 | 30人以下 | －0.14726 | 0.08754 | 0.657 |
| | 30－39人 | －0.26889** | 0.04014 | 0.000 |
| | 40－49人 | －0.16778** | 0.04562 | 0.003 |
| | 60人以上 | 0.06178 | 0.05502 | 0.952 |
| 60人以上 | 30人以下 | －0.20904 | 0.09433 | 0.275 |
| | 30－39人 | －0.33067** | 0.05336 | 0.000 |
| | 40－49人 | －0.22956** | 0.05759 | 0.001 |
| | 50－59人 | －0.06178 | 0.05502 | 0.952 |

（*说明 $p<0.05$，表示存在显著差异；**说明 $p<0.01$，表示存在极其显著差异。）

图1.3表明，班额为30－39人的高中教师对新课程改革的认同得

分最高，其次是 30 人以下、40 – 49 人。班额为 40 – 49 人、50 – 59 人、60 人以上的高中教师新课程认同得分依次降低。

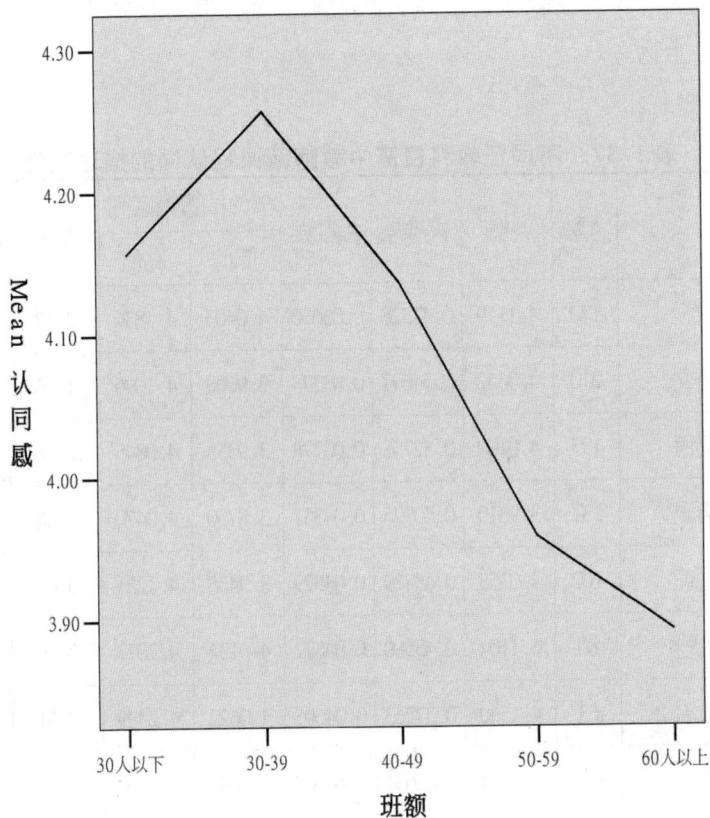

图 1.3　不同班额高中教师新课程认同趋势图

（四）任教科目差异的单因素方差分析

本书调查的 13 个任教科目包括语文、数学、英语、政治、历史、地理、物理、生物、化学、体育、音乐、美术、信息技术。了解不同任教科目高中教师新课程认同的状况，有助于我们开展有针对性的教师教育工作。本书对不同任教科目的教师新课程认同情况进行了单因素方差分析，分别进行了描述统计、方差齐性检验、方差分析、事后多重比较。

由表 1.37 得知，任教科目为历史、美术的高中教师新课程认同得分在 4 分以下，其余 11 个任教科目得分均在 4 分以上。对新课程认同得分排名前 5 的任教科目由高到低的顺序是：信息技术、音乐、政治、数学、生物。

表 1.37　不同任教科目高中教师新课程认同的描述统计

| | 人数 | 均值 | 标准差 | 标准误 | 95%的置信区间 | | 最小值 | 最大值 |
| --- | --- | --- | --- | --- | --- | --- | --- | --- |
| | | | | | 低值 | 高值 | | |
| 数学 | 170 | 4.1119 | 0.47328 | 0.03630 | 4.0403 | 4.1836 | 2.17 | 5.00 |
| 语文 | 210 | 4.0352 | 0.54697 | 0.03774 | 3.9608 | 4.1096 | 1.83 | 5.00 |
| 英语 | 195 | 4.0100 | 0.52753 | 0.03778 | 3.9355 | 4.0845 | 2.46 | 5.00 |
| 历史 | 137 | 3.9610 | 0.50925 | 0.04351 | 3.8750 | 4.0470 | 2.40 | 4.89 |
| 地理 | 102 | 4.0353 | 0.45739 | 0.04529 | 3.9455 | 4.1251 | 3.06 | 5.00 |
| 生物 | 80 | 4.1104 | 0.43580 | 0.04872 | 4.0134 | 4.2073 | 3.06 | 4.91 |
| 政治 | 63 | 4.1560 | 0.37263 | 0.04695 | 4.0622 | 4.2499 | 3.31 | 4.97 |
| 物理 | 100 | 4.0794 | 0.45634 | 0.04563 | 3.9889 | 4.1700 | 2.74 | 5.00 |
| 化学 | 86 | 4.0714 | 0.51998 | 0.05607 | 3.9599 | 4.1829 | 2.83 | 5.00 |
| 美术 | 15 | 3.9486 | 0.54620 | 0.14103 | 3.6461 | 4.2510 | 3.06 | 4.83 |
| 音乐 | 16 | 4.2214 | 0.31150 | 0.07788 | 4.0554 | 4.3874 | 3.74 | 4.83 |
| 信息技术 | 20 | 4.2329 | 0.33695 | 0.07534 | 4.0752 | 4.3906 | 3.51 | 4.69 |
| 体育 | 27 | 4.0159 | 0.37841 | 0.07282 | 3.8662 | 4.1656 | 3.11 | 4.57 |
| 总数 | 1221 | 4.0551 | 0.49093 | 0.01405 | 4.0275 | 4.0826 | 1.83 | 5.00 |

由表 1.38 得知，课程目标认同、教学方式认同、课程评价认同维度及总的认同感显著性值小于 0.05，表明方差不齐性，则选用 Tamhane's T2 的方法进行事后多重比较。课程内容认同、教师角色认同维度上显著性值大于 0.05，表明方差齐性，则选用 LSD 的方法进行事后多重比较。不同任教科目的高中教师对教学方式认同、课程评价认同存在显著差异，而在课程目标认同、课程内容认同、教师角色认同和总的认同上没有显著差异。

表 1.38　不同任教科目高中教师新课程认同的方差齐性检验

|  | 齐性检验 | 组间自由度 | 组内自由度 | 显著性 |
|---|---|---|---|---|
| 课程目标认同 | 3. 300 | 12 | 1217 | 0. 000 |
| 课程内容认同 | 0. 942 | 12 | 1215 | 0. 504 |
| 教学方式认同 | 2. 060 | 12 | 1218 | 0. 017 |
| 教师角色认同 | 1. 451 | 12 | 1214 | 0. 137 |
| 课程评价认同 | 1. 802 | 12 | 1217 | 0. 043 |
| 总体认同 | 2. 373 | 12 | 1208 | 0. 005 |

表 1.39 的方差分析说明，教学方式认同的组间离差平方和为 8.086，自由度为 12，均方值为 0.674，F 值为 1.952，显著性值为 0.025，即 $P < 0.05$，这表明在教学方式认同上，不同任教科目之间存在显著差异。课程评价认同的组间离差平方和为 8.530，自由度为 12，均方值为 0.711，F 值为 2.000，显著性值为 0.021，即 $P < 0.05$，这表明在课程评价认同上，不同任教科目之间存在显著差异。而课程目标认同、课程内容认同、教师角色认同和总的认同感上显著性值均大于 0.05，这表明在课程目标认同、课程内容认同、教师角色认同和总体认同上，不同学科教师之间没有显著差异。

表 1.39　不同任教科目高中教师新课程认同感的方差分析结果

|  |  | 平方和 | 自由度 | 均方值 | F 值 | 显著性 |
|---|---|---|---|---|---|---|
| 课程目标认同 | 组间 | 7.916 | 120.660 | 1.707 | 0.060 | |
| | 组内 | 470.188 | 1217 | 0.386 | | |
| | 总和 | 478.104 | 1229 | | | |
| 课程内容认同 | 组间 | 2.975 | 12 | 0.248 | 0.658 | 0.793 |
| | 组内 | 457.913 | 1215 | 0.377 | | |
| | 总和 | 460.888 | 1227 | | | |
| 教学方式认同 | 组间 | 8.086 | 12 | 0.674 | 1.952 | 0.025 |
| | 组内 | 420.345 | 1218 | 0.345 | | |
| | 总和 | 428.431 | 1230 | | | |
| 教师角色认同 | 组间 | 5.410 | 12 | 0.451 | 1.272 | 0.229 |
| | 组内 | 430.147 | 1214 | 0.354 | | |
| | 总和 | 435.557 | 1226 | | | |
| 课程评价认同 | 组间 | 8.530 | 12 | 0.711 | 2.000 | 0.021 |
| | 组内 | 432.534 | 1217 | 0.355 | | |
| | 总和 | 441.064 | 1229 | | | |
| 总体认同感 | 组间 | 4.537 | 12 | 0.378 | 1.578 | 0.092 |
| | 组内 | 289.493 | 1208 | 0.240 | | |
| | 总和 | 294.030 | 1220 | | | |

　　由表 1.40 得知，在课程内容认同维度上，地理教师和政治教师的显著性值为 0.045，即 $p < 0.05$，这表明地理教师认同感显著低于政治教师。在课程评价认同维度上，历史教师和政治教师的显著性值为 0.029，小于 0.05，这表明历史教师认同感显著低于政治教师。在教师

角色认同维度上，数学教师和英语教师、历史教师的显著性值分别为
0.040、0.022，均低于0.05，这表明数学教师角色认同感显著高于英
语、历史教师；信息技术教师与英语教师、历史教师的显著性值分别为
0.046、0.032，均低于0.05，这表明信息技术教师的角色认同显著高于
英语、历史教师。

表1.40　不同任教科目高中教师新课程认同的事后多重比较

| | (I) 任教科目 | (J) 任教科目 | 均值差值 (I-J) | 标准误 | 显著性 |
|---|---|---|---|---|---|
| 课程内容认同 | 地理 | 政治 | -0.19666 * | 0.09801 | 0.045 |
| 课程评价认同 | 历史 | 政治 | -0.29590 * | 0.08155 | 0.029 |
| 教师角色认同 | 数学 | 英语 | 0.12824 * | 0.06229 | 0.040 |
| | | 历史 | 0.15619 * | 0.06811 | 0.022 |
| | 信息技术 | 英语 | 0.27857 * | 0.13973 | 0.046 |
| | | 历史 | 0.30652 * | 0.14242 | 0.032 |

# 第二章

## 高中学生的新课程认同[①]

---

① 该部分由李宝庆与刘方林共同完成。崔娜、覃婷婷、曹丹、徐欣然、袁青青、瞿雨佳也协助作了调查数据的整理与统计工作。

# 第一节　研究设计

## 一、研究目的

1. 调查在高中新课程改革过程中，高中学生对新课程的认同现状。

2. 在上述调查的基础上，分析高中学生新课程认同的影响因素。

3. 提出有效的促进高中学生更好地认同新课程改革的实践策略与保障机制。

## 二、研究方法

本书中主要的研究工具为问卷，问卷调查和分析是主要的研究过程之一，因此对问卷设计的施测和数据处理的情况有必要做一简述。

（一）问卷结构简介

简言之，调查的目的在于从学生角度出发，把握当前高中生对于新课程的态度、感受和评价。通过本次研究，我们试图对高中生的新课程认同状况做出总体评价。学生问卷由学生背景信息和题项组成。被测试问卷题项由 5 个维度构成，第 1 个维度（第 1－6 题）在于了解学生对于新课程改革课程目标的认同问题；第 2 个维度（第 7－13 题）在于了解学生对于课程内容的认同状况；第 3 个维度（第 13.25 题）在于了解学生对于课程实施的认同感；第 4 个维度（第 25.31 题）在于了解学生对于课程评价的认同情况；第 5 个维度（第 32 – 51 题）在于了解影响学生新课程认同的因素。这 5 个维度共包括 51 个题项，请学生在由"完全不同意"到"完全同意"组成的 5 点量表上作答。

（二）样本选择与分布

研究采用分层随机抽样方法来抽取调查对象，为了反映调查对象的代表性，抽取了家庭居住城乡区域之分、示范高中和普通高中之分、高中各阶段之分的高中学生。向重庆、四川、江苏等省市高中学校的学生共发放问卷 7700 份，收回 6730 份，回收率 87.4%，其中 6160 份有效，有效回收率 80%。由表 2.1 可知，受访学生中，男生有 2756 人，约占 44.7%，女生有 3404 人，占 55.3%；从学生的家庭所在区域来看，有 2580 人来自农村，占 41.9%，有 3580 人来自城区，占 58.1%；从学生所就读的学校来看，有 2069 人在城区高中学校就读，占 33.6%，有 4091 人在农村高中学校就读，占 66.4%。

表 2.1　受访学生的总体情况

| 项目 | 类别 | 人数 | 百分比（%） | 总计 |
|---|---|---|---|---|
| 性别 | 男 | 2756 | 44.7 | 6160 |
| | 女 | 3404 | 55.3 | |
| 家所在区域 | 城区 | 2580 | 41.9 | 6160 |
| | 农村 | 3580 | 58.1 | |
| 所在学校 | 城区高中 | 2069 | 33.6 | 6160 |
| | 农村高中 | 4091 | 66.4 | |

（三）数据处理

调查数据运用 SPSS18.0 进行分析统计。问卷的计分每个题目依照 5 点计分，正向题按从选答"完全同意"到"完全不同意"分别赋予 5、4、3、2、1 分。分值越高，说明高中学生认同新课程的程度越好，反之亦然。问卷共有 51 个题目。测量学生对新课程改革的认同感，其中包括 5 个因素：（1）课程目标认同，包含 6 个题项；（2）课程内容认同，包含 7 个题项；（3）课程实施认同，包含 12 个题项；（4）课程评价认同，包含 6 个题项；（5）影响因素，包含 20 个题项。从表 2.2 可以得知，"课程目标认同"维度的内部一致性系数值等于 0.858，信度指标甚为理想。"课程内容认同"维度的内部一致性系数值等于 0.780，信度指标为佳。"课程实施认同"维度的内部一致性系数值等于 0.803，信度指标甚佳。"课程评价认同"维度的内部一致性系数值等于 0.608，信度指标尚可。"影响因素"维度的内部一致性系数值等于 0.850，信度指标甚佳。

表 2.2　问卷第一部分各分量表的内部一致性（$n = 6160$）

| 维度 | 题数 | 题项 | Alpha |
|------|------|------|-------|
| 课程目标认同 | 6 | 1—6 | 0.858 |
| 课程内容认同 | 7 | 7—13 | 0.780 |
| 课程实施认同 | 12 | 14—25 | 0.803 |
| 课程评价认同 | 6 | 26—31 | 0.608 |
| 影响因素 | 20 | 32—51 | 0.850 |

## 第二节　高中学生新课程认同的现状分析

为深入了解高中生新课程认同状况，课题组分别从课程目标、课程内容、课程实施、课程评价、影响因素 5 个维度进行调查。此外，课题组还进行了访谈。访谈采取半结构性访谈，包含个别访谈和团体访谈，以教师、学生为访谈对象，通过访谈可以对调查问卷中的问题有更加深入的了解。

### 一、高中学生新课程认同的总体状况

总体而言，学生对于新课程改革的认同感状况呈正态分布，中间分段得分最多。但在课程不同方面的认同度并不均衡，在课程实施认同方面表现较好，在课程内容和课程目标认同方面表现一般，课程评价认同方面与新课程的要求尚差一定的距离，处于不良的状态，对于评价的理解与实施存在着很多误解。

从表2.3可以看出，学生总体认同平均得分为3.18分，最低得分1分，最高得分为5分，处于中间分段人数较多，而认同感不好和很好的都占了很少的一部分，学生的总体认同感呈正态分布。由表可知，学生对高中新课程认同整体表现一般。

接下来，从学生在新课程目标、课程内容、课程实施、课程评价4个维度的得分率来看，对课程的认同状况由高到低依次排序为学生的课程实施认同、学生的课程内容认同、学生的课程目标认同、学生的课程评价认同。具体可解释为学生对课程实施认同较好，学生对课程内容和课程目标的认同情况一般，而在课程评价认同方面较为困难。

表2.3 高中学生新课程认同总体状况描述统计

|  | 频数 | 最大值 | 最小值 | M | 理论平均值 |
|---|---|---|---|---|---|
| 课程目标认同 | 6160 | 5 | 1 | 3.28 | 3 |
| 课程内容认同 | 6160 | 5 | 1 | 3.28 | 3 |
| 课程实施认同 | 6160 | 5 | 1 | 3.36 | 3 |
| 课程评价认同 | 6160 | 5 | 1 | 2.82 | 3 |
| 影响因素 | 6160 | 5 | 1 | 3.12 | 3 |
| 总体认同 | 6160 | 5 | 1 | 3.18 | 3 |

## 二、高中学生新课程认同的各维度分析

（一）课程目标认同

课程目标是指引高中新课程改革的方向。高中新课程倡导的三维目标（知识与技能、过程与方法、情感态度与价值观）是时代的要求。问卷调查表明，在访谈中，有的学生也谈到这次课程改革对其最大的影响是"同学之间可以互相讨论，然后培养自己的能力"。从表2.4中可以看出，有**62.1%**的学生认为"我养成了良好的情感、态度、价值观"。另外，高中新课程也让学生的合作、探究能力得到一定的提高。**51.9%**的学生认为"我的合作能力、探究能力得到提高"。但高中新课程改革中具体目标的达成仍不尽如人意。仅有**48.2%**的学生认为"我掌握了许多学习方法"，**37.9%**的学生认为"我的创新精神得到培养"，**41.2%**的学生认为"我的实践能力得到提高"，**47.6%**的学生对"我不仅学到了知识，还学会了许多技能"做了肯定性回答。

**表2.4 课程目标认同的频数统计（单位:%）**

| 维度 | 题目 | 完全同意 | 基本同意 | 不确定 | 不太同意 | 完全不同意 |
|---|---|---|---|---|---|---|
| 课程目标认同 | 1. 我不仅学到了知识，还学会了许多技能 | 11.3 | 36.3 | 25.4 | 19.3 | 7.7 |
| | 2.我掌握了许多学习方法 | 10.2 | 38.0 | 31.0 | 15.6 | 5.2 |
| | 3.我的创新精神得到培养 | 10.1 | 27.8 | 30.9 | 20.9 | 10.3 |
| | 4.我的实践能力得到培养 | 11.4 | 29.8 | 27.2 | 20.3 | 11.3 |
| | 5.我的合作能力、探究能力得到提高 | 16.3 | 35.6 | 26.5 | 14.5 | 7.1 |
| | 6.我养成了良好的情感、态度、价值观 | 23.1 | 39 | 23.1 | 9.8 | 5.0 |

（二）课程内容认同

高中新课程改革对课程内容提出了新的要求，相较以往，鲜明体现

在选修课程内容的增加、综合实践活动课程的开设、学分制管理等。研究显示，学生对于课程内容的认同情况呈正态分布，分布比较均匀。调查结果表明，很多学校现今已开设了丰富的选修课程。如表 2.5 所示，有 64.3% 的人认为"学校开设了选修内容"。有 48.4% 的人认同自己对选修课程内容很感兴趣，有的学生也讲到"选修可以放松一周的疲惫状态"。有 42.3% 的人认为"我会根据自己的兴趣选择选修模块"。由此可见，学生对选修课程有了一定程度的认识和理解。不过，选修课在开展过程中也存在着一些问题。在访谈中我们发现，不少学生认为选修课最大的问题就是太难了，如有的学生说："选修比必修难太多。""老师教得太急了。刚开始每天都有新内容，今天学的还没弄懂，明天又学新的了。有点跟不上节奏。刚开始学新课的时候跟不上，如果新课没弄懂的话，后来再学习可能有点难。"可见，选修课的内容如何适合学生的学习水平是一个值得思考的问题。另外，在访谈中我们也发现选修课存在的另一个问题是没有充分体现出学生自主选择的特点，如学生讲到："那是老师根据高考的需要来选择的，和我们没有多大关系。只要是高考要考的，我们都要学。不存在自由选择。"

在对综合实践活动课程的认识方面，有 49.3% 的学生认同"我喜欢学校开设的研究性学习、社会实践等活动"。在访谈中，学生也谈到假期会"到敬老院、居委会干一些事情，参加一些集体的社会实践，如青少年实践基地之类的活动"。学生也比较喜欢综合实践活动课程，认为该课可以"丰富课外知识""锻炼社交能力""可以学到很多东西，可以锻炼我们的团结精神以及合作能力"。这说明综合实践活动课程正在许多学校逐步得到落实。不过综合实践活动课程在开展过程中也存在问题，不少学校教综合实践活动课程的教师大多不是专职教师，而是本校一些其他学科的教师。如某学生讲到他们的综合实践课的教师就是"一边上政治，一边兼职"。另外，学生对于综合实践活动课程的概念模糊，没有认识到综合实践活动课程包括研究性学习、社区服务与社会实践、劳动与技术教育、信息技术教育这四大模块。学生认为综合实践活动课程"就是研究，上自习的那种"，就是"研究型课程"。

关于新教材，有62.9%的学生认为"我喜欢教材中的拓展性阅读材料"。在访谈中，也有学生谈到"我比较喜欢看这些链接，因为可以扩展知识"，"选修内容涉及的内容有的还是比较好吧，里面的内容也很丰富，然后特别是地理呀政治呀课外的链接呀，那上面都有，还有专家评价的那些都有，还是可以的"。不过，调查表明，在对新教材的认识方面，有31.3%的学生不认为"我对现行教材很感兴趣"。访谈中发现学生对文科教材更感兴趣，他们觉得"教材自学难度高，没办法自学"，大多数学生认为"教材，特别是理科教材的例题和作业衔接方面不太好"。有的学生也谈到了教材的编排问题，学生说到："就是教材的内容编排有点乱，不适应我们的学习，需要改变教材的编排顺序。"还有的学生针对数学教材谈到："数学编排得太乱了，我们老师说那些老教材都是按照逻辑一步一步跟上去的。但现在的都比较乱，穿插的地方比较多。比如说这一章学一种东西，下一章跟这个知识完全没有关系。没联系性。"这说明新教材在内容选择与编排上还应进一步改善。

关于特色课程，仅有34.5%的学生认为学校开设了一些特色课程。访谈中我们了解到，有的学校一周只开一节特色课，如影视欣赏课，学生反映"不要单单地形式上看看电影，应该讲讲电影精彩的部分"。另外，一些学生认为学校的特色课程存在着形式问题，如学生讲到"课程单子上列50多门课，真正才开设了几门"，还有的学生谈到"比如说武术类的，没有一次开过，我喜欢围棋类的，但是也没开过"。另外，有些学生觉得特色课程的教学效果也有一定的问题，如学生说到"学校那个管乐团吧，有时候说话就不兑现的，就是那种跟你说了我们今天练那些，结果目标还没达成，就把你给解散了"。此外，学生希望"特色课程的内容和时间应再增加一些，从而真正体现素质教育"。可见，特色课程的特色应如何体现，还需每个学校根据学生的实际情况进行探索。综上所述，学校仍需要加强课程内容的建设，丰富课程内容，以满足学生对课程的需求。

**表2.5 课程内容认同感频数统计（单位:%）**

| 维度 | 题目 | 完全同意 | 基本同意 | 不确定 | 不太同意 | 完全不同意 |
|------|------|------|------|------|------|------|
| 课程内容认同 | 7. 我对现行教材很感兴趣 | 10.9 | 29.8 | 28.0 | 19.3 | 12.0 |
| | 8. 我喜欢教材中的拓展性阅读材料 | 29.8 | 33.1 | 19.5 | 11.3 | 6.3 |
| | 9. 学校开设了选修内容 | 38.0 | 26.3 | 17.6 | 7.8 | 10.3 |
| | 10. 我对选修内容很感兴趣 | 18.7 | 29.7 | 26.3 | 12.9 | 12.4 |
| | 11. 我会根据自己的兴趣选择选修模块 | 20.7 | 21.6 | 20.8 | 14.2 | 22.7 |
| | 12. 学校还开设了一些特色类课程 | 14.6 | 19.9 | 22.7 | 16.2 | 26.6 |
| | 13. 我喜欢学校开设的研究性学习、社会实践等活动 | 24.2 | 25.1 | 21.4 | 14.7 | 14.6 |

（三）课程实施认同

在高中新课程改革中，课程实施不仅仅是教师教学的过程，更是学生学习的过程。教师教学方式的转变效果如何取决于学生学习方式的转变。调查结果显示，在高中新课程认同的4个维度方面，学生对于课程实施的认同是较好的，也是得分率最高的。这表明学生对于高中新课程实施中教师教学方式的转变、学生学习方式的转变有了相当程度的认同和理解，愿意尝试采用新的学习方式来促进自我发展。

从表2.6中可以看出，关于接受式学习，有47.4%的学生认为"我不喜欢老师满堂讲的教学方法"。访谈中，一些学生说"不希望老师满堂灌，应多给我们思考的时间，让我们多合作探讨"，一些学生也认为满堂灌的教学方式使他们"没有动脑筋思考的时间"。可见，新课程倡导的自主、合作、探究的学习方式得到了大部分学生的认同。另外，21.6%的学生对教师讲的内容能够提出质疑，这显示了学生个性的自主和解放，而不是一味地盲从教师。访谈中，有学生也提到现今大部分学科的教学方式都是"老师先让我们预习教材，然后把不懂的问题提出来老师再讲评"。

关于自主学习,调查结果显示,44.9%的学生常主动自觉地学习,46.1%的学生能对自己的学习活动进行计划和安排,40.9%的学生时常主动总结学习经验和教训。访谈中,一些学生也提到"比较喜欢自主学习",认为"个人思考的东西比较多,也不容易忘记"。有学生认为"自主学习能够培养我们良好的学习习惯",但有的学生并不怎么认同自主学习,如有学生谈到"自主学习时,自己在那儿学着学着就放弃了"。有的学生认为自主学习的内容"有的太难了,实在不会"。这说明,在要求学生进行自主学习的时候,教师还应根据所学内容及学生的实际情况进行设计。

关于合作学习,75.9%的学生认为"我在小组中乐意倾听他人的想法";63.3%的学生认为我"在小组中能职责分明,互相帮助,共同完成任务";57.3%的学生表示"我积极参与小组活动,并提出自己的观点"。由此可见,学生还是比较认同合作学习的。在访谈中,学生提到合作学习时认为"几个同学一起讨论就会解决一些解决不了的问题"。但是,访谈中一些学生也反映了一些合作学习中存在的问题,如有的学生谈到"太浪费时间了",还有的学生说"容易让话题跑偏了"。在合作学习过程中,也存在小组人员分配的问题,如有的学生说"可能出现几个强的在一起讨论得很激烈,几个强的各顾各地讨论,几个弱的就搭不上话,跟听天书一样"。可见,小组合作学习中还存在明确讨论内容、掌控时间、分配人员等问题。

关于探究学习,调查结果显示,有44.2%的学生认为"我很喜欢探究式学习"。访谈中,学生也说到探究式学习中"自己做总比别人讲记得清楚",也有学生认为探究式学习"有利于我们的创新思维能力,经过探究合作会提高我们的思维或发散思维能力"。但是有些学生对于"探究式学习"的内涵都不是很清楚。在访谈中,有些学生认为"探究就是实验"。此外,关于探究式学习如何计划和操作方面认同状况不良,有多达73.8%的学生表示我不是很清楚如何进行探究学习，并且也仅有32.6%的学生认为"我能够根据要探究的问题制定解决计划"。在访谈中，学生也提到"在探究学习中有时候感觉自己无所适从"。关于开展探究教学时的教师角色，有学生指出"老师很多时候放手让我们自己去做的空间是比较少的，大多数还是老师告诉你一堂课是什么样的，然后就按照这个去做"。另外，有学生谈到"化学实验课都是老师拿着实验器材去教室里做，从来不让我们动手，除了最后期末的时候"。事实上，这种教学方式对于学生探究能力的养成是不利的。由此可见，新课程倡导的学习方式在实践中如何进行操作还有待发展和提高。

**表2.6　课程实施认同的频数统计（单位:%）**

| 维度 | 题目 | 完全同意 | 基本同意 | 不确定 | 不太同意 | 完全不同意 |
|---|---|---|---|---|---|---|
| 课程实施认同 | 14. 我不喜欢老师满堂讲的教学方法 | 23.9 | 23.5 | 23.8 | 18.0 | 10.8 |
| | 15. 我对老师讲的内容很少提出质疑 | 17.5 | 32.3 | 28.6 | 15.5 | 6.1 |
| | 16. 我常主动自觉地学习 | 11.6 | 33.3 | 34.7 | 14.1 | 6.3 |
| | 17. 我自己能对学习活动进行计划和安排 | 11.7 | 34.4 | 34.3 | 13.9 | 5.7 |
| | 18. 我常主动总结学习经验和教训 | 11.0 | 29.9 | 35.8 | 16.8 | 6.5 |
| | 19. 我很喜欢探究式学习 | 16.5 | 27.7 | 33.5 | 14.6 | 7.7 |
| | 20. 我很清楚如何进行探究学习 | 6.7 | 19.5 | 43.2 | 19.5 | 11.1 |
| | 21. 我能根据要探究的问题制定解决计划 | 8.2 | 24.4 | 38.0 | 19.4 | 10.0 |
| | 22. 我在探究学习中能主动收集资料 | 10.8 | 28.9 | 34.1 | 16.6 | 9.6 |
| | 23. 我积极参与小组活动,并提出自己的观点 | 19.8 | 37.5 | 25.1 | 11.6 | 6.0 |
| | 24. 我在小组中乐意倾听他人的想法 | 34.5 | 41.4 | 15.5 | 5.6 | 3.0 |
| | 25. 我在小组中能职责分明,互相帮助,共同完成任务 | 27.4 | 35.9 | 20.5 | 8.3 | 7.9 |

**（四）课程评价认同**

高中新课程评价理念突出评价的发展性与激励性功能。在课程评价主体方面，改变过去教师评价的单一化，尤其是积极调动学生主动参与课程评价，建立学生、教师、家长、学校和社区等共同参与的评价机制；在评价方法方面，由过去定量评价方式转变为定量与定性评价相结合；在评价过程方面，突出评价的过程性，尤为强调档案袋评价。

如表 2.7 所示，有 56% 的学生认同"我常对自己的学习进行反思"。在访谈中，学生也谈到"学校有行为观察等评价方式，这些评价要求学生一日都要反思"。有 45.3% 的学生认为"同学之间经常相互评价"。可见，高中学生有了相当程度的自我评价意识，并也有进行评价的能力。在访谈中，有学生谈到"学校已经将综合素质评价和日常生活中的表现列入对学生的评价中"。一些学校也很重视档案袋评价，对于学生的日常行为表现都会记入其中。有学生谈到"档案袋时时都放在学生这边，然后自己在那里得了个奖项啊就可以塞进去。然后期末的时候交上去，进行总结"。由此可见，档案袋评价逐步受到了学生的认同。

然而与此同时，研究数据还表明，由于受到传统文化的影响，学生在课程评价中，对于他人的评价较为认同，对于自我评价适应困难。在自我评价的过程中，也只有 30.4% 的学生认为"在教师指导下，我会利用成长记录手册"。同时在访谈中一位学生也说到"在学业评价上，我还是比较同意老师的评价的，老师评价学生，我已经习惯了"。这从侧面说明学生的自我评价意识比较缺乏。可见，在课程评价主体方面，学生显然对于外在的评价较为认同。在访谈中，发现有些家长依然看重的是孩子的分数，如学生谈到"家长对自己在学校的排名很关心"。虽然一些学校实行了档案袋评价，但是档案袋评价也存在着教师控制的现象，如有的学生谈到"一直都是老师和校长在评价，自己从来没有看过"。这种对于评价的狭隘理解，易导致学生对于自我发展理解的偏差，对于学生主体发展和批判意识的提高也是不利的。此外，在评价方式方面，定性的评价需要加强，比如仅有 32.5% 的人表示"我有时通过实际操作、作品展示等表现自己"。

表2.7　课程评价认同的频数统计（单位:%）

| 维度 | 题目 | 完全同意 | 基本同意 | 不确定 | 不太同意 | 完全不同意 |
|---|---|---|---|---|---|---|
| 课程评价认同 | 26. 老师对所有学生都一视同仁 | 25.9 | 29.4 | 21.7 | 10.3 | 12.7 |
| | 27. 我常对自己的学习进行反思 | 17.5 | 38.5 | 29.4 | 10.2 | 4.4 |
| | 28. 同学之间经常相互评价 | 14.8 | 30.5 | 32.0 | 14.0 | 8.7 |
| | 29. 我有时通过实际操作、作品展示等表现自己 | 10.5 | 22.0 | 32.3 | 20.2 | 15.0 |
| | 30. 在教师指导下,我会利用成长记录手册 | 10.4 | 20.0 | 30.6 | 19.5 | 19.5 |
| | 31. 现行的高考制约了我积极参与课改 | 27.5 | 22.8 | 29.6 | 10.6 | 9.5 |

## 第三节　高中学生新课程认同的差异分析

### 一、高中学生新课程认同差异独立样本 t 检验

（一）不同性别学生之间的差异检验

为考查不同性别学生在新课程改革中对课程认同的认识差异,我们进行了不同性别学生在不同维度之间的独立样本 t 检验。表 2.8 和表 2.9 分别是性别差异的描述性统计结果和独立样本检验结果。性别差异的描述性统计结果表明,共有 2756 名男生参与调查,共有 3404 名女生参与调查。总体而言,二者在认同上的总分并不显著,男女生相比,差异不大,但总体上,男生的认同度要高一些。

表 2.8 表明,在"课程目标认同"上,男生均值为 3.30,标准差为 5.350,标准误为 0.102;女生均值为 3.30,标准差为 4.980,标准误0.085。在"课程内容认同"维度上,男生均值为 3.29,标准差为 6.102,标准误为 0.116;女生均值为 3.26,标准差为 5.970,标准误为 0.102。在"课程实施认同"维度上,男生均值为 3.36,标准差为 7.547,标准误为 0.144;女生均值为 3.33,标准差为 7.383,标准误为

0.127。在"课程评价认同"维度上，男生均值为 3.28，标准差为 4.471，标准误为 0.085；女生均值为 3.24，标准差为 4.213，标准误为 0.072。以上表明，在课程目标、课程内容、课程实施与课程评价这 4 个维度的认同上，男生要好于女生。

**表 2.8 不同性别学生在不同维度差异的描述统计**

| 维度 | 性别 | 样本量 | 均值 | 标准差 | 标准误 |
|------|------|--------|------|--------|--------|
| 课程目标认同 | 男 | 2756 | 3.30 | 5.350 | 0.102 |
| | 女 | 3404 | 3.30 | 4.980 | 0.085 |
| 课程内容认同 | 男 | 2756 | 3.29 | 6.102 | 0.116 |
| | 女 | 3404 | 3.26 | 5.970 | 0.102 |
| 课程实施认同 | 男 | 2756 | 3.36 | 7.547 | 0.144 |
| | 女 | 3404 | 3.33 | 7.383 | 0.127 |
| 课程评价认同 | 男 | 2756 | 3.28 | 4.471 | 0.085 |
| | 女 | 3404 | 3.24 | 4.213 | 0.072 |

从表 2.9 可知，"课程目标认同"维度性别差异的独立样本 t 检验结果显示，方差齐性检验结果显著（$P < 0.05$），即男、女学生之间的方差不齐。男生和女生在课程目标认同的认识方面存在显著差异（$t = 0.238$，$df = 5703.731$，$p < 0.05$）。"课程内容认同"维度性别差异的独立样本 t 检验结果显示，方差齐性检验结果不显著（$P > 0.05$），即男、女学生之间的方差齐。男生和女生在课程内容认同的认识方面不存在显著差异（$t = 1.084$，$df = 5840.412$，$P > 0.05$），即男生、女生对课程内容的认同感差异性不显著。"课程实施认同"维度性别差异的独立样本 t 检验结果显示，方差齐性检验结果不显著（$P > 0.05$），即男、女学生之间的方差齐。男生和女生在课程实施认同的认识方面不存在显著差异（$t = 1.869$，$df = 5839.807$，$P > 0.05$），即男生、女生对课程实施的认同感差异性不大。

"课程评价认同"维度性别差异的独立样本 t 检验结果显示，方差齐性检验结果不显著（P > 0.05），即男、女学生之间的方差齐。男生和女生在课程评价认同的认识方面差异不明显（t = 2.180，df = 5738.355，P > 0.05），即男生、女生对课程评价的认同感差异性不大。

表 2.9　学生性别差异独立样本 t 检验

| 维度 | 方差齐性检验 | | 均值 t 检验 | | | | |
|---|---|---|---|---|---|---|---|
| | F 值 | 显著性 | t 值 | 自由度 | 双尾检验 t 值 | 平均差异 | 标准误差异 |
| 课程目标认同 | 9.768 | 0.002 | 0.238 | 6158 | 0.812 | 0.031 | 0.132 |
| | | | 0.237 | 5703.731 | 0.813 | 0.031 | 0.133 |
| 课程内容认同 | 0.733 | 0.392 | 1.084 | 6158 | 0.278 | 0.167 | 0.155 |
| | | | 1.082 | 5840.412 | 0.279 | 0.167 | 0.155 |
| 课程实施认同 | 0.518 | 0.472 | 1.869 | 6158 | 0.062 | 0.357 | 0.191 |
| | | | 1.865 | 5839.807 | 0.062 | 0.357 | 0.192 |
| 课程评价认同 | 3.304 | 0.069 | 2.180 | 6158 | 0.029 | 0.242 | 0.111 |
| | | | 2.165 | 5738.355 | 0.030 | 0.242 | 0.112 |

（二）学生家庭区域之间的差异检验

本书把学生家庭所在的位置区域划分为城区和农村，并以此比较来自不同区域的学生对课程认同的认识差异情况。表 2.10 关于不同家庭区域差异的描述性统计结果显示，共有来自城区的 2580 名学生参与调查，共有来自农村的 3580 名学生参与调查。

在"课程目标认同"维度上，城市学生均值为 3.25，标准差为 5.265，标准误为 0.104；农村学生均值为 3.33，标准差为 5.055，标准误为 0.084。说明农村学生对于课程目标的认同感要高于城市学生。在"课程内容认同"维度上，城市学生均值为 3.23，标准差为 6.169，标准误为 0.121；农村学生课程内容认同均值为 3.31，标准差为 5.918，标准误为 0.099。说明在课程内容认同维度，农村学生要高于城市学生。在"课程实施认同"维度上，城区的学生均值为 3.36，标准差为 7.547，标准误为 0.149；农村的学生均值为 3.33，标准差为 7.390，标准误为 0.124。说明在课程实施维度，城市学生的认同度要高于农村学生。在"课程评价认同"维度上，城区的学生均值为 3.27，标准差为 4.355，标准误为 0.086；农村的学生均值为 3.25，标准差为 4.314，标准误为 0.072。说明城市学生在课程评价认同维度要高于农村学生。

表2.10 不同家庭区域学生在不同维度差异的描述统计

| 维度 | 家庭所在区域 | 人数 | 均值 | 标准差 | 均值的标准误 |
|---|---|---|---|---|---|
| 课程目标认同 | 城区 | 2580 | 3.25 | 5.265 | 0.104 |
| | 农村 | 3580 | 3.33 | 5.055 | 0.084 |
| 课程内容认同 | 城区 | 2580 | 3.23 | 6.169 | 0.121 |
| | 农村 | 3580 | 3.31 | 5.918 | 0.099 |
| 课程实施认同 | 城区 | 2580 | 3.36 | 7.547 | 0.149 |
| | 农村 | 3580 | 3.33 | 7.390 | 0.124 |
| 课程评价认同 | 城区 | 2580 | 3.27 | 4.355 | 0.086 |
| | 农村 | 3580 | 3.25 | 4.314 | 0.072 |

从表2.11可知，"课程目标认同"维度家庭区域差异的独立样本 t 检验结果显示，方差齐性检验结果显著（$P < 0.05$），来自城区的学生和来自农村的学生在"课程目标认同"维度认识差异非常显著（$t = -3.508$，$df = 5419.993$，$P < 0.05$），即家庭所在区域不同的学生在"课程目标认同"维度所持观点差别非常大。"课程内容认同"维度家庭区域差异的独立样本 t 检验结果显示，方差齐性检验结果显著（$P < 0.05$），来自城区的学生和来自农村的学生在"课程内容认同"维度认识差异非常显著（$t = -3.346$，$df = 5417.204$，$P < 0.05$），即家庭所在区域不同的学生在"课程内容"的理解上存在很大差异。"课程实施认同"维度家庭区域差异的独立样本 t 检验结果显示，方差齐性检验结果不显著（$P > 0.05$），来自城区的学生和来自农村的学生在"课程实施认同"维度认识差异不显著（$t = 2.188$，$df = 5486.892$，$P > 0.05$），即家庭所在区域不同的学生对"课程实施"的认同差异不大。"课程评价认同"维度家庭区域差异的独立样本 t 检验结果显示，方差齐性检验结

果不显著（P＞0.05），来自城区的学生和来自农村的学生在"课程评价认同"维度认识差异不显著（t＝1.414，df＝5524.764，P＞0.05），即家庭所在区域不同的学生对"课程评价"的认同差异不大。

**表2.11　学生家庭区域差异独立样本 t 检验**

| 维度 | 方差齐性检验 | | 均值 t 检验 | | | | |
|------|------|------|------|------|------|------|------|
| | F 值 | 显著性 | t 值 | 自由度 | 双尾检验 t 值 | 平均差异 | 标准误差异 |
| 课程目标认同 | 8.716 | 0.003 | −3.508 | 6158 | 0.000 | −0.466 | 0.133 |
| | | | −3.485 | 5419.993 | 0.000 | −0.466 | 0.134 |
| 课程内容认同 | 10.188 | 0.001 | −3.346 | 6158 | 0.001 | −0.521 | 0.156 |
| | | | −3.324 | 5417.204 | 0.001 | −0.521 | 0.157 |
| 课程实施认同 | 1.344 | 0.246 | 2.188 | 6158 | 0.029 | 0.421 | 0.193 |
| | | | 2.181 | 5486.892 | 0.029 | 0.421 | 0.193 |
| 课程评价认同 | 1.274 | 0.259 | 1.414 | 6158 | 0.157 | 0.158 | 0.112 |
| | | | 1.412 | 5524.764 | 0.158 | 0.158 | 0.112 |

（三）城乡学校学生之间的差异检验

本书把学校所在地的位置划分为城区和农村，并以此比较城乡之间学生对课程认同的认识差异情况。不同学校区域差异的描述性统计结果显示，城区学校共有2069名学生参与调查，农村学校共有4091名学生参与调查。

由表2.12可知，在"课程目标认同"维度，城区学校学生的均值为3.23，标准差为5.115，标准误为0.112；农村学校均值为3.33，标准差为5.155，标准误为0.081。说明农村学校学生在课程目标认同维度上要高于城区学校学生。在"课程内容认同"维度，城区学校均值为3.23，标准差为5.969，标准误为0.131；农村学校均值为3.30，标准差为6.053，标准误为0.095。说明在课程内容认同维度，农村学校学生要高于城区学校学生。在"课程实施认同"维度城区学校均值为3.33，标准差为7.399，标准误为0.163；农村学校均值为3.35，标准差为7.488，标准误为0.117。说明农村学校学生比城区学校学生更易认同新课程改革中的课程实施方式。在"课程评价认同"维度，城区学校学生均值为 3.25，标准差为 4.230，标准误为 0.093；农村学校学生均值为 3.26，标准差为 4.383，标准误为 0.069。说明农村学校学生在课程评价认同维度要高于城区学校学生。

**表 2.12　城乡学校学生在不同维度差异的描述统计**

| 维度 | 学校性质 | 人数 | 均值 | 标准差 | 均值的标准误 |
|------|----------|------|------|--------|--------------|
| 课程目标认同 | 城区高中 | 2069 | 3.23 | 5.115 | 0.112 |
| | 农村高中 | 4091 | 3.33 | 5.155 | 0.081 |
| 课程内容认同 | 城区高中 | 2069 | 3.23 | 5.969 | 0.131 |
| | 农村高中 | 4091 | 3.30 | 6.053 | 0.095 |
| 课程实施认同 | 城区高中 | 2069 | 3.33 | 7.399 | 0.163 |
| | 农村高中 | 4091 | 3.35 | 7.488 | 0.117 |
| 课程评价认同 | 城区高中 | 2069 | 3.25 | 4.230 | 0.093 |
| | 农村高中 | 4091 | 3.26 | 4.383 | 0.069 |

由表 2.13 可知，"课程目标认同"维度，城乡差异的独立样本 t 检验结果表明，方差齐性检验结果显著（$P < 0.05$），即城乡学生之间的方差不齐。城区学校学生和农村学校学生在"课程目标认同"维度上认识差异非常显著（$t = -4.097$, $df = 4180.478$, $P < 0.05$），即城乡学生在"课程目标认同"维度观点差别很大。"课程内容认同"维度城乡差异的独立样本 t 检验结果表明，方差齐性检验结果显著（$P < 0.05$），即城乡学生之间的方差不齐。城区学校学生和农村学校学生在"课程内容认同"维度认识差异非常显著（$t = -3.155$, $df = 4203.365$, $P < 0.05$），即城乡学生在"课程内容认同"维度观点差别很大。"课程实施认同"维度城乡差异的独立样本 t 检验结果表明，方差齐性检验结果显著（$P > 0.05$），即城乡学生之间的方差齐。城区学校学生和农村学校学生在"课程实施认同"维度上认识差异不显著（$t = -1.247$, $df = 4195.876$, $P > 0.05$），即城乡学生之间在"课程实施认同"维度上观

点差别不大。"课程评价认同"维度城乡差异的独立样本 t 检验结果表明，方差齐性检验结果显著（P > 0.05），即城乡学生之间的方差齐。城区学校学生和农村学校学生在"课程评价认同"维度认识差异不显著（t = −0.590, df = 4284.450，P > 0.05），即城乡学生在"课程评价认同"维度观点差别不大。

**表 2.13　城乡学校学生差异独立样本检验**

| 维度 | 方差齐性检验 | | 均值 t 检验 | | | | |
|------|------|------|------|------|------|------|------|
| | F 值 | 显著性 | t 值 | 自由度 | 双尾检验 t 值 | 平均差异 | 标准误差异 |
| 课程目标认同 | 0.057 | 0.811 | −4.097 | 6158 | 0.000 | −0.568 | 0.139 |
| | | | −4.108 | 4180.478 | 0.000 | −0.568 | 0.138 |
| 课程内容认同 | 0.793 | 0.373 | −3.155 | 6158 | 0.002 | −0.513 | 0.163 |
| | | | −3.169 | 4203.365 | 0.002 | −0.513 | 0.162 |
| 课程实施认同 | 0.762 | 0.383 | −1.247 | 6158 | 0.213 | −0.251 | 0.201 |
| | | | −1.251 | 4195.876 | 0.211 | −0.251 | 0.200 |
| 课程评价认同 | 1.552 | 0.213 | −0.590 | 6158 | 0.555 | −0.069 | 0.117 |
| | | | −0.597 | 4284.450 | 0.550 | −0.069 | 0.116 |

### 二、高中学生新课程认同的方差分析

为了进一步检验学段、班额对学生在课程认同感上产生的影响，本书以单因素方差分析的方法，研究学段、班额在不同水平和层次上，学生对新课程认同的具体表现，以期为后续的课程研究提供借鉴。

（一）学段差异的单因素分析

本书把学段划分为 3 个层次，即高一、高二、高三，对 6160 名学生的学段情况进行了单因素方差分析，分别进行了描述统计、方差齐性检验、方差分析、事后多重比较，并列出了不同学段在不同维度的均值分布图。

表 2.14 学段差异的描述统计表分别列出了不同学段学生的人数、均值、标准差、标准误、95% 置信区间、最小值和最大值。其中高一年

级的学生有 2455 人，高二年级的学生有 2177 人，高三年级的学生有 1528 人。

在"课程目标认同"维度，高一年级的均值为 3.37，标准差为 4.974，标准误为 0.100；高二年级的均值为 3.35，标准差为 5.105，标准误为 0.109；高三年级的均值为 3.11，标准差为 5.314，标准误为 0.136。根据均值比较的结果来看，高一年级学生的均值高于高二、高三年级学生，高二年级学生的均值又高于高三年级学生的。因此，高一年级的学生对课程目标认同度高于高二年级的学生，高二年级的学生又高于高三年级的学生。

在"课程内容认同"维度，高一年级的均值为 3.35，标准差为 5.883，标准误为 0.119；高二年级的均值为 3.27，标准差为 5.924，标准误为 0.127；高三年级的均值为 3.17，标准差为 6.324，标准误为 0.162。根据均值比较的结果来看，高一年级学生的均值高于高二、高三年级学生，高二年级学生的均值又高于高三年级学生。因此，高一年级的学生对课程内容的认同度高于高二年级的学生，高二年级的学生又高于高三年级的学生。

在"课程实施认同"维度，高一年级的均值为 3.34，标准差为 7.447，标准误为 0.150；高二年级的均值为 3.39，标准差为 7.245，标准误为 0.155；高三年级的均值为 3.29，标准差为 7.714，标准误为 0.197。根据均值比较的结果来看，高二年级学生的均值高于高一、高三年级学生，高一年级学生的均值又高于高三年级学生。因此，高二年级的学生对课程实施的认同度高于高一年级的学生，高一年级的学生又高于高三年级的学生。

在"课程评价认同"维度，高一年级的均值为 3.25，标准差为 4.272，标准误为 0.086；高二年级的均值为 3.29，标准差为 4.412，标准误为 0.095；高三年级的均值为 3.21，标准差为 4.499，标准误为 0.110。根据均值比较的结果来看，高二年级学生的均值高于高一、高三年级学生，高一年级学生的均值又高于高三年级学生。因此，高二年级的学生对课程评价的认同度高于高一年级的学生，高一年级的学生又高于高三年级的学生。

表2.14 学段差异的描述统计

| 维度 | 学段 | 人数 | 均值 | 标准差 | 标准误 | 均值差值的95%置信区间 | | 最小值 | 最大值 |
|---|---|---|---|---|---|---|---|---|---|
| | | | | | | 低值 | 高值 | | |
| 课程目标认同 | 高一 | 2455 | 3.37 | 4.974 | 0.100 | 3.34 | 3.40 | 1 | 5 |
| | 高二 | 2177 | 3.35 | 5.105 | 0.109 | 3.31 | 3.39 | 1 | 5 |
| | 高三 | 1528 | 3.11 | 5.314 | 0.136 | 3.06 | 3.15 | 1 | 5 |
| | 总计 | 6160 | 3.30 | 5.148 | 0.066 | 3.28 | 3.32 | 1 | 5 |
| 课程内容认同 | 高一 | 2455 | 3.35 | 5.883 | 0.119 | 3.32 | 3.38 | 1 | 5 |
| | 高二 | 2177 | 3.27 | 5.924 | 0.127 | 3.23 | 3.30 | 1 | 5 |
| | 高三 | 1528 | 3.17 | 6.324 | 0.162 | 3.12 | 3.21 | 1 | 5 |
| | 合计 | 6160 | 3.28 | 6.029 | 0.077 | 3.25 | 3.30 | 1 | 5 |
| 课程实施认同 | 高一 | 2455 | 3.34 | 7.447 | 0.150 | 3.31 | 3.36 | 1 | 5 |
| | 高二 | 2177 | 3.39 | 7.245 | 0.155 | 3.37 | 3.42 | 1.17 | 5 |
| | 高三 | 1528 | 3.29 | 7.714 | 0.197 | 3.25 | 3.32 | 1 | 5 |
| | 合计 | 6160 | 3.34 | 7.458 | 0.095 | 3.33 | 3.36 | 1 | 5 |
| 课程评价认同 | 高一 | 2455 | 3.25 | 4.272 | 0.086 | 3.22 | 3.28 | 1 | 5 |
| | 高二 | 2177 | 3.29 | 4.412 | 0.095 | 3.26 | 3.32 | 1 | 5 |
| | 高三 | 1528 | 3.21 | 4.299 | 0.110 | 3.18 | 3.25 | 1 | 5 |
| | 合计 | 6160 | 3.26 | 4.332 | 0.055 | 3.24 | 3.28 | 1 | 5 |

表2.15学段差异的方差分析表说明，在"课程目标认同"维度，组间离差平方和为2702.189，自由度为2，均方值为1351.095，F值为

51.815，显著性值为 0.000，P<0.005，这说明不同学段"课程目标认同"维度的组间差异在 0.05 水平上差异非常显著。在"课程内容认同"维度，组间离差平方和为 1530.497，自由度为 2，均方值为765.249，F 值为 21.187，显著性值为 0.000，P<0.005，这说明不同学段在"课程内容认同"维度的组间差异在 0.05 水平上差异非常显著。在"课程实施认同"维度，组间离差平方和为 1398.556，自由度为 2，均方值为 699.283，F 值为 12.619，显著性值为 0.000，P<0.005，这说明不同学段在"课程实施认同"维度的组间差异在 0.05 水平上差异非常显著。在"课程评价认同"维度，组间离差平方和为 203.293，自由度为 2，均方值为 101.646，F 值为 5.425，显著性值为 0.004，P<0.005，这说明不同学段在"课程评价认同"维度的组间差异在 0.05 水平上差异非常显著。

表 2.15　学段差异的方差分析

| 维度 | | 离差平方和 | 自由度 | 均方值 | F 值 | 显著性 |
|---|---|---|---|---|---|---|
| 课程目标认同 | 组间<br>组内<br>总和 | 2702.189<br>160545.073<br>163247.262 | 2<br>6157<br>6159 | 1351.095<br>26.075 | 51.815 | 0.000 |
| 课程内容认同 | 组间<br>组内<br>总和 | 1530.497<br>222378.356<br>223908.853 | 2<br>6157<br>6159 | 765.249<br>36.118 | 21.187 | 0.000 |
| 课程实施认同 | 组间<br>组内<br>总和 | 1398.566<br>341194.932<br>342593.499 | 2<br>6157<br>6159 | 699.283<br>55.416 | 12.619 | 0.000 |
| 课程评价认同 | 组间<br>组内<br>总和 | 203.293<br>115359.666<br>115562.958 | 2<br>6157<br>6159 | 101.646<br>18.736 | 5.425 | 0.004 |

表 2.16 学段差异的方差齐性检验结果表明，在"课程目标认同"维度，莱文方差齐性检验结果是 4.270，组间自由度为 2，组内自由度

为6157，显著性概率显著性值为0.014，P＜0.05。这表明各学段在"课程目标认同"维度的方差在0.05的显著性水平上差异显著，即各组方差不齐。在"课程内容认同"维度莱文方差齐性检验结果是6.856，组间自由度为2，组内自由度为6157，显著性概率显著性值为0.001，P＜0.05。这表明各学段在"课程目标认同"维度的方差在0.05的显著性水平上差异非常显著，即各组方差不齐。在"课程实施认同"维度，莱文方差齐性检验结果是2.138，组间自由度为2，组内自由度为6157，显著性概率显著性值为0.118，P＞0.05。这表明各学段在"课程实施认同"维度的方差在0.05的显著性水平上差异不显著，即各组方差齐。在"课程评价认同"维度，莱文方差齐性检验结果是0.164，组间自由度为2，组内自由度为6157，显著性概率显著性值为0.848，P＞0.05。这表明各学段在"课程评价认同"维度的方差在0.05的显著性水平上差异不显著，即各组方差齐。

表2.16　学段差异的方差齐性检验

| 维度 | 齐性检验 | 组间自由度 | 组内自由度 | 显著性 |
|---|---|---|---|---|
| 课程目标认同 | 4.270 | 2 | 6157 | 0.014 |
| 课程内容认同 | 6.856 | 2 | 6157 | 0.001 |
| 课程实施认同 | 2.138 | 2 | 6157 | 0.118 |
| 课程评价认同 | 0.164 | 2 | 6157 | 0.848 |

表2.17"课程目标认同"维度学段差异的事后多重比较的结果表明，在"课程目标认同"维度，高一年级的学生与高二年级的学生的显著性值是0.386，P＞0.05，这说明高一年级的学生与高二年级的学生在"课程目标认同"维度不存在差异性；高一年级的学生与高三年级的学生的显著性值小于0.05，这说明高一年级的学生与高三年级的学生在"课程目标认同"维度差异性非常显著；高二年级的学生与高

三年级的学生的显著性值小于 0.05，这说明高二年级的学生与高三年级的学生在"课程目标认同"维度差异非常显著。

表 2.17 "课程目标认同"维度学段差异的事后多重比较

| | 比较对象 | | 均值差 | 标准误 | 显著性 | 均值差的95%置信区间 | |
|---|---|---|---|---|---|---|---|
| | | | | | | 低值 | 高值 |
| LSD | 高一 | 高二 | 0.130 | 0.150 | 0.386 | −0.16 | 0.42 |
| | | 高三 | 1.589* | 0.166 | 0.000 | 1.26 | 1.92 |
| | 高二 | 高一 | −0.130 | 0.150 | 0.386 | −0.42 | 0.16 |
| | | 高三 | 1.459* | 0.170 | 0.000 | 1.12 | 1.79 |
| | 高三 | 高一 | −1.589* | 0.166 | 0.000 | −1.92 | −1.26 |
| | | 高二 | −1.459* | 0.170 | 0.000 | −1.79 | −1.12 |
| Tamhane | 高一 | 高二 | 0.130 | 0.148 | 0.762 | −0.22 | 0.48 |
| | | 高三 | 1.589* | 0.169 | 0.000 | 1.19 | 1.99 |
| | 高二 | 高一 | −0.130 | 0.148 | 0.762 | −0.48 | 0.22 |
| | | 高三 | 1.459* | 0.175 | 0.000 | 1.04 | 1.88 |
| | 高三 | 高一 | −1.589* | 0.169 | 0.000 | −1.99 | −1.19 |
| | | 高二 | −1.459* | 0.175 | 0.000 | −1.88 | −1.04 |

（*说明 $P < 0.05$，表示存在显著差异；**说明 $p < 0.01$，表示存在极其显著差异。）

表 2.18 "课程内容认同维度"学段差异的事后多重比较表明，高一年级的学生与高二年级的学生的显著性值为 0.002，小于 0.05，这说明高一年级的学生与高二年级的学生在"课程内容认同"维度的差异非常显著；高一年级的学生与高三年级的学生的显著性值为 0.000，小于 0.05，这说明高一年级的学生与高三年级的学生在"课程内容认同"维度差异性也非常显著；高二年级的学生与高三年级的学生的显著性值

为 0.003，小于 0.05，这说明高二年级的学生与高三年级的学生在"课程内容认同"维度差异非常显著。

表 2.18　"课程内容认同"维度学段差异的事后多重比较

| | 比较对象 | | 均值差 | 标准误 | 显著性 | 均值差的95%置信区间 | |
|---|---|---|---|---|---|---|---|
| | | | | | | 低值 | 高值 |
| LSD | 高一 | 高二 | 0.587* | 0.177 | 0.001 | 0.24 | 0.93 |
| | | 高三 | 1.269* | 0.196 | 0.000 | 0.88 | 1.65 |
| | 高二 | 高一 | −0.587* | 0.177 | 0.001 | −0.93 | −0.24 |
| | | 高三 | 0.681* | 0.201 | 0.001 | 0.29 | 1.07 |
| | 高三 | 高一 | −1.269 | 0.196 | 0.000 | −1.65 | −0.88 |
| | | 高二 | −0.681* | 0.201 | 0.001 | −1.07 | −0.29 |
| Tamhane | 高一 | 高二 | 0.587* | 0.174 | 0.002 | 0.17 | 1.00 |
| | | 高三 | 1.269* | 0.201 | 0.000 | 0.79 | 1.75 |
| | 高二 | 高一 | −0.587* | 0.174 | 0.002 | −1.00 | −0.17 |
| | | 高三 | 0.681* | 0.206 | 0.003 | 0.19 | 1.17 |
| | 高三 | 高一 | −1.269* | 0.201 | 0.000 | −1.75 | −0.79 |
| | | 高二 | −0.681* | 0.206 | 0.003 | −1.17 | −0.19 |

（*说明 $P < 0.05$，表示存在显著差异；**说明 $p < 0.01$，表示存在极其显著差异。）

表 2.19"课程实施认同"维度学段差异的事后多重比较的结果表明，在"课程实施认同"维度，高一年级的学生与高二年级的学生的显著性值为 0.004，小于 0.05，这说明高一年级的学生与高二年级的学生在"课程实施认同"维度差异非常显著；高一年级的学生与高三年级的学生的显著性值为 0.011，小于 0.05，这说明高一年级的学生与高三年级的学生在"课程实施认同"维度差异性也非常显著；高二年级

的学生与高三年级的学生的显著性值为 0.000，小于 0.05，这说明高二年级的学生与高三年级的学生在"课程实施认同"维度差异非常显著。

表 2.19 "课程实施认同"维度学段差异的事后多重比较

| | 比较对象 | | 均值差 | 标准误 | 显著性 | 均值差的95%置信区间 | |
|---|---|---|---|---|---|---|---|
| | | | | | | 低值 | 高值 |
| LSD | 高一 | 高二 | −0.625 | 0.219 | 0.004 | −1.06 | −0.20 |
| | | 高三 | 0.614* | 0.243 | 0.011 | 0.14 | 1.09 |
| | 高二 | 高一 | 0.625* | 0.219 | 0.004 | 0.20 | 1.06 |
| | | 高三 | 1.239 | 0.248 | 0.000 | 0.75 | 1.73 |
| | 高三 | 高一 | −0.614 | 0.243 | 0.011 | −1.09 | −0.14 |
| | | 高二 | −1.239* | 0.248 | 0.000 | −1.73 | −0.75 |
| Tamhane | 高一 | 高二 | −0.625* | 0.216 | 0.011 | −1.14 | −0.11 |
| | | 高三 | 0.614* | 0.248 | 0.040 | 0.02 | 1.21 |
| | 高二 | 高一 | 0.625* | 0.216 | 0.011 | 0.11 | 1.14 |
| | | 高三 | 1.239* | 0.251 | 0.000 | 0.64 | 1.84 |
| | 高三 | 高一 | −0.614* | 0.248 | 0.040 | −1.21 | −0.02 |
| | | 高二 | −1.239* | 0.251 | 0.000 | −1.84 | −0.64 |

（*说明 $P < 0.05$，表示存在显著差异；**说明 $p < 0.01$，表示存在极其显著差异。）

表 2.20 "课程评价认同"维度学段差异的事后多重比较的结果表明，在课程评价认同维度高一年级的学生与高二年级的学生的显著性值为 0.056，大于 0.05，这说明高一年级的学生与高二年级的学生在"课程评价认同"维度的差异不显著；高一年级的学生与高三年级的学生的显著性值为 0.106，大于 0.05，这说明高一年级的学生与高三年级的学生在"课程评价认同"维度差异性也不显著；高二年级的学生与高三

年级学生的显著性值为 0.001，小于 0.05，这说明高二年级的学生与高三年级的学生在"课程评价认同"维度差异非常显著。

表 2.20 "课程评价认同"维度学段差异的事后多重比较

| | 比较对象 | | 均值差 | 标准误 | 显著性 | 均值差的95%置信区间 | |
|---|---|---|---|---|---|---|---|
| | | | | | | 低值 | 高值 |
| LSD | 高一 | 高二 | −0.244 | 0.127 | 0.056 | −0.49 | 0.01 |
| | | 高三 | 0.228 | 0.141 | 0.106 | −0.05 | 0.50 |
| | 高二 | 高一 | 0.244 | 0.127 | 0.056 | −0.01 | 0.49 |
| | | 高三 | 0.472* | 0.144 | 0.001 | 0.19 | 0.75 |
| | 高三 | 高一 | −0.228 | 0.141 | 0.106 | −0.50 | 0.05 |
| | | 高二 | −0.472* | 0.144 | 0.001 | −0.75 | −0.19 |
| Tamhane | 高一 | 高二 | −0.244 | 0.128 | 0.161 | −0.55 | 0.06 |
| | | 高三 | 0.228 | 0.140 | 0.278 | −0.11 | 0.56 |
| | 高二 | 高一 | 0.244 | 0.128 | 0.161 | −0.06 | 0.55 |
| | | 高三 | 0.472* | 0.145 | 0.003 | 0.13 | 0.82 |
| | 高三 | 高一 | −0.228 | 0.140 | 0.278 | −0.56 | 0.11 |
| | | 高二 | −0.472* | 0.145 | 0.003 | −0.82 | −0.13 |

（*说明 P < 0.05，表示存在显著差异；**说明 p < 0.01，表示存在极其显著差异。）

（二）班额差异的单因素方差分析

本书把班额划分为 4 个层级：30 人以下、31 − 45 人、46 − 59 人和 60 人以上。本书对 6160 名学生的班额情况在不同维度的认同感进行了单因素方差分析，分别进行了描述统计、方差齐性检验、方差分析、事后多重比较。

表 2.21 班额差异的描述统计表，分别列出了不同班额学生的人数、均值、标准差、标准误、95% 置信区间、最小值和最大值以及所有学生的相关信息。6160 名学生中，30 人以下的班额人数最少，只有 101 人；31 − 45 人班额的学生有 907 人；46 − 59 人班额的学生有 3151 人；60 人

以上班额的学生有 2001 人。这说明在班级教学中，还是以大班额为主，没有实现小班教学。

在"课程目标认同"维度，30 人以下班额学生的均值为 2.48，标准差为 6.652，标准误为 0.662；31－45 人班额学生的均值为 3.33，标准差为 5.383，标准误为 0.179；46－59 人班额学生的均值为 3.29，标准差为 5.076，标准误为 0.090；60 人以上班额学生的均值为 3.34，标准差为 4.940，标准误为 0.110。可见，60 人以上的班额在课程目标认同维度上是最高的，其次为 31－45 人的班额，30 人以下的班额对于课程目标的认同是最低的。

在"课程内容认同"维度，30 人以下班额学生的均值为 3.00，标准差为 6.218，标准误为 0.619；31－45 人班额学生的均值为 3.44，标准差为 6.014，标准误为 0.200；46－59 人班额学生的均值为 3.22，标准差为 5.978，标准误为 0.106；60 人以上班额学生的均值为 3.30，标准差为 6.025，标准误为 0.135。这说明，在课程内容认同维度，31－45 人班额学生的认同度是最高的，其次为 60 人以上的班额，46－59 人班额学生次之，对于课程内容认同度最低的是 30 人以下的班额。

在"课程实施认同"维度，30 人以下班额学生的均值为 3.06，标准差为 10.181，标准误为 1.103；31－45 人班额学生的均值为 3.37，标准差为 7.940，标准误为 0.264；46－59 人班额学生的均值为 3.35，标准差为 7.368，标准误为 0.131；60 人以上班额学生的均值为 3.34，标准差为 7.172，标准误为 0.095。以上分析说明，在课程实施认同维度，31－45 人班额学生的认同度最高，其次为 46－59 人班额的学生，30 人以下班额的学生对于课程实施的认同度是最低的。

在"课程评价认同"维度，30 人以下班额学生的均值为 2.95，标准差为 5.589，标准误为 0.556；31－45 人班额学生的均值为 3.32，标准差为 4.811，标准误为 0.160；46－59 人班额学生的均值为 3.25，标准差为 4.184，标准误为 0.075；60 人以上班额学生的均值为 3.25，标准差为4.233，标准误为0.095。说明，在课程评价认同维度，31－45人班额学生的认同度为最高，46－59人班额和60人以上班额的学生认同度次之，30人以下班额的学生是最低的。

表2.21　不同班额的描述统计

| 维度 | 班额 | 人数 | 均值 | 标准差 | 标准误 | 均值差的95%置信区间 | | 最小值 | 最大值 |
|---|---|---|---|---|---|---|---|---|---|
| | | | | | | 低值 | 高值 | | |
| 课程目标认同 | 30人以下 | 101 | 2.48 | 6.652 | 0.662 | 2.26 | 2.69 | 1 | 5 |
| | 31－45人 | 907 | 3.33 | 5.383 | 0.179 | 3.27 | 3.39 | 1 | 5 |
| | 46－59人 | 3151 | 3.29 | 5.076 | 0.090 | 3.26 | 3.32 | 1 | 5 |
| | 60人以上 | 2001 | 3.34 | 4.940 | 0.110 | 3.30 | 3.37 | 1 | 5 |
| | 合计 | 6160 | 3.30 | 5.148 | 0.066 | 3.28 | 3.32 | 1 | 5 |
| 课程内容认同 | 30人以下 | 101 | 3.00 | 6.218 | 0.619 | 2.83 | 3.18 | 1.29 | 5 |
| | 31－45人 | 907 | 3.44 | 6.014 | 0.200 | 3.39 | 3.50 | 1 | 5 |
| | 46－59人 | 3151 | 3.22 | 5.978 | 0.106 | 3.19 | 3.25 | 1 | 5 |
| | 60人以上 | 2001 | 3.30 | 6.025 | 0.135 | 3.26 | 3.34 | 1 | 5 |
| | 合计 | 6160 | 3.28 | 6.029 | 0.077 | 3.25 | 3.30 | 1 | 5 |
| 课程实施认同 | 30人以下 | 101 | 3.06 | 10.181 | 1.013 | 2.89 | 3.23 | 1 | 5 |
| | 31－45人 | 907 | 3.37 | 7.940 | 0.264 | 3.32 | 3.41 | 1 | 5 |
| | 46－59人 | 3151 | 3.35 | 7.368 | 0.131 | 3.33 | 3.37 | 1 | 5 |
| | 60人以上 | 2001 | 3.34 | 7.172 | 0.160 | 3.32 | 3.37 | 1 | 5 |
| | 合计 | 6160 | 3.34 | 7.458 | 0.095 | 3.33 | 3.36 | 1 | 5 |
| 课程评价认同 | 30人以下 | 101 | 2.95 | 5.589 | 0.556 | 2.76 | 3.13 | 1 | 5 |
| | 31－45人 | 907 | 3.32 | 4.811 | 0.160 | 3.27 | 3.37 | 1 | 5 |
| | 46－59人 | 3151 | 3.25 | 4.184 | 0.075 | 3.23 | 3.28 | 1 | 5 |
| | 60人以上 | 2001 | 3.25 | 4.233 | 0.095 | 3.22 | 3.28 | 1 | 5 |
| | 合计 | 6160 | 3.26 | 4.332 | 0.055 | 3.24 | 3.28 | 1 | 5 |

表2.22班额差异的方差分析表明，在"课程目标认同"维度，组间离差平方和为2605.091，自由度为3，均方值为868.364，F值为33.277，显著性值为0.000，$P < 0.05$，这表明不同班额在"课程目标认同"维度的组间差异在0.05水平上差异非常显著。在"课程内容认

同"维度，组间离差平方和为 2104.282，自由度为 3，均方值为 701.427，F 值为 19.468，显著性值为 0.000，P < 0.05，这表明不同班额在"课程内容认同"维度的组间差异在 0.05 水平上差异极其显著。在"课程实施认同"维度，组间离差平方和为 1224.475，自由度为 3，均方值为 408.158，F 值为 7.360，显著性值为 0.000，P < 0.05，这表明不同班额在"课程实施认同"维度的组间差异在 0.05 水平上差异极其显著。在"课程评价认同"维度，组间离差平方和为 492.693，自由度为 3，均方值为 164.231，F 值为 8.786，显著性值为 0.000，P < 0.05，这表明不同班额在"课程评价认同"维度的组间差异在 0.05 水平上差异极其显著。

表 2.22 班额差异的方差分析

| 维度 | | 离差平方和 | 自由度 | 均方值 | F 值 | 显著性 |
|---|---|---|---|---|---|---|
| 课程目标认同 | 组间 | 2605.091 | 3 | 868.364 | 33.277 | 0.000 |
| | 组内 | 160642.171 | 6156 | 26.095 | | |
| | 总和 | 163247.262 | 6159 | | | |
| 课程内容认同 | 组间 | 2104.282 | 3 | 701.427 | 19.468 | 0.000 |
| | 组内 | 221804.571 | 6156 | 36.031 | | |
| | 总和 | 223908.853 | 6159 | | | |
| 课程实施认同 | 组间 | 1224.475 | 3 | 408.158 | 7.360 | 0.000 |
| | 组内 | 341369.023 | 6156 | 55.453 | | |
| | 总和 | 342593.499 | 6159 | | | |
| 课程评价认同 | 组间 | 492.693 | 3 | 164.231 | 8.786 | 0.000 |
| | 组内 | 115070.266 | 6156 | 18.692 | | |
| | 总和 | 115562.958 | 6159 | | | |

表 2.23 班额差异的方差齐性检验结果表明，在"课程目标认同"维度，莱文方差齐性检验结果等于 11.869，组间自由度为 3，组内自由度为 6156，显著性概率显著性值为 0.000，P < 0.05。这表明各班额组

间在"课程目标认同"维度的方差在0.05的显著性水平上差异非常显著，即各组方差为不齐。在"课程内容认同"维度，莱文方差齐性检验结果等于0.357，组间自由度为3，组内自由度为6156，显著性概率显著性值为0.784，$P > 0.05$。这表明各班额组间在"课程内容认同"维度的方差在0.05的显著性水平上差异不明显，即各组方差为齐性。在"课程实施认同"维度，莱文方差齐性检验结果等于8.542，组间自由度为3，组内自由度为6156，显著性概率显著性值为0.000，$P < 0.05$。这表明各班额组间在"课程实施认同"维度的方差在0.05的显著性水平上差异非常明显，即各组方差为不齐性。在"课程评价认同"维度，莱文方差齐性检验结果等于8.065，组间自由度为3，组内自由度为6156，显著性概率显著性值为0.000，$P < 0.05$。这表明各班额组间在"课程评价认同"维度的方差在0.05的显著性水平上差异非常明显，即各组方差为不齐性。

表2.23　班额差异的方差齐性检验

| 维度 | 齐性检验 | 组间自由度 | 组内自由度 | 显著性 |
|------|---------|-----------|-----------|--------|
| 课程目标认同 | 11.869 | 3 | 6156 | 0.000 |
| 课程内容认同 | 0.357 | 3 | 6156 | 0.784 |
| 课程实施认同 | 8.542 | 3 | 6156 | 0.000 |
| 课程评价认同 | 8.065 | 3 | 6156 | 0.000 |

表2.24"课程目标认同"维度班额差异的事后多重比较的结果表明，在"课程目标认同"维度30人以下的班额与31－45人的班额、46－59人的班额、60人以上班额的显著性值均小于0.05，这说明30人以下的班额与31－45人的班额、46－59人的班额、60人以上班额在"课程目标认同"维度差异非常显著；31－45人的班额与46－59人的班额、60人以上的班额的显著性值均大于0.05，这说明31－45人的班

额与46－59人的班额、60人以上的班额在"课程目标认同"维度没有差异性；46－59人的班额与60人以上的班额的显著性值为0.242，大于0.05，这也说明46－59人的班额与60人以上的班额在"课程目标认同"维度也没有差异性。同时通过均值比较发现，30人以下的班额学生的均数值最低，其次是46－59人的班额的学生，60人以上班额学生的均数值最高，31－45人班额学生的均数值次高。这与事后多重比较的结果是吻合的。这在很大程度上可以说明，60人以上班额学生对于课程目标的认同度比其他班额学生的都要好，30人以下的班额学生对课程目标的认同度是最差的。

表2.24　"课程目标认同"维度班额差异的事后多重比较

| | 比较对象 | | 均值差 | 标准误 | 显著性 | 均值差的95%置信区间 | |
|---|---|---|---|---|---|---|---|
| | | | | | | 低值 | 高值 |
| LSD | 30人以下 | 31－45人 | −5.109* | 0.536 | 0.000 | −6.16 | −4.06 |
| | | 46－59人 | −4.883* | 0.516 | 0.000 | −5.90 | −3.87 |
| | | 60人以上 | −5.169* | 0.521 | 0.000 | −6.19 | −4.15 |
| | 31－45人 | 30人以下 | 5.109* | 0.536 | 0.000 | 4.06 | 6.16 |
| | | 46－59人 | 0.226 | 0.192 | 0.241 | −0.15 | 0.60 |
| | | 60人以上 | −0.060 | 0.204 | 0.769 | −0.46 | 0.34 |
| | 46－59人 | 30人以下 | 4.883* | 0.516 | 0.000 | 3.87 | 5.90 |
| | | 31－45人 | −0.226 | 0.192 | 0.241 | −0.60 | 0.15 |
| | | 60人以上 | −0.286 | 0.146 | 0.050 | −0.57 | 0.00 |
| | 60人以上 | 30人以下 | 5.169* | 0.521 | 0.000 | 4.15 | 6.19 |
| | | 31－45人 | 0.060 | 0.204 | 0.769 | −0.34 | 0.46 |
| | | 46－59人 | 0.286 | 0.146 | 0.050 | 0.00 | 0.57 |
| Tamhane | 30人以下 | 31－45人 | −5.109* | 0.686 | 0.000 | −6.94 | −3.27 |
| | | 46－59人 | −4.883* | 0.668 | 0.000 | −6.67 | −3.09 |
| | | 60人以上 | −5.169* | 0.671 | 0.000 | −6.97 | −3.37 |
| | 31－45人 | 30人以下 | 5.109* | 0.686 | 0.000 | 3.27 | 6.94 |
| | | 46－59人 | 0.226 | 0.200 | 0.835 | −0.30 | 0.75 |
| | | 60人以上 | −0.060 | 0.210 | 1.000 | −0.61 | 0.49 |

续表

| 比较对象 | | 均值差 | 标准误 | 显著性 | 均值差的95%置信区间 | |
|---|---|---|---|---|---|---|
| | | | | | 低值 | 高值 |
| 46 – 59 人 | 30 人以下 | 4.883* | 0.668 | 0.000 | 3.09 | 6.67 |
| | 31 – 45 人 | -0.226 | 0.200 | 0.835 | -0.75 | 0.30 |
| | 60 人以上 | -0.286 | 0.143 | 0.242 | -0.66 | 0.09 |
| 60 人以上 | 30 人以下 | 5.169* | 0.671 | 0.000 | 3.37 | 6.97 |
| | 31 – 45 人 | 0.060 | 0.210 | 1.000 | -0.49 | 0.61 |
| | 46 – 59 人 | 0.286 | 0.143 | 0.242 | -0.09 | 0.66 |

（左侧合并单元格：Tamhane）

（*说明 $P < 0.05$，表示存在显著差异；**说明 $p < 0.01$，表示存在极其显著差异。）

表2.25"课程内容认同"维度班额差异的事后多重比较的结果表明，在"课程内容认同"维度，30 人以下的班额与 31 – 45 人的班额、46 – 59 人的班额、60 人以上班额的显著性值均小于0.05，这说明30 人以下的班额与 31 – 45 人的班额、46 – 59 人的班额、60 人以上班额在"课程内容认同"维度差异非常显著；31 – 45 人的班额与 46 – 59 人的班额、60 人以上的班额的显著性值均小于0.05，这说明31 – 45 人的班额与 46 – 59 人的班额、60 人以上的班额在"课程内容认同"维度差异极其显著；46 – 59 人的班额与 60 人以上的班额的显著性值为 0.002，小于0.05，这也说明46 – 59 人的班额与60 人以上的班额在"课程内容认同"维度的差异性也极其显著。通过均值分析发现30 人以下的班额学生的均数值最低，其次是 46 – 59 人的班额的学生，31 – 45 人以上班额学生的均数值最高，60 人以下班额学生的均数值次高。这在很大程度上可以说明，31 – 45 人以上班额学生对于课程内容的认同度比其他班额学生的都要好，30 人以下班额学生对课程内容的认同度最差。

表 2.25　"课程内容认同"维度班额差异的事后多重比较

| | 比较对象 | | 均值差 | 标准误 | 显著性 | 均值差的95%置信区间 | |
|---|---|---|---|---|---|---|---|
| | | | | | | 低值 | 高值 |
| LSD | 30 人以下 | 31 - 45 人 | -3.075* | 0.630 | 0.000 | -4.31 | -1.84 |
| | | 46 - 59 人 | -1.530* | 0.607 | 0.012 | -2.72 | -0.34 |
| | | 60 人以上 | -2.070* | 0.612 | 0.001 | -3.27 | -0.87 |
| | 31 - 45 人 | 30 人以下 | 3.075* | 0.630 | 0.000 | 1.84 | 4.31 |
| | | 46 - 59 人 | 1.545* | 0.226 | 0.000 | 1.10 | 1.99 |
| | | 60 人以上 | 1.005* | 0.240 | 0.000 | 0.53 | 1.48 |
| | 46 - 59 人 | 30 人以下 | 1.530* | 0.607 | 0.012 | 0.34 | 2.72 |
| | | 31 - 45 人 | -1.545* | 0.226 | 0.000 | -1.99 | -1.10 |
| | | 60 人以上 | -0.539* | 0.172 | 0.002 | -0.88 | -0.20 |
| | 60 人以上 | 30 人以下 | 2.070* | 0.612 | 0.001 | 0.87 | 3.27 |
| | | 31 - 45 人 | -1.005* | 0.240 | 0.000 | -1.48 | -0.53 |
| | | 46 - 59 人 | 0.539* | 0.172 | 0.002 | 0.20 | 0.88 |
| Tamhane | 30 人以下 | 31 - 45 人 | -3.075* | 0.650 | 0.000 | -4.81 | -1.34 |
| | | 46 - 59 人 | -1.530 | 0.628 | 0.095 | -3.21 | 0.15 |
| | | 60 人以上 | -2.070* | 0.633 | 0.009 | -3.77 | -0.37 |
| | 31 - 45 人 | 30 人以下 | 3.075* | 0.650 | 0.000 | 1.34 | 4.81 |
| | | 46 - 59 人 | 1.545* | 0.226 | 0.000 | 0.95 | 2.14 |
| | | 60 人以上 | 1.005* | 0.241 | 0.000 | 0.37 | 1.64 |
| | 46 - 59 人 | 30 人以下 | 1.530 | 0.628 | 0.095 | -0.15 | 3.21 |
| | | 31 - 45 人 | -1.545* | 0.226 | 0.000 | -2.14 | -0.95 |
| | | 60 人以上 | -0.539* | 0.172 | 0.010 | -0.99 | -0.09 |
| | 60 人以上 | 30 人以下 | 2.070* | 0.633 | 0.009 | 0.37 | 3.77 |
| | | 31 - 45 人 | -1.005* | 0.241 | 0.000 | -1.64 | -0.37 |
| | | 46 - 59 人 | 0.539* | 0.172 | 0.010 | 0.09 | 0.99 |

（*说明 P < 0.05，表示存在显著差异；**说明 p < 0.01，表示存在极其显著差异。）

表 2.26 "课程实施认同"维度班额差异的事后多重比较的结果表明，30 人以下的班额与 31 - 45 人的班额、46 - 59 人的班额、60 人以上

班额的显著性值均小于 0.05，这说明 30 人以下的班额与 31 - 45 人的班额、46 - 59 人的班额、60 人以上的班额在"课程实施认同"维度差异非常显著；31 - 45 人的班额与 46 - 59 人的班额、60 人以上的班额的显著性值均大于 0.05，这说明 31 - 45 人的班额与 46 - 59 人的班额、60 人以上的班额在"课程实施认同"维度差异不显著；46 - 59 人的班额与 60 人以上的班额的显著性值为 1.000，大于 0.05，这也说明 46 - 59 人的班额与 60 人以上的班额在"课程实施认同"维度的差异性也不显著。通过均值分析发现，30 人以下的班额学生的均数值最低，其次是60 人以上的班额学生，31 - 45 人以上班额学生的均数值最高，46 - 59 人班额学生的均数值次高。这在很大程度上可以说明，31 - 45 人以上班额学生对于课程实施的认同度比其他班额学生的都要好，30 人以下班额学生对课程内容的认同度是最不理想的。

表 2.26　"课程实施认同"维度班额差异的事后多重比较

| | 比较对象 | | 均值差 | 标准误 | 显著性 | 均值差的95%置信区间 | |
| | | | | | | 低值 | 高值 |
|---|---|---|---|---|---|---|---|
| LSD | 30 人以下 | 31 - 45 人 | -3.643* | 0.781 | 0.000 | -5.17 | -2.11 |
| | | 46 - 59 人 | -3.432* | 0.753 | 0.000 | -4.91 | -1.96 |
| | | 60 人以上 | -3.386* | 0.759 | 0.000 | -4.87 | -1.90 |
| | 31 - 45 人 | 30 人以下 | 3.643* | 0.781 | 0.000 | 2.11 | 5.17 |
| | | 46 - 59 人 | 0.211 | 0.281 | 0.452 | -0.34 | 0.76 |
| | | 60 人以上 | 0.258 | 0.298 | 0.388 | -0.33 | 0.84 |
| | 46 - 59 人 | 30 人以下 | 3.432* | 0.753 | 0.000 | 1.96 | 4.91 |
| | | 31 - 45 人 | -0.211 | 0.281 | 0.452 | -0.76 | 0.34 |
| | | 60 人以上 | 0.046 | 0.213 | 0.828 | -0.37 | 0.46 |
| | 60 人以上 | 30 人以下 | 3.386* | 0.759 | 0.000 | 1.90 | 4.87 |
| | | 31 - 45 人 | -0.258 | 0.298 | 0.388 | -0.84 | 0.33 |
| | | 46 - 59 人 | -0.046 | 0.213 | 0.828 | -0.46 | 0.37 |

续表

| 比较对象 | | 均值差 | 标准误 | 显著性 | 均值差的95%置信区间 | |
|---|---|---|---|---|---|---|
| | | | | | 低值 | 高值 |
| Tamhane | 30 人以下 | 31 – 45 人 | $-3.643^*$ | 1.047 | 0.004 | $-6.45$ | $-0.84$ |
| | | 46 – 59 人 | $-3.432^*$ | 1.022 | 0.007 | $-6.17$ | $-0.69$ |
| | | 60 人以上 | $-3.386^*$ | 1.026 | 0.008 | $-6.14$ | $-0.64$ |
| | 31 – 45 人 | 30 人以下 | $3.643^*$ | 1.047 | 0.004 | 0.84 | 6.45 |
| | | 46 – 59 人 | 0.211 | 0.295 | 0.979 | $-0.56$ | 0.99 |
| | | 60 人以上 | 0.258 | 0.309 | 0.955 | $-0.56$ | 1.07 |
| | 46 – 59 人 | 30 人以下 | $3.432^*$ | 1.022 | 0.007 | 0.69 | 6.17 |
| | | 31 – 45 人 | $-0.211$ | 0.295 | 0.979 | $-0.99$ | 0.56 |
| | | 60 人以上 | 0.046 | 0.207 | 1.000 | $-0.50$ | 0.59 |
| | 60 人以上 | 30 人以下 | $3.386^*$ | 1.026 | 0.008 | 0.64 | 6.14 |
| | | 31 – 45 人 | $-0.258$ | 0.309 | 0.955 | $-1.07$ | 0.56 |
| | | 46 – 59 人 | $-0.046$ | 0.207 | 1.000 | $-0.59$ | 0.50 |

（$^*$说明 P < 0.05，表示存在显著差异；$^{**}$说明 p < 0.01，表示存在极其显著差异。）

表 2.27 "课程评价认同"维度班额差异的事后多重比较的结果表明，在"课程评价认同"维度，30 人以下的班额与 31 – 45 人的班额、46 – 59 人的班额、60 人以上班额的显著性值均小于 0.05，这说明 30 人以下的班额与 31 – 45 人的班额、46 – 59 人的班额、60 人以上班额在"课程评价认同"维度差异非常显著；31 – 45 人的班额与 46 – 59 人的班额、60 人以上的班额的显著性值均大于 0.05，这说明 31 – 45 人的班额与 46 – 59 人的班额、60 人以上的班额在"课程评价认同"维度差异不显著；46 – 59 人的班额与 60 人以上的班额的显著性值为 1.000，大于 0.05，这也说明 46 – 59 人的班额与 60 人以上的班额在"课程评价认同"维度的差异性也不显著。通过均值分析发现，30 人以下的班额学生的均数值最低，其次是 60 人以上的班额学生，31 – 45 人以上班额学生的均数值最高，46 – 59 人班额学生的均数值次高。这在很大程度上

可以说明，31－45 人以上班额学生对于课程实施的认同度比其他班额学生的都要好，30 人以下班额学生对课程内容的认同度是最不理想的。

表 2.27　"课程评价认同"维度班额差异的事后多重比较

| | 比较对象 | | 均值差 | 标准误 | 显著性 | 均值差的95%置信区间 | |
|---|---|---|---|---|---|---|---|
| | | | | | | 低值 | 高值 |
| LSD | 30 人以下 | 31－45 人 | －2.250* | 0.454 | 0.000 | －3.14 | －1.36 |
| | | 46－59 人 | －1.851* | 0.437 | 0.000 | －2.71 | －0.99 |
| | | 60 人以上 | －1.807* | 0.441 | 0.000 | －2.67 | －0.94 |
| | 31－45 人 | 30 人以下 | 2.250* | 0.454 | 0.000 | 1.36 | 3.14 |
| | | 46－59 人 | 0.399* | 0.163 | 0.014 | 0.08 | 0.72 |
| | | 60 人以上 | 0.442* | 0.173 | 0.011 | 0.10 | 0.78 |
| | 46－59 人 | 30 人以下 | 1.851* | 0.437 | 0.000 | 0.99 | 2.71 |
| | | 31－45 人 | －0.399* | 0.163 | 0.014 | －0.72 | －0.08 |
| | | 60 人以上 | 0.043 | 0.124 | 0.727 | －0.20 | 0.29 |
| | 60 人以上 | 30 人以下 | 1.807* | 0.441 | 0.000 | 0.94 | 2.67 |
| | | 31－45 人 | －0.442* | 0.173 | 0.011 | －0.78 | －0.10 |
| | | 46－59 人 | －0.043 | 0.124 | 0.727 | －0.29 | 0.20 |
| Tamhane | 30 人以下 | 31－45 人 | －2.250* | 0.579 | 0.001 | －3.80 | －0.70 |
| | | 46－59 人 | －1.851* | 0.561 | 0.008 | －3.36 | －0.35 |
| | | 60 人以上 | －1.807* | 0.564 | 0.011 | －3.32 | －0.29 |
| | 31－45 人 | 30 人以下 | 2.250* | 0.579 | 0.001 | 0.70 | 3.80 |
| | | 46－59 人 | 0.399 | 0.176 | 0.135 | －0.07 | 0.86 |
| | | 60 人以上 | 0.442 | 0.186 | 0.100 | －0.05 | 0.93 |
| | 46－59 人 | 30 人以下 | 1.851* | 0.561 | 0.008 | 0.35 | 3.36 |
| | | 31－45 人 | －0.399 | 0.176 | 0.135 | －0.86 | 0.07 |
| | | 60 人以上 | 0.043 | 0.120 | 1.000 | －0.27 | 0.36 |
| | 60 人以上 | 30 人以下 | 1.807* | 0.564 | 0.011 | 0.29 | 3.32 |
| | | 31－45 人 | －0.442 | 0.186 | 0.100 | －0.93 | 0.05 |
| | | 46－59 人 | －0.043 | 0.120 | 1.000 | －0.36 | 0.27 |

(*说明 $P < 0.05$，表示存在显著差异;**说明 $p < 0.01$，表示存在极其显著差异。)

小结：

从上述调查数据分析来看，我们比较清晰地看到高中学生在新课程背景下课程认同各维度的表现，从数据上我们可以得出以下结论：

1. 从总体上来说，高中学生对新课程改革中课程的认同度处于一般水平，正处于认同的起步阶段，显然存在着很多困难，由于高考指挥棒的指引，学生在一定程度上还不是很认同新课程。另一方面，我们也可以欣喜地看到他们对于新课程理念、学习方式及教学方式的转变等是比较认同的，同时，他们不仅仅从理念上来认同新课程，也在实践上做尝试，如对于合作学习、自主学习的身体力行。

2. 从男女学生认同度对比来看，二者在认同总分上并不显著，男生在各个维度的均值略高于女生，但是两者差距很小。

3. 家庭所在区域学生之间的差异方差分析显示，在课程目标、课程内容适应方面，不同城乡区域学生的组间差异在 0.001 水平上有极其显著的差异。

4. 学校所在区域之间的差异方差分析显示，在课程目标、课程内容认同方面，不同区域学生的组间差异在 0.001 水平上有极其显著的差异。

5. 在课程目标、课程内容认同维度方面，高一年级的学生认同感高于高二年级的学生，高二年级的学生又高于高三年级的学生。在课程实施维度，高二年级的学生对课程实施的认同感高于高一年级的学生，高一年级的学生又高于高三年级的学生。在课程评价维度，高二年级的学生的认同感高于高一年级的学生，高一年级的学生又高于高三年级的学生。

6. 调查发现，当前高中班级人数绝大部分还是大班额，据统计，6160 名学生中，30 人以下的班额人数最少，只有 101 人；31－45 人班额的学生有 907 人；46－59 人班额的学生有 3151 人；60 人以上班额的学生有 2001 人。这说明在班级教学中，还是以大班额为主，没有实现小班教学。

7. 班额差异事后多重比较表明，总体说来，班额在 31—45 人的班级对于新课程认同较好，应该提倡小班化教学。

# 第三章

高中师生新课程认同的影响因素

## 第一节　高中教师新课程认同的影响因素

### 一、高中教师新课程认同影响因素的基本统计分析

为了探究影响教师对新改革认同的主要因素，我们在问卷中预设了五大类影响因素：教师素质、学校文化、学校资源、教师培训和教师评价，试图通过相关分析和多元回归分析对教师课程认同感进行归因。

（一）高中教师新课程认同影响因素的描述统计与频数统计

分析发现，教师培训、教师素质、学校文化、教师评价对教师的认同感影响较大，而学校资源对教师的认同感影响较小。表3.1显示，在预设的教师素质、学校文化、学校资源、教师培训、教师评价五大类影响因素中，高中教师认为教师素质和教师培训对新课程认同的影响较大（平均分＞4.20），其中教师培训对教师新课程认同的影响最大（4.2486分）。这说明，要想提高教师对新课程的认同，重要的是提升教师素质和进行必要的培训。

从得分来看，学校文化对高中教师认同也具有较大影响，居于第三位。这说明学校领导对新课程改革的重视程度与学校合作文化对教师的认同具有重要影响。教师评价对教师认同也有较大影响，这说明对教师的评价方式还没有发生符合新课程改革要求的根本性改变。相对而言，学校资源对教师认同的影响最小，这说明学校资源的充足与否对教师认

同的影响较之于其他几个因素较小，教师认识维度的需求较之于物质方面的需求对教师的认同影响更大。

表3.1 高中教师新课程认同影响因素的描述统计

|  | 教师素质 | 学校文化 | 学校资源 | 教师培训 | 教师评价 |
|---|---|---|---|---|---|
| 平均分（M） | 4.2175 | 4.1254 | 3.8750 | 4.2486 | 4.0256 |
| 标准差(SD) | 0.65069 | 0.75536 | 0.89826 | 0.65920 | 0.91388 |

表3.2 高中教师新课程认同影响因素的频数统计（单位:%）

| | 内　　容 | 完全同意 | 基本同意 | 不确定 | 不大同意 | 完全不同意 |
|---|---|---|---|---|---|---|
| 教师素质 | 36. 我具备了新课程要求的知识与能力 | 32.0 | 48.8 | 16.4 | 1.9 | 0.9 |
| | 37. 遇到教学问题时，我常与其他教师交流 | 49.8 | 38.8 | 8.7 | 1.7 | 1.0 |
| 学校文化 | 38. 校领导对课程改革非常重视 | 41.2 | 43.5 | 10.1 | 3.2 | 2.0 |
| | 39. 教师的团结协作对我很有帮助 | 40.8 | 38.6 | 11.0 | 5.4 | 4.2 |
| 学校资源 | 40. 教室、实验室、图书馆等硬件资源充足 | 25.2 | 40.3 | 17.2 | 10.1 | 7.2 |
| | 41. 我所教学科的教师是充足的 | 41.1 | 39.3 | 9.7 | 7.2 | 2.7 |
| 教师培训 | 42. 我愿参加学校组织的教师培训 | 48.5 | 38.2 | 10.3 | 1.5 | 1.5 |
| | 43. 培训机会增多，并对我很有帮助 | 44.4 | 39.7 | 10.2 | 3.4 | 2.3 |
| | 44. 培训内容的针对性应增强 | 49.0 | 37.0 | 9.8 | 2.4 | 1.8 |
| | 45. 培训方式应多样化 | 46.5 | 36.1 | 9.9 | 4.9 | 2.6 |
| 教师评价 | 46. 考试成绩是评价学生和教师业绩的主要尺度 | 36.8 | 33.5 | 14.4 | 7.0 | 8.3 |
| | 47. 现行高考制度制约了我积极参与课改 | 46.6 | 36.0 | 12.2 | 2.8 | 2.4 |

（二）高中教师新课程认同与影响因素的相关分析

高中教师对新课程的认同与教师素质、学校文化、学校资源、教师培训及教师评价 5 个因素存在显著正相关关系。表 3.3 的数据表明，变量"高中教师新课程认同"与"影响因素"的相关系数 $r = 0.637$（P < 0.01），表明二者相关关系显著。具体分析如下。

1. 教师素质与高中教师新课程认同的相关系数 $r = 0.544$（P < 0.01），与高中教师新课程认同 5 个维度的相关系数分别为：课程目标认同 $r = 0.344$；课程内容认同 $r = 0.350$；教学方式认同 $r = 0.460$；教师角色认同 $r = 0.504$；课程评价认同 $r = 0.540$。这表明教师素质与课程评价认同的相关性最大。因此，教师应该努力通过学校培训和自主学习、合作探讨的方式不断提高对课程评价的认识，实施多样的评价方式，从而提高对课程评价的认同度。

2. 学校文化与高中教师新课程认同的相关系数 $r = 0.543$（P < 0.01），与高中教师新课程认同 5 个维度的相关系数分别为：课程目标认同 $r = 0.337$；课程内容认同 $r = 0.438$；教学方式认同 $r = 0.411$；教师角色认同 $r = 0.481$；课程评价认同 $r = 0.530$。这表明学校文化与课程评价认同的相关性最大。因此，学校领导应该加大对课程改革的重视，并以实际行动为课程改革提供质量保障，切实肯定课程改革过程中的革新项目，营造良好的课程改革氛围。同时，学校应该努力建构教师合作团队，鼓励教师探讨课程评价方式，转变以考试为核心的评价标准，促使课程评价多样化。

3. 学校资源与高中教师新课程认同的相关系数 $r = 0.419$（P < 0.01），与高中教师新课程认同 5 个维度的相关系数分别为：课程目标认同 $r = 0.186$；课程内容认同 $r = 0.387$；教学方式认同 $r = 0.352$；教师角色认同 $r = 0.419$；课程评价认同 $r = 0.338$。这表明学校资源与教师角色认同的相关性最大。高中新课程改革中我们应加大对学校教育资源的投入，丰富学校教育资源，使教师能享受到优质的教育资源，使他们认识到自己在教学中的权利和义务，从而提升教师对于新课程的认同度。

4. 教师培训与高中教师新课程认同的相关系数 $r = 0.498$（P <

0.01），与高中教师新课程认同 5 个维度的相关系数分别为：课程目标认同 r = 0.310；课程内容认同 r = 0.401；教学方式认同 r = 0.441；教师角色认同 r = 0.435；课程评价认同 r = 0.430。这表明教师培训与教学方式认同的相关性最大。高中新课程改革中，学校应该大力推进教师培训项目，实现教育学知识和学科知识的整合、教学方法和教学内容的结合、理论和实践的连接，从而提升高中教师对教学方式的认同度。

5. 教师评价与高中教师新课程认同的相关系数 r = 0.164（P < 0.01），与高中教师新课程认同 5 个维度的相关系数分别为：课程目标认同 r = 0.071；课程内容认同 r = 0.191；教学方式认同 r = 0.151；教师角色认同 r = 0.157；课程评价认同 r = 0.088。这表明教师评价与课程内容认同的相关性最大。高中新课程改革中，应发展与完善对于教师评价改革，注重发展性与总结性评价相结合，应更加从过程中对教师评价，真正实现为教师终身发展与专业发展服务，最终促进高中课改的顺利推进与实施。

表 3.3　高中教师新课程认同与影响因素的相关分析

|  | 影响因素 | 教师素质 | 学校文化 | 学校资源 | 教师培训 | 教师评价 |
|---|---|---|---|---|---|---|
| 总体认同 | 0.637** | 0.544** | 0.543** | 0.419** | 0.498** | 0.164** |
| 课程目标认同 | 0.357** | 0.344** | 0.337** | 0.186** | 0.310** | 0.071** |
| 课程内容认同 | 0.525** | 0.350** | 0.438** | 0.387** | 0.401** | 0.191** |
| 教学方式认同 | 0.528** | 0.460** | 0.411** | 0.352** | 0.441** | 0.151** |
| 教师角色认同 | 0.588** | 0.504** | 0.481** | 0.419** | 0.435** | 0.157** |
| 课程评价认同 | 0.555** | 0.540** | 0.530** | 0.338** | 0.430** | 0.088** |

（注：表中数字代表相关系数 r；* 表示 $0.01 < P < 0.05$，** 表示 $0.001 < p < 0.01$。）

（三）高中教师新课程认同与影响因素的回归分析

为进一步印证各影响因素对教师认同的关系，研究以影响因素为自变量，高中教师对新课程的认同为因变量，将教师素质、学校文化、学校资源、教师培训、教师评价进入回归方程，采用强迫回归法进行分析。表3.4显示，共同解释高中教师新课程认同感变异量的46.8%。按照Beta值的大小，对教师新课程认同的影响由大到小顺序为：教师素质＞学校文化＞教师培训＞学校资源＞教师评价。说明在高中教师新课程认同与影响因素之间的关系中，教师素质对教师认同的影响最大，其次是学校文化、教师培训、学校资源、教师评价。所以如何提升教师素质，构建有利于实施新课程改革的学校文化，提高教师培训质量，充裕学校教育教学资源，正确评价教师的教育教学行为是本书关注的重点问题。

**表3.4 高中教师新课程认同与影响因素的回归分析**

| 因变量 | 自变量 | Beta | t 值 | R | $R^2$ | F 值 |
|--------|--------|------|------|---|------|------|
| 新课程认同 | 教师素质 | 0.279 | 11.272 | 0.686 | 0.468 | 214.751** |
| | 学校文化 | 0.265 | 10.550 | | | |
| | 学校资源 | 0.151 | 6.430 | | | |
| | 教师培训 | 0.214 | 8.706 | | | |
| | 教师评价 | 0.027 | 1.269 | | | |

（* 表示 $0.01 < P < 0.05$，** 表示 $0.001 < p < 0.01$。）

## 二、学校因素

美国课程专家古德莱德（J. I. Goodlad）曾说："仅仅让教师为改进

学生的学习负责，却不解决条件问题，是不可能改善教师的职业生活质量和他们任教的学校的质量问题的。"① 说明在高中新课程改革中，学校是否为教师适应改革提供必要条件是至关重要的。在高中新课程推进过程中，学校是一个关键的因素，没有学校对国家课程计划的严格执行，课程就不可能得到真正落实。

（一）学校文化

课程改革是一项系统工程，学校文化是高中新课程改革的载体，高中新课程改革的根本依托在于学校文化重建。福建省厦门第一中学校长任勇的观点是："学校文化是学校的生命所在……是凝聚和激励我校全体教职工进行教育教学改革的重要精神力量，是推进我校素质教育深入实施的一种激励机制，是我校发展的强大内驱力，也是推进我校教育创新的原动力。"② 也就是说，高中新课程改革实际上是一种文化的变革，是学校新文化与旧文化之间的冲突与磨合的过程，不可避免地要涉及权力结构的变化、学校文化的重建和师生个人的发展。只有学校文化得到不断更新与变革，教师的价值信念、教育观念以及行为方式才能得到转变，高中新课程改革才能取得真正成功。统计结果也显示，学校文化与高中教师新课程认同的相关系数 $r = 0.543$（$P < 0.01$），说明学校文化对教师认同存在较大的相关性，学校文化对教师认同有重大影响。

1. 学校物质文化

学校物质文化是学校文化的外壳，是一种以物质形态为主要研究对象的表层学校文化，是学校文化存在和发展的物质基础，也是学校精神文化和制度文化的载体，体现着一定的价值目标、审美意向等方面。学校物质文化是学校各项教育活动得以开展和实施的基础和资本，它作为学校文化中的一个有机部分对学校各项活动及其价值的影响，有着其他

---

① J. I. Goodlad, *Curriculum Inquiry: The Study of Curriculum Practice*, New York: Mc-Grow—Hill Book Company, 1979, p. 89.

② 赵中建主编:《学校文化》，华东师范大学出版社 2004 年版，第 159 页。

文化因素不可替代的特殊作用。学校物质文化是保证高中新课程改革顺利进行的首要条件，比如就高中学分制改革而言，它的顺利实施就需要相应的课程资源做保障。学分制是当今世界许多国家高中课程改革的重要发展趋势，也是目前我国新一轮普通高中课程改革的重要内容。学分制是指在全面打好基础的原则上，以选课制和学分积累作为培养学生个性、完善学生素质结构的一种教育教学管理制度。它是对课程设置僵化、修业年限划一管理制度的变革，其目的在于倡导学生的个性发展，培养具有创新精神和实践能力的专门人才。这就要求普通高中必须有足够的资金、教室和师资等办学条件，否则，尽管学分制理念先进，也难以收到预期效果。但是就目前情况而言，我国的普通高中，尤其是农村地区的普通高中还远未达到这个条件，很多学校由于资金有限、教师素质不高等原因而不能开设足够的可供学生选择的课程，从而制约了学分制的有效实施。

表 3.3 统计结果显示，学校资源与高中教师新课程认同的相关系数 $r = 0.419$（$P < 0.01$），说明学校资源对高中教师认同具有重要影响。教室、实验室、图书馆等硬件设施对教师了解新课程改革的动态、汲取课程改革的成功经验具有重要意义。同时，充足的教师人员配置，为教师学习新课程改革的理念提供了可能的时间和空间。所以，充裕的学校资源对增强教师对新课程的认同感提供了必要性和可能性。匮乏的学校资源难以让教师拥有更多、更好的学习资源，影响实施新课程改革的效果。

然而长期以来，我国形成了一种忽视地区差别和城乡差别的"城市中心"的价值取向，重点学校政策的实施更是加剧了基础教育的非均衡发展。这就直接导致学校课程资源配置的不均衡，城市学校获得大量的教育经费、教育设施而得到有效发展，而农村教育则存在经费不足、设施匮乏的现象。学校提供的资源保障不够，一定程度上影响了教师对新课程的认同感。仅有 65.5% 的教师对"教室、实验室、图书馆等硬件资源充足"持肯定回答（见表 3.2）。四川省南充市某农村高中化学老师指出："乡村学校，这方面困难较大，见少，听少，操作少。只有学校的教学设施跟上，才会有更大的突破。"某农村高一语文老师指出："总的来说还好，但是我觉得在图书这一块还比较欠缺，学校的图书资源明显感觉不够，还有就是多媒体教学比较单一，没有什么专门的多媒体教室之类的。"另一名高三英语老师指出："只能说现有的资源基本上能够满足日常教学。比如说，我们学校很多理科的物理、化学、生物的实验仪器还是比较缺乏的，很多实验并不一定能够按照要求去完成。当然目前的教育经费也存在着不足，所以学生和教师在这一方面肯定要有一个适应的过程。图书馆一般只是在语文阅读课的时候学生才去，其余时间学生去图书馆的机会还是比较少的，一方面可能是因为时间不够，一方面可能是本身没有养成这种习惯。"这说明学校课程资源不足，影响了教师实施新课程的效果，最终影响了教师对新课程改革的认同感，同时也是造成城乡高中教师对新课程认同感存在差异的重要原因。

2. 学校精神文化

学校精神文化是学校文化的灵魂，学校物质文化和学校制度文化都是在学校精神文化的引领下创设和营造的。所以，学校精神文化作为学校文化的核心，是统领学校文化的指针，也是衡量一个学校生命力的最主要指标。其中，学校教育哲学是学校精神文化的重要方面。学校教育哲学不是一种学科意义上的教育哲学，而属于一种观念层次上的教育哲学。我国学者傅建明认为，学校教育哲学又称学校办学宗旨、培养目标，它使学校得以根据具体的师生特点、教育资源、学校传统以及教育者的办学旨趣确立学校独特的发展方向。通俗地讲就是要把学校办成什么样子，把学生培养成什么样的人。① 学校教育哲学是体现学校办学特色的核心，它通常是根据本校的实际情况，包括师生的现实需求、学校环境的特殊性、学校创办人的教育理想等方面确定的学校发展的方向。

---

① 傅建明：《校本课程开发中的教师与校长：面向 21 世纪基础教育课程改革》，广东教育出版社 2003 年版，第 25 页。

它既与国家规定的教育目的、培养目标具有内在的一致性，又具有适合本校实际且不同于其他学校的差异性。高中新课程改革是一项综合性的实践活动，涉及对学校教育哲学的思考、对学校实际情况的调查研究、对学生实际需求和个性发展的关注、对教师的专业培训、对学校管理制度的变革等等。高中新课程的实施过程实质上就是充分挖掘学校和社区的课程资源、充分显现学校教育哲学价值的过程，它推动了学校的整体改革，并为重塑新型的学校教育哲学提供了契机。江苏省无锡市锡山高中以"培养站直了的现代中国人"这一学校教育哲学为指导，在全国率先进行课程改革，重点探索建立体现学校特色的校本课程体系。锡山高中在自己独特的教育哲学的统领下，历经几代人执着的教育追求，今已成为一所特色鲜明、理念先进、业绩显著、在全国拥有广泛影响的学校。尤其是从 20 世纪 90 年代中期开始，学校就在活动课、选修课的基础上尝试开发校本课程，曾被誉为中国"校本课程的发源地"。随着时代的变迁，锡山高中在校本课程开发的道路上进行了又一轮新的探索，2005 年 9 月，江苏省整体进入新课程实验，在新的形势下锡山高中依靠旧有的基础，对选修 II 序列的校本课程进行了新一轮的开发和实践探索，形成了新的课程规划。

3. 学校制度文化

高中新课程的实施，需要通过不断开发、利用、整合校内外各种课程资源，逐步形成一整套课程运行策略与管理制度，从而使高中课程进入常态、稳定的运行轨道。制度直接影响着人的行为，同时也可以通过某种诱导间接影响其情感、态度和价值观。要想在学校文化的建设过程中，把学校的愿景与当下的具体现实结合起来，便需要建设好学校的制度体系。制度文化体现了一所学校的文化标准，它在发挥规范作用的同时，还对师生具有导向和调控作用，有利于消除组织内的文化摩擦，减少学校组织发挥管理职能所产生的内耗，提高组织运作效率。所谓制度，从本质上讲是人类活动的产物，是从人们的交往和社会关系中产生出来并要求人们共同遵守的活动规则和行为规范，它不仅规定了人们能做什么，不能做什么，而且对社会行为的实施系统进行协调，把各种相关的社会行为导向统一的目标。郭元祥教授认为，学校课程制度是学校共同遵守的，落实课程计划和课程方案，有效促进学校课程实施、课程开发、课程管理与课程评价的一系列规程和行为准则，是学校实现课程自主更新的机制。① 学校课程制度与教学制度有所不同。教学制度是对教学设计、教学过程、教学方法等一系列教学常规的规定，而课程制度则是对学校整个课程系统运作的规定。学校课程制度是由课程价值准则系统、课程行为规则系统和课程运行保障规程系统等要素构成。② 我们认为，学校课程制度是国家课程制度和地方课程制度的具体细化，是在国家课程制度和地方课程制度的基础上根据本学校的办学理念、发展目标而建立起来的一系列规章制度，以调节各主体之间的利益关系，保证课程决策、课程实施、课程评价等顺利实行。高中应积极建立新课程组织管理制度，对高中新课程师资分配、教师合作等方面进行规范，为高中新课程实施提供制度保障。比如《高中新课程教师工作量计算办法》《关于普通高中新课程实验教师学科集中培训的要求》。当前，我国高中学校课程制度建设尽管取得了不少进展，但仍存在一些问题，从而直接影响了学校课程活动的效果。正如解秋菊指出："当前学校课程制度建设存在主体单一、内容不够合理、执行乏力等问题。"③

（二）学校领导

学校领导的重视程度会直接影响教师对新课程的认同感。学校领导对课程改革的理解、认同及对实施新课程改革的积极领导对教师能否适应新课程改革来说非常关键。统计结果显示，有 84.7% 的教师认为"校领导对课程改革非常重视"（见表 3.2）。这说明学校领导积极响应

① 郭元祥：《学校课程制度及其生成》，《教育研究》2007 年第 2 期。
② 郭元祥：《学校课程制度及其生成》，《教育研究》2007 年第 2 期。
③ 解秋菊：《学校课程制度建设的问题与对策》，《教育与教学研究》2011 年第 8 期。

课程改革。该结论在访谈中也得以印证。在访谈时问到："您认为本校实行新课改的有利条件是什么？"一名高一语文老师回答："领导非常重视，还有教师文化氛围非常好。"一名高二英语老师答："首先，领导很重视，我们每周开会的时候，领导都强调新课改。"四川省南充市某高中物理老师说："学校领导要重视新课改，否则教师会有阻碍，也不好推行。比如说我想带学生外出实地考察，没有学校支持是无法办到的。"如果学校领导对新课程改革表示支持，为教师提供咨询和服务，并有意识地引导学校从观念维度到组织机构都发生一系列的调整与变革，形成一种学习、探究、合作的学校文化氛围，那么无疑将使高中教师更好地认同新课程。反之，如果学校领导对高中新课程不重视，缺乏系统的学习与研究，不能与教师共同解决课程实践中遇到的新情况和新问题，就难以发挥有效的课程领导作用，也就会影响教师对新课程的认同感。

（三）教师培训

教师培训是指通过有计划地组织在职教师开展短期的学习活动，来提高教师的专业知识、技能和态度，以便使他们更有效地开展教学。为了保证高中新课程改革的顺利实施，对教师进行必要的培训，让他们接受新课程理念、转变教学方式、适应新教材的变化是很有积极意义的。统计结果显示，教师培训与高中教师新课程认同的相关系数 $r = 0.498$（$P < 0.01$），说明教师培训对教师认同有较大的影响（见表3.3）。通过教师培训，可增强教师对新课程理念的理解和信任，帮助教师树立新的教育教学观念，帮助教师形成新的教学技能和方法。

研究表明，虽然教师愿意积极参与培训，但普通教师接受培训的机会较少，培训的内容和形式也存在不足。统计结果显示，86.7%的教师认为"我愿意参加学校组织的教师培训"（见表3.2）。这说明教师愿意主动积极参与到新课程改革中，希望从培训中提升自己。84.1%的教师表示"培训机会增多，并对我很有帮助"（见表3.2）。这说明教师认同培训有利于自身成长，从而有利于增强对新课程改革的认同感。当提及学校对教师的培训时，四川省南充市某高中地理老师说到："我们学校每学期都有骨干教师培训，然后再分学科，以教研组为单位来培训。其中包括对课程理念、课程标准、新教材的编排体系解读，形式也有很多。例如请专家来我校做讲座，我校教师到外地学习考察，在本校内观摩优秀教师的公开课等。另外，每周也会有集体备课，各个学科的老师在一起就教材和备课展开讨论、互相交流，这对我们对新教材的把握很有好处。"由此看来，不少高中学校是重视教师培训的。

但在研究中我们也发现了一些问题。86.0%的教师认为"培训内容的针对性应增强"，82.6%的教师认为"培训方式应多样化"（见表3.2）。这说明教师培训中还存在着培训内容针对性差、培训形式单一的问题。一位四川省农村高二物理教师指出："每年假期都会有培训，但是培训归培训，我们个人还是改变不了整体的大环境。"一位重庆市农村高三英语教师指出："有关新课程方面的培训，一般每个学期都会有。但是，这个培训主要是针对教研组长、备课组长等的。普通老师接受这种培训的机会还是比较缺乏的。由于我接受过这方面的培训，我个人认为培训的效果还是可以的。听听专家的一些讲座，对于本人的一些觉悟和专业方面的东西还是有帮助的。所以，我个人觉得这个培训还是非常有必要的，当然主要还是靠教师本人去钻研。还需要教育部门和学校多给普通老师提供参加这类培训的机会。"一名重庆市高中英语教师说："教师培训确实比以前多了，但大多数培训属于任务式的，就是走走形式，很少对教学实践有帮助。"一位高中语文教师指出："每次参加的培训都是宏观维度的学习，对具体操作的作用很小。培训的内容大多都停留在专家对新课程理念的解读、意义的探究等理论维度上，而非教学维度，这对于我们教学技能的提高、专业知识的提升似乎没有多大的帮助。在参加的教材培训方面，也只是对本教材的内容进行了梳理，讨论了下教学的重点、难点，多数时候也只是流于形式。由于教师的业务知识水平较低，不能很好地把握大纲的要求，吃不透教材、不能很好地理解教材编写的意图，教法不当，会在很大程度上影响教材功能的发挥。"总的来说，当前的教师培训无论是在培训目标、培训对象、培训形式和培训内容上，都有所欠缺，影响了高中教师对新课程的认同感，如何改善教师培训质量和实效性是当前亟待解决的问题。

（四）教师评价机制

对教师教学工作的评价主要包括教学成果评价、教学行为评价和教师素质评价。实践证明，教师评价体制直接关系着教师对新课程的认同感。教师评价与高中教师新课程认同的相关系数 r = 0.164（P < 0.01），说明教师评价对高中教师认同有重要影响。如果学校对教师的评价局限于考试成绩，那么教师教学的焦点将主要集中在学生考试成绩的提升，而不是集中在学生的全面发展上。

研究发现，现行的教师评价方式制约了教师对新课程的认同感。82.6%的教师认为"现行高考制度制约了我积极参与课改"；70.3%的教师对"考试成绩是评价学生和教师业绩的主要尺度"持肯定回答（见表 3.2）。在访谈中当问到"您如何看待当前学校对教师的考核评价?"时，一位高二物理教师回答："当前学校对教师的考核评价主要是从教学成绩来考核教师的。"一位高中数学教师说："现在评价我们教师还是主要看学生的成绩，高考主要也是看看成绩，只要高考制度不变，我们就很难落实新课程的相关要求。"当问到"您觉得学校对教师的这种考核和评价是否影响您落实新课程倡导的理念?"时，一位高三老师回答："这个影响肯定还是有的，所以我们很多老师既想去培养学生的创新精神，又担心如果作业布置少了，学生考试成绩下降了，那么学校领导对我们的评价肯定会降低，所以这样一来老师们还是有些担忧的。"一位高三英语老师指出："目前来看，学校对教师的考核和评价比较重要的方面，教学成绩肯定是看得比较重的，论文和教研方面占一定的比重，但是主要还是看重教学成绩。"这说明高考仍是现在教学的指挥棒，当前成绩仍是评价教师的主要指标，从而制约着高中新课程的实施。这就要求政府相关部门制定好新课程的相关配套政策，促进新课程的落实。

就目前而言，许多学校对教师的评价还存在很多问题，仍以学生的学业成绩作为重要标准。江苏省张家港市某农村高中语文老师指出："在我们学校，对教师的评价是以学校和教研室的领导为主。主要依据的是一学年教师的工作量，包括科研、学生一学年的考试分数，加上领导和教研组同事对教师几次公开课的评分，然后根据总分对教师进行奖惩。这和平时工资、奖金、升迁有很大关系。"重庆市某农村高中历史老师说："我觉得现在学校还是以成绩来评价老师的，这一点学校还是没有做到位。我们老师本来就是想在新课改下教学，想运用这种新的教学方法。但是在教的过程中，不得不把成绩排在第一位。有时想用新的教学方法，但是在课堂上又不得不转回去强调知识点，又回到老路上了。"四川省南充市某高中地理老师说："如果学校只以考试成绩来衡量教学效果，那对于未真正转变教育理念的教师来说，课改可能就会变味了。有可能打着课改的旗号，还采用以前的纯讲解的教学方式，然后用题海战术让学生一个个地掌握知识点。所以评价方式要多样化，更加注重我们教师的教学行为和教学过程，才能在新课改下、在教材变动的情况下，主动地改变我们自己。"可见，不少高中对教师的评价取向出现偏差，没有起到应有的激励作用；评价指标单一，主要还是看学生考试成绩；评价主体出现偏差，学校领导是评价主体，而未能建立以教师自评为主，校长、教师、学生、家长共同参与的评价制度；评价方式也比较单一，忽视了诸如与教师面谈、学生参与评价等重要环节。这种教师评价制度多着眼于教师个人的工作表现，评价的结果常与晋级、加薪、奖金、升职等利益关系联系在一起，是一种较为明显的奖惩性教师评价。虽然这种评价制度在一定程度上对学校管理和教师专业发展起到了积极作用，但从长远来看，这种形式单一且自上而下的评价制度对教师整体素质的提高影响有限，在很多情况下还有可能起到消极的作用。这也就严重影响了教师的自主性和创造性，制约了教师对新课程的认同感，也使不少高中老师产生困惑迷茫的心理。"迷茫心理是对所遇到的问题因不能把握而无所适从的心理状态。"① 在实际教学中，学校一方面在执行高中新课程改革，另一方面更多的是在应对升学压力，导致一线教师左右为难，是按新课改的要求进行工作还是注重应试以对付沉重的升学压力？一线教师对高中新课程改革的前途还是心存迷茫，不愿全身心投入到课改中去。正如重庆市某高中语文老师指出的那样："目前，课改声势浩大。但是高中主要还是看升学率，别的都不看，所以平时的工作重心还不如就放在考试上。"事实上，科学的教师评价体系是实现课程目标的重要保障，对教师的评价不能仅仅以学生学业成绩作为唯一的评价标准，而要实施对教学全过程的有效监控。否则，仅仅注重学生的学业成绩，很容易让教师盲目地追求教学结果，把应付考试作为教学目的，而忽视了学生学习思维、方法和技能的培养。

（五）大学力量的支持

实际上，大学与高中合作是高中新课程改革的应有之义。高中新课程改革是一个复杂的过程，学校办学特色的认定、校本课程方案的研制、师资的培训以及教学过程中的指导评价等一系列问题，决定了高中新课程离不开学校外部教育力量的沟通与协调、指导与监督。美国学者瑞斯（Hess Rice）认为："合作就是围绕共同目标的实现，把各组织的资源、信息、权利、兴趣进行再组织、再调整而产生一个新的有机体的过程。"② 一般而言，合作关系的建立至少要满足三个条件：合作者之间存在着差异；满足合作双方的利益；双方充分的无私以保证双方成员

---

① 胡永新：《新课改中教师不良心态及其矫正》，《现代中小学教育》2004 年第 7 期。

② Elisabety Hess Rice, The Collaboration Process in Professional Development Schools, *Journal of Teacher* Education. Vol. 53, 2002.

的利益。[1]在高中新课程改革过程中，大学与高中建立合作关系的目的不仅是资源和信息的共享，还有实现双方利益的相互满足。其一，有利于高中新课程改革的规范性。大学课程专家、学科专家的参与是高中新课程改革取得实效的重要保障。大学有着丰富的教育资源，包括教育研究信息、政策信息和实践信息等。目前，高中新课程改革中存在缺乏理论支撑、低水平重复等问题，其症结很大程度上在于学校封闭自我，未能与大学建立合作伙伴关系，从而缺乏专家的纵向引领。综观国外新课程改革，大学在其中所起的作用相当重要。我们应借鉴他们的成功经验，建立高中与大学之间稳定而长期的合作关系，从而提高高中新课程改革的有效性。其二，有利于高中教师的专业发展。高中新课程改革对于高中教师而言，是一项新的挑战。如何实施高中新课程、如何开发校本课程、如何评价课程等，都需要一定的课程知识与能力，而高中教师显然在这些方面存在着很多不足。因此，就需要大学课程专家、学科专家协助解决。他们具备丰富的课程理论知识，不仅能给予高中教师一些新知识、新技能以及新的发展思路，还能把研究反思的精神带给高中教师。正是在这种合作中，高中教师获得了专业成长。大学与高中合作可以使高中教师发生显著变化，其中最主要的变化就是唤醒了教师的主体意识和研究意识，使教师在日常的工作中逐渐达到一种研究的自觉状态。

（六）学生因素

学生因素也是影响高中教师新课程认同感的重要因素。教师要主动适应新教材、创造性地使用新教材，学生现有的发展水平是关键。四川省某高中地理老师指出："很多学生在初中没有系统的地理基础知识，缺少相关的知识储备，高中地理学起来就会很吃力，更不要说培养起地理空间思维能力了。所以，新教材对他们来说有时很难，我们必须对初中的地理知识做一些相应的补充讲解。在这种情况下，要促进学生转变

---

[1] Kenneth A. Sirotnik, John I Goodlad, *School – University Partnerships in Action*, New York: Teachers College Press, 1988, p. 16.

学习方式，对老师来说是一个很大的挑战。何况，一个班里的学生千差万别，班与班之间也有差距，例如快班和平行班。学生现有的认知水平没有与新教材衔接上，很多教材上的东西无法做到面面俱到。"四川省某高三老师教师认为："像我们学校的学生，要是让他们完全自己去进行自主、合作、探究学习的话，还是存在一些困难的，他们以往的学习习惯对老师的依赖性是较强的。所以，要是让学生们自己去进行自主、合作、学习的话还是需要一定的时间的。我们不能够马上全部放手，还是需要做一些引导的。特别是对于一些基础薄弱的学生来说，他们原来的知识框架掌握得就不是很好，你若让他们进行自主学习是比较艰难的，所以他们就有可能放弃学习。"由此可见，学生的发展水平与教师的新课程认同感也有着密不可分的关系。

### 三、教师因素

教师是影响高中新课程改革的关键因素。美国学者本尼斯（W. Bennis）认为："变革过程中会遇到各种阻碍，其中最大的阻碍便是教师的惰性，这在课程变革中表现得最为明显。"[①] 这里的"惰性"，我们可以把它理解为"习惯做法"。作为高中新课程改革的直接实施者，教师能否主动适应新课程是课程改革成功与否的关键。而教师个体对高中新课程的认同感，其自身因素的影响作用是极其重要的，这包括教师的教育观念、知识储备、能力素养等。

高中新课程改革提出的新理念和目标，要求教师具有较高的素质。同时，较高的教师素质反过来也有利于新课程理念的实施。所以，我们认为，教师素质越高，越容易接受新的教学理念，对新课程改革方案的认同感就越高。而教师必须及时更新教育观念，优化知识结构，提高教育能力，提升自身素质，更好地理解新课程理念。

---

① 联合国教科文组织国际教育发展委员会：《学会生存——教育世界的今天和明天》，华东师范大学比较教育研究所译，教育科学出版社 1996 年版，第 45 页。

（一）教师的教育理念

教师的教育理念对于其认同新课程有着直接而深刻的影响。教师若是真心热爱教育事业，拥有先进的教育理念和追求，能够积极践行新课改的精神，就会不断深入探索和研究更科学合理的教材利用方法，以最大限度地利用教材本身蕴含的价值。叶澜教授指出："教师应该具有与时代精神相通的教育理念，并以此作为自己专业行为的基本理性支点。"① 在高中新课程改革的背景下，教育理念的形成或更新至关重要，教师要能够紧跟时代发展的步伐，转变传统的教育教学理念，形成新的教学观和学生观，才能更好地使用新教材为自己的教学服务。

1. 教学观

传统的教学观注重教师对学生的单向知识传递，因此在课堂上教师常常成为教学的主体和中心。在这样一种观念的主导下，教师认为讲的越多，学生学到的也就越多。这种传统的教学观一旦根深蒂固，教师即使使用了新教材，却仍然采用以往的教学方式，就会出现"穿新鞋，走老路"的循环。在调查中也发现，很多高中教师都已经习惯了传统的教学方式，对大部分课程内容已经非常熟悉甚至能倒背如流。而新课程要求的教学方式则打破了他们旧有的思维模式，并对他们已有的教学内容及教学方式提出了挑战。重庆市某农村高中历史老师指出："高中新课标倡导探究式学习、合作学习、自主学习。但长久的教学经验，使得教学习惯一时无法转变。只能在不断地探索和学习中寻找新课标的实施路径。"重庆市某农村高中英语老师说："我们毕竟是乡村学校，很多老师年龄也比较大，接受那些新观念可能没有那么快。"甚至高中新课程使得许多农村教师产生了抵触心理。一些老教师认为，新的教学方式使自己与年轻教师处在同一起点上，他们担心自己难以适应这种竞争，会影响到自己在教师群体中已经树立起来的威信。一些年轻教师则认为，

---

① 叶澜：《新世纪教师专业素养初探》，《教育研究与实验》1998 年第 1 期。

新的教学方式与自己上学时接受的方式不同，所以不知如何做出调整。鉴于此，大多数农村教师对新的教学方式产生了焦虑。

2. 学生观

学生观是现代教育理念的重要组成部分，这是因为教育活动不能缺乏学生的主动参与，成功的教育也必以对学生的正确认识为前提。所谓学生观就是对学生的认识和看法，它是教育观的基本构成。学生观具有时代性，不同的时代有不同的学生观。我们所要建构的就是能够体现时代特征和教育要求的学生观。理想的学生观是教育理论和教育实践的一个最基本问题，没有理想的学生观就没有理想的教育思想体系和教育方法体系。正确认识学生的本质特征，树立理想的学生观，不仅是教育理论的重要问题，也是教育实践的重要问题。教师只有准确把握理想学生观的内涵，并将之有效运用于教育实践之中，才能明确教育的价值取向。

随着信息社会的到来，这个时代所需的理想的学生观也必然要带有这个时代的特点。传统的学生观强调教师是整个教学活动的主导，是整个课堂的中心，学生只是被动的接受者。而在课程改革背景下，新的学生观将学生放在了主体位置，注重教学中的师生平等交流和讨论互动，教师要让学生积极、主动地学习，培养学生发现问题、提出问题、探索问题、解决问题的能力，满足不同学生的学习需求。学生在教学中的这种主体性表现在以下几个方面。其一，对教育影响的选择性。学生对教师的教育影响并不是无条件接受的，他有根据主体意识（积极的或消极的）进行选择的权力，这就要求教师的教学要最大限度地适应学生的需要。其二，学习的独立性。学生学习的现有水平、学习的目标与追求、制约学习的个性心理特征等是各不相同的。教师的教学要注意因材施教。其三，学习的主动性。学生学习活动的主动性、自觉性是学生学习主体性的本质体现。教师的教学活动要建立在学生对学习的自觉的、主动的、自我追求的基础上。其四，学习的创新性。学生完成学习任务的方式、方法、思路以及对问题的认识等，并不一定完全按照教科书或教师预定的"轨道"进行，往往表现出一定的创新性。教师在教学中要允许并鼓励这种创造性，并把它看作是学生创造能力发展的表现形式。高中新课程将新的学生观融入其中，让学生能够自主、合作、探究地学习。如果教师仍然忽略学生的主体地位，那么在使用新教材时就会遇到困难，无法适应新课程的改变，进而出现与新课程背道而驰的局面。

（二）教师的知识结构

教师的知识水平是影响其认同新课程的重要因素之一。教材不仅仅是知识的罗列，还包含着许多更重要的东西，如思想、情感等。一个教师能否很好地使用教材，关键在于能否深度挖掘隐含在教材内部的东西。而能否做到这些，和教师个人的知识水平、文化素养有着很大的关系。国内外学者对于"教师知识"的概念界定不一，20世纪80年代以后，教师知识逐渐受到广泛关注。美国著名学者舒尔曼（L. shulman）基于对以往教师知识领域的考察和研究，认为"教师知识包括七种：学科知识、课程知识、一般教学法知识、学科教学法知识、学习者及学习特征知识、教育情境知识以及教育理念和价值观的知识。"[1] 舒尔曼关于教师知识的研究框架对后继的研究产生了深远影响。后继研究者多是对其框架进行修改与完善。比如，格罗斯曼认为"教师知识应包括内容知识、学习者和学习的知识、一般教学法知识、课程知识、背景知识和自我知识六部分"。[2] 国内学者对教师的知识结构也进行了探究。林崇德等学者从心理学角度考虑，认为"教师知识主要由本体性知识、条件性知识和实践性知识等三部分构成"。[3] 根据教师知识实际存在方式的不同，陈向明认为，"教师知识分为理论性知识和实践性知识。前者通

① 胡谊：《专家教师的教学专长的知识观、技能观和成长》，《华东师范大学学报（教育科学版）》2000年第2期。

② P. L. Grossman, Teachers´knonwledge in Torsten Husen and Neville Postlethwaite, *The International Encyclopedia of Education* ( Vol. 10)，Pergamon, 1999, pp. 6117 – 6621.

③ 林崇德、申继亮：《教师素质的构成及其培养途径》，《中国教育学刊》1996年第6期。

常呈外显状态，包括学科内容、学科教学法、课程、教育学等原理类知识。后者通常呈内隐状态，包括教师在教育教学实践中实际使用和（或）表现出来的知识（显性的和隐性的）。"① 高中新课程呼唤综合型的教师，要求教师具有复合型的知识结构，既要具备精深的学科专业知识和广博的一般性文化知识，又应具备基本的教育科学知识和丰富的实践性知识，以更好地适应新课程改革的要求。

1. 教育理论知识

对教师而言，教育理论知识就像一盏指路的明灯，为教师主动地适应新课程照亮方向。同时，它可以帮助教师更好地理解新课程改革的理念和精神，并转化为自己的东西。四川省某高中地理老师说："其实教育理论知识，以前在学校也系统学过。但是工作以后，重心放在了教学实践上，教育教学理论也只有在培训时才再次接触。越来越觉得原来掌握的这方面的知识远远不够，因为这些知识都会随着时代的发展变得更加丰富。如果不能及时跟上，就会落后。比如说，自从新课改以后，我们要学习新的教学方法，并结合自己的实际来具体运用，那么我们就必须去学习促进学生自主学习、合作学习、探究学习以及在课堂上具体操作的方法，这些都需要我们具备足够的教育学、心理学知识，否则，实施起来、改起来就很困难。或者即使改了，也只是知其然不知其所以然，结果只能停留在表面。"

2. 学科专业知识

与旧教材相比，高中新教材增加了很多新的内容，且与我们的生活息息相关。重庆市某高中语文老师指出："教材的变化让我明显感觉到已有的学科知识不够用，教师就应该是'终身学习'理念的贯彻者，要在不断学习的基础上提高自己。以前拿着教材我就能上，现在拿着这本新教材，我不知道怎样上才最好，我需要通过不同的途径来查找各方

---

① 陈向明：《实践性知识：教师专业发展的知识基础》，《北京大学教育评论》2003 年第 1 期。

面的资料，以此弥补我的不足，我急切需要专业支持。平时，我也经常给自己'补课'，加强自己专业知识和教育理论知识的学习；我常常去听别的老师的课，也经常参加一些赛课，希望在这个过程中学到更多的教学技巧。现在的教材对教师提出了更高的要求，如果我还在原地踏步的话，恐怕会跟不上时代的要求了。现在呼吁新型教师，我希望通过自己的努力能让自己更加符合社会的要求。"重庆市某高一历史老师指出："在学科知识方面自己还需要加强，还需要努力，对很多知识点还不是太熟悉，所以说还需要进一步加强。"任何一门学科都不是静止的，它会随着社会的进步而不断充实和丰富。所以，随着新教材的变动，高中教师应不断提高自身的专业知识储备，这样才能在备课时游刃有余，在讲课时达到既定教学效果。

（三）教师的能力素养

教师的能力素养，也同样影响着教师适应新课程的程度。

1. 教学基本能力

高中教师教学基本能力的有限，将使教师在调动学生积极性、调控课堂时出现困难，这也将极大地制约新课程的实施。某高中历史老师说："新教材的变化，导致我们的教学方式要相应调整。以前的课堂是教师讲学生听、教师提问学生回答、教师布置作业学生完成。可是，现在要求老师少讲、精讲，要让学生自主学习和合作探究。这样一来，不仅对教学技能，而且对课堂管理能力提出更高的要求。比如说，我布置了题目让学生讨论，你并不能保证每一个学生都在认真交流，有些甚至利用这个机会讲话。这样一来，课堂时间就被耽搁了，说不定还没有原来直接讲学生学到得多。要保证合作探究的效果，老师不仅要保证活动的趣味性，而且要想办法调动学生的积极性。如何组织和管理课堂，让他们全身心参与到你的问题中，达到想要的效果，这是一个很大的挑战。"有些农村高中教师教育理论素养不高，再加上缺乏必要的指导和培训，对自主学习理解肤浅、认识模糊，没有抓住自主学习的本质，难于用自身所学的理论知识指导自主学习实践。部分教师只注重教学形式，在教学实践中生搬硬套他人自主学习的模式，对实际课堂的特殊性欠缺考虑，从而出现了教学方式与学生接受能力相脱节的现象。

2. 教育研究能力

长期以来，从事教学实践的中学教师往往被排除在研究者之外，他们只是被动地听从教育研究者或课程专家的指导，成为研究的成果或知识的接受者。教师成为研究者，意味着教师不再是一个旁观者，不再等待专家学者去研究与制定一套改革的方案与方法，而是教师自己在实践中进行研究，这样不仅可以提高教师工作的责任感，而且可以形成教师对教学活动的自觉意识，不断对自己的教育行动加以反思、研究与改进，从而促进自己专业水平的提高。苏霍姆林斯基（B. A. Cyxomjnh-cknn）早就指出，如果"想让教师的劳动能够给教师带来一些乐趣，使天天上课不至于变成一种单调乏味的义务，就应当引导每一位教师走上从事研究这条幸福的道路上来"。① 教师成为研究者也意味着改变教师的职业形象，使教师不仅具有崇高的社会地位而且具有崇高的学术地位。在高中新课程改革推进过程中，教师要尽快地适应新课程，必须及时解决课程实施中出现的问题，因此教师必须以研究的心态置身于教学情境中，以研究者的眼光分析教学实践中的困难，从而进一步寻求解决困难的途径。正如四川省某农村高中数学老师指出："高中新课程改革2010 年 9 月在我省正式启动，这为我们新一轮教学改革指明了方向，同时也为教师的发展指明了道路。新课程需要的是研究型、学者型甚至是专家型的教师，因此，作为教师的我们必须认真学习数学新课程标准和现代教育教学理论，时刻反思自己的教学实践并上升至理论高度，把理论与实践真正结合起来，尽快适应数学新教材的要求。"

3. 交流合作能力

---

① ［苏］苏霍姆林斯基：《给教师的建议》，杜殿坤译，教育科学出版社 1984 年版，第 494 页。

在保守色彩浓厚的传统教师文化氛围熏染之下，教师往往独自处理各类教学问题，奉行"专业个人主义"，因此，当前教师间的合作通常来说是比较肤浅的，即使有一定的合作，也多是浅层的交流。在这种传统的教师文化氛围中，教师们经常是互不干涉，各行其是，课堂是教师们自己的天地。因此，"教师的教学思想、教学态度会被环境所同化，也就会日复一日重复相同的劳动，无法对自我教学做出横向和纵向的比较，缺乏竞争意识和批判精神。"①

教师与教师、教师与学生之间的沟通与交流，也会影响高中教师对新课程的认同感。事实上，每位高中教师对新课程改革都有自己的看法。教师可以利用这一差异性，与同事进行专业交流，取长补短，共同研究新课程、适应新课程。统计结果显示，大多数教师合作意识较强，有88.6%的教师遇到困难时乐于与其他教师交流，合作意识较强。有79.4%的教师认为"教师团结协作对我很有帮助"（见表3.2）。这说明多数教师赞同教师协作对自己的提升有帮助。但也有部分教师认为教师团结协作对自身发展不是很有帮助，说明教师团结协作效果不理想，提高教师合作效果是提升教师认同感的一条途径。四川省某高中地理老师指出："同事与同事之间的合作，不能局限于表层。其实作为地理老师，我们不要把范围就锁定在这个圈子，还可以和其他学科、其他年级的教师沟通。还要找准机会，例如我们通常是在集体备课的时候互相交流，交换备课意见。"另一方面，高中新教材不仅是教师教学的依据，同时也是学生学习的材料。因此，教师就可以从学生那里获得反馈性意见，进行自我反思，从而更好地适应新教材。

比如，针对研究性学习而言，就需要教师具备良好的交流合作能力。研究性学习活动过程复杂多变，充满不确定性，对教学水平提出了更高的要求，这就需要教师之间进行亲密合作才能保证探究活动正常进

---

① 弓青峰：《影响教师教学行为的因素分析及对策》，《教育理论与实践》2006年第1期。

行，所以当前的教师合作关系不能满足研究性学习对教师合作的要求。首先，在进行课题研究时，往往需要教师帮助学生联系专家、社区、家长或者企业负责人等，这就要求教师发展多层次、全方位的人际交往能力，为学生解决研究困难。其次，在研究性学习过程中，很多时候会遇到一个教师无法克服的困难，需要教师之间相互交流，共克难关。再次，有些研究性学习课题需要几个教师合作指导，为学生的研究行为提供便利。

教师的生活圈子单纯，习惯于单兵作战、独自面对教学困境，而研究性学习不仅需要教师与其他教师合作，还需要教师与不同学校甚至不同社会机构合作，否则就会影响课程实施的成效，这对教师是一大挑战，也反映出目前的教师之间的交流与合作还有进步空间。

4. 信息技术应用能力

教育部颁布的《基础教育课程改革纲要（试行）》中指出："大力推进信息技术在教学过程中的普遍应用，促进信息技术与学科课程的整合，逐步实现教学内容的呈现方式、学生的学习方式、教师的教学方式和师生互动方式的变革；充分发挥信息技术的优势，为学生的学习和发展提供丰富多彩的教育环境和有力的学习工具。"高中新教材中的很多内容，需要借助多种现代化手段才能呈现，这就要求教师必须熟练地运用现代信息技术高效地获取信息、整理信息、加工信息，从而更好地使用信息来为自己的教育教学服务。

（四）教师角色

"角色"概念是从戏剧中借用引申而来，是指处于一定地位中并按其相应的行为规范行为的人，而不是指行为规范或行为模式，更不是指行为本身。教师角色是指教师在与学校课程有关的关系中所表现出的一种身份并由此而规定的行为规范和行为模式的总和。高中新课程理念并不是教师在传统教育教学中运用的理念，对教师的思想观念和教学实践都提出了很大挑战，这促使教师对传统角色进行重新定位和理解。每一位教师都要在这场变革中重新找到自己的位置，适应新课程对教师角色的要求。比如高中学分制的实施必须以大量多样化的选修课程为前提，教师不再仅仅是课程的讲授者，还是课程的研发者。同时，高中新课程中的大量选修课也打破了原来知识间的线性关系，多学科知识的横向联系使得单个教师难以较好地完成对学生的指导。所以，为了每一个学生的发展，教师要由过去"孤独的教学者"走向"合作的指导者"。

（五）教师职业压力

高中是人生发展的十字路口，高中是重要的教育阶段，高中教师不仅肩负着教学重任，更承担着指引学生前途的责任。在沉重的教学任务压力和心理压力之下，教师容易出现职业倦怠问题。

1. 心理压力

教师的心理素质是指表现在教师身上的那些经常的、稳定的心理特征，具体而言，包含认知、情绪、兴趣、个性、社会情感等内容。教师长期固守的教学模式早已随着教龄的增长成为一种习惯，传统的课程理念和教学观念难以一时抹去，高中新课程中蕴含崭新的课程观、教学观和师生观也不能短时间内被教师内化为合理的教学行为。因此，面对新旧观念的碰撞和磨合，高中教师在接触新课程之始，难免产生一些畏难情绪，甚至有部分教师出现了迷茫、急躁、焦虑、失落等消极的情绪反应及情感状态。高中教师在接触新课程过程中发生的各种心理反应不仅影响着课程的实施，更直接影响了教师的自我发展。学校要重视教师的情绪反应及情感状态，关注他们适应高中新课程过程中产生各种消极情绪的体验及产生原因，从而对教师群体中出现的共性情绪进行积极的引导和帮助。

2. 教学压力

在当今竞争激烈的社会环境中，教师已经成为职业压力最大的职业之一，高中教师的处境尤为艰难。新课程改革对高中课程体系、结构、内容、评价和组织管理等，都带来了新的变化和突破，是课程改革中一次整体性的创新和转型。某语文老师说："新课程改革后，语文教材发生了很大的变化。以前是一学期教一本教材，现在一学期要教两本教材，相当于教材的容量增多了。完成规定的语文教学任务之后，我还得为研究性学习课程备课，指导与语文知识相关联的课题研究。备课内容增多了，就要延长备课时间，重要的是，教师还必须联系高考，改变以往的教学方式，这就要花更多的时间和精力去熟悉和平衡专业课教学和研究性学习，教师压力很大。"为了保质保量完成学科任务，为了保证学生成绩平衡，教师已经很疲惫。课下时间，还必须为研究性学习备课，指导学生进行实践活动，教师承受的教学压力可想而知。随着高中新课程的实施，许多高中实施了走班制，北京市十一学校、青岛一中等学校已经"走"得相当成功。高中走班制教学是一种尊重学生个体身心差异性和选择权的模式，同班级授课制相比，走班制一方面以教学班为基础，秉承集体授课的特点保证教学效率，另一方面不仅有利于高中生独立意识的形成和发展，还尊重了他们的个体差异性和自主选择权。但走班制在我国尚不成熟，选课走班在某种程度上加重了教师的工作负担。例如人民教育出版社在 2005 年进行的一项关于高中走班制的调研结果便证明了这一点："93.06% 的教师认为分层走班加重了教师的负担，82.53% 的教师认为加重了学生的负担。"[1]

## 四、课程政策因素

课程政策是一个国家对课程改革与发展做出的官方规定，其核心在于对课程权力分配做出回答。课程政策不仅反映了本国的政治、经济和文化情况，而且对课程实践给予了相当的约束力，因而也就必然成为学校课程规划的重要基础。实际上，课程政策本身的明确性、清晰性、复杂性等都影响着新课程的实施。比如，课程标准是国家对基础教育课程

---

[1]　秦聪、王阳：《分层走班制教学的探索与困惑——对实践误区的政策学分析与反思》，《吉林教育学院学报》2014 年第 1 期。

的基本规范和质量要求，也是教材编写、教学、评估和考试命题的依据。而教师在使用教材的过程中也应该以新课程标准作为指导依据。在实际的教学过程中，高中语文教师对新课程标准有怎样的看法呢？重庆市某高中语文老师指出："新课程标准对语文课程提出了更高的要求。从审美教育方面来说，要促进学生的知情意全面发展；从感情发展方面来说，要让学生受到美的熏陶；从审美意识方面来说，要培养他们自觉高尚的审美情趣；从培养语文素养方面来说，要为具有不同需求的学生提供更大的发展空间，激发学生创作诗歌散文的兴趣，要让学生学习鉴赏诗歌、散文的基本方法，从不同角度和维度发现作品意蕴，从而不断获得新的阅读体验。"由此可见，这位教师们对语文新课程标准的基本理念是认同的，并有自己独特的认识和见解。然而，目前我国制定的高中课程标准与时代要求和师生需求仍有一定差距。比如，有研究者指出："现行高中生物课程标准列举的'行为动词'并非纯属行为动词，不同水平层次的'行为动词'对学生的认知要求存在重叠和模糊性。"[①]再如，我国当前实行九年义务教育，高中未纳入义务教育阶段，这就使得编制初中教材时参考的是义务教育阶段的课程标准，而编制高中教材时使用的是高中的课程标准，这就会导致初高中教材衔接出现一定的问题，从而影响高中教师对新教材的认同感。

在此，我们可以以高中综合素质评价改革方案为例进行分析。作为我国高中新课程改革的重要课程政策，综合素质评价方案现存的问题直接影响了教师和学生对其的认同感。伴随着课程改革的推进，高中阶段的学生综合素质评价改革也在全国范围内展开。高中综合素质评价的实施可谓喜忧参半，一方面这项政策的实施对于提高学生的综合素质、促进学生的全面发展，以及推动高中的深层次改革等确实具有积极作用；但另一方面，其在实施过程中也存在一些难以克服的困难。实际上，这

---

① 郎启雄：《普通高中生物课程标准（实验）评析》，硕士学位论文，陕西师范大学2011年，第1页。

些困难的出现与高中综合素质评价改革方案本身存在的问题具有很大关系。[①] 其一，具体评价指标难以测量。依据数据表征的测量结果进行评价一般被认为是最具有公信力的评价方式，这也正是分数评价能长期得到公众认可的重要原因。但学生综合素质评价属于间接测量，一般不能获得具体的数量表现形式。所以，如果不加区分地将一些难以客观测评的指标纳入指标体系，就必然影响整个评价的质量。可是，各地评价方案的指标体系中或多或少包括这些难以测量的指标，如很多省市都将"了解省情、国情""关心国家大事""有建设家乡的愿望""具有奉献精神"等纳入综合素质评价指标体系中，或者在综合素质评价方案中设置了学习动机、意志、个性、心理健康等指标。这些道德品质和心理品质的评价难度很大，并且容易受到个人爱好、性格、心情等诸多因素的影响，特别在关系到能否顺利毕业、升学等高利害情境下，学生个体在接收评价时受到的影响更大，即使请专业的心理学工作者来实施，也很难获得高信度和高效度的评价结果。其二，各评价主体的评价结果在总体评价结果形成时所占权重的分配比例不统一。此次的综合素质评价改革要求改变单独由教师评价学生的做法，让学生、同伴和家长等多主体参与到评价中，使评价成为多主体共同参与和协商的活动，然后参考各主体的评价结果，再形成统一的评价等级。但各地对各主体的评价结果在总体评价中所占权重的划分却不同。如《江西省普通高中学生综合素质评价实施方案（试行）》（赣教基字〔2008〕65 号）规定在评价结果的最终计算中，各项均按学生自评占 20%、学生互评占 30%、教师评价占 50% 的比例进行整合；《关于印发安徽普通高中学生综合素质评价方案（试行）的通知》（教基〔2007〕6 号）则建议各项按照学生自评权重占 10%、学生互评占 40%、教师评价为 50% 的比例进行整合；宁夏回族自治区更是为各个指标分别制定了不同的权重计算方式。其三，

① 李宝庆、樊亚峤：《高中生综合素质评价方案：问题及改进》，《教育发展研究》2012 年第 10 期。

等级评定过程繁复，教师工作量大。评价工作从开始到评价等级最终确定之间包含了大量繁复的工作，这就造成了教师工作量过大的问题。以《宁夏普通高中学生综合素质评价实施办法（试用）》为例，评价内容主要分为模块修习情况评价、基本素质发展状况评价、综合实践活动评价和高中阶段综合素质终结性评价四部分。其中，模块修习情况评价采用定量评价的方式，由各科任课教师完成；基本素质发展状况评价需要教师按学生自评成绩×20% + 学生小组评价成绩×30% + 教师评价成绩×50%进行等级确定；综合实践活动评价则按研究性学习、社会实践、社区服务三个方面分别按权重计算成绩再总合；高中阶段综合素质终结性评价更是涉及学生高中三年所有选修课修习情况、学业水平测试、综合实践活动、基本素质评价、突出表现特长与奖励情况五个部分的权重计算及综合。我们认为，即使有电子评价系统的帮助，老师要完成一个班级所有学生的评语书写、材料认证、评价等级确定等的工作量也是极大的，这极易导致教师对评价工作产生抵触情绪和敷衍行为。

### 五、教材因素

#### （一）高中新教材的容量

根据调查，高中教师反映最为强烈的问题是课时与教学容量之间的矛盾。这一矛盾的出现对于高中新课程标准精神的贯彻、新教学方式的运用都是不利的。在访谈时，重庆市北碚区一名高中语文老师指出："教材发生了很大的变化，以前是一学期教一本教材，现在一学期要教两本教材，在第八周就必须教完一本书，在第九周进行测试。教材的容量增大，教学容量和教学时间之间的矛盾加大，导致教师对教材的挖掘不深入，不能完全利用好教材的价值。"她接着指出："使用本教材的过程中最大的困难是备课量大，新课改要求较高，学生素质难以达到，这个度难以把握。我们的教学常常出现遗憾，对于选文的诸多问题我们根本没有时间讨论，很多时候都处于'山重水复疑无路'的低谷就只好罢休，根本无法走上'柳暗花明又一村'的路。作为教师，我们只能对学生说'由于时间的关系这些问题就无法一一作答了'。并且对于一些有难度的选文，如何让优秀的学生'吃得好'，让一般能力的学生'吃得饱'，让学习有困难的学生'吃得下'，都是令教师们头疼的问题。"这位老师还抱怨："现在用的教材总体感觉质量不是很高，一个是系统性和配套性差，有的只有阅读教材，没有写作教材，或根本就没有涉及写作的问题，教起来很麻烦。二就是有的教材还出现了硬伤，文言文断句都能断错，有的新教师开始就按错的教了，还要再去更正，老师们意见很大。另外，有些课文还存在字词误用、漏字、译错和注释太过简单等现象。"重庆市某农村高中数学老师指出："数学知识量很大，如果每节课都按新课改的理念来做，根本完不成任务。数学内容难度大，学生理解困难。我们学校是一所农村中学，实施也较困难。我觉得教材编写最好不要太散，虽然说是新课程，但是知识点如果太散的话，学生学习起来就会感觉很混乱，一会儿学一点儿这儿一会学一点儿那儿，越学越混乱。"重庆市某农村高中历史老师指出："本来嘛，几本书还挺薄的，我们按那个国别史教的话，以前的还好讲，现在内容太多了，要讲的东西太多了，课程太多了。"课时不够，就有可能导致教师继续一贯的"接受式教学"或是"满堂灌"，而忽视学生的自主学习和探究学习。可见，教材容量影响了教师对新教材的认同感，教师在实际教学中使用教材时也就产生了很多的困惑和问题。

（二）高中新教材的难度

当前高中新教材与旧教材相比，在总体难度上有所降低，但新教材仍存在着偏难的问题。重庆市某农村高中英语老师深有感触地指出："英语本来就是高中教学的重难点，使用新教材以后，不能否认新教材具有明显的优点，但难度也不小，单词量、信息量都非常大，教师有时也感觉非常吃力。而且我们学生水平不一致，学生分化也比较明显，新教材也拉大了这种差距，有的学生对英语甚至失去了兴趣。这是我们最担心的。"重庆市某农村高二数学老师指出："内容太散，没有以前的教材集中。新增的部分内容对学生来说太难，没必要学习。我还是比较认同旧教材，因为它的知识点非常紧密，而现在的新课改，知识有点儿散，不仅是有点儿散，还结合了大学的有些相关知识，我觉得这些好像不是太重要。"这位数学老师一方面指出高中数学教材的逻辑性、系统性有待提高，另一方面也指出数学教材有些内容仍然偏难。

### 六、社会因素

（一）文化因素

课程与文化有着天然的血肉联系。作为课程的母体，文化决定了课程的价值观和内容选择等各个方面。有什么样的文化，就有什么样的课程。文化与课程改革的关系越来越紧密，文化因素对课程改革的影响也逐渐引起广泛的关注。课程与文化之间存在着天然的亲缘关系。在影响课程改革的诸多因素中，文化对课程改革的影响最为基本，其影响处于最深层并且较为隐蔽。文化从其结构而言，通常包括价值观念、思维方式、行为模式、情感态度、知识经验等基本成分，从其表现形式而言，通常有观念文化、制度文化、行为文化和物质文化等。这种由文化的各种要素与表现形式构成的立体场域，对课程改革的许多方面均有不同程度的影响，所以它们共同构成了课程改革的文化境域。课程改革是在一定的文化境域中进行的，它必须深深植根于本国的文化传统，从而使其与本土文化相适应。诚如丁钢教授指出："任何课程或知识的发展和创新实际上都必须考虑本土的文化处境。"[①] 文化是课程改革的背景，是课程政策和课程制度的"土壤"，课程改革能否顺利推行，关键是看这"土壤"能否为新课程提供合适的生长环境。[②]

---

① 丁钢：《课程改革的文化处境》，《全球教育展望》2004 年第 1 期。
② 刘志军、王振存：《新课程改革视野下的学校文化建设》，《教育科学研究》2009 年第 2 期。

　　我国文化是根植于传统农耕型社会的一种文化,这种文化形态带有一定的封闭性,从而形成了人们安于现状、不愿开拓进取的观念。于是,"文化落后、信息闭塞等原因使得农村教师生活的环境中带有农村传统落后文化的印迹。在教学中他们缺少交流,固守着旧有的教学方式;在教学实践中他们存有惯性和惰性,创造性受到压抑。"① 因此,传统文化的保守性和封闭性影响了农村高中教师使用新的教学方式。再者,中国是一个礼俗社会,这种文化强调高低贵贱,反映到教育领域中就是教师地位的绝对权威性。在农村学校,"师道尊严"的观念已深入人心,教师具有绝对的权威。而高中新课程倡导的新的教学方式要求教师成为学生学习的合作者、参与者和引导者,这样就使高中教师以往树立起来的权威者形象受到挑战,从而也就影响他们对新教学方式的运用。

　　(二)经济因素

　　经济发展不平衡是高中新课程资源配置不合理的根本原因。城乡二元结构是我国经济和社会发展中的典型特点,是在长期计划经济体制下形成的,在城乡二元结构、高度集中的计划体制下,形成了一种忽视地区差别和城乡差别的"城市中心"的价值取向。改革开放以来,我国经济的特点是快速发展与不平衡发展共存,表现为东西部经济发展、城乡发展以及阶层发展的不平衡,这些差距不仅导致了各种社会问题的出现也使得各级各类教育呈现非均衡发展的态势。比如,重庆市是一个由大城市和大农村组成的、二元结构特征非常突出的直辖市,大城市与大农村、大工业与大农业并存是重庆市的基本市情。因而城乡之间的教育发展水平差距相当突出。针对重庆的特殊市情,中央财经领导小组办公室在调查后就曾指出:"城乡二元结构明显,是重庆历史形成并将付出长期努力才能缓解的深层次矛盾。"② 突出的城乡二元结构,以及长期

---

① 何元林:《教师教学观念转变的阻力简析》,《教学与管理》2001 年第 5 期。
② 杨庆育:《加快和谐重庆建设步伐　建设城乡统筹发展的直辖市》,《重庆行政》2007 年第 2 期。

的城市优先的教育发展政策，使我国高中出现较大的城乡差距，从而使得高中教育资源在配置上存在明显的失衡现象，优质教育资源过多地向城市学校倾斜。

### 七、学生家长因素

当前，读书考学的观念仍根深蒂固。家长送孩子上学的主要目标是希望孩子学业成绩好，将来能考一所不错的大学，能有一份不错的工作。许多家长都有让自家孩子上大学的梦想，所以家长就把学生的考试分数和学校的高考升学率作为衡量一个学校好坏的唯一标准。正如江苏省一位高中数学老师指出："作为数学任课教师，平时很少有家长主动和我交流，了解孩子的学习情况。可是期末考试后，就会有家长主动联系我，但是问的唯一问题就是孩子数学考了多少分，年级排名多少。他们主要关心的是孩子高中毕业后是否能够考上大学，读书考学的这种观念根深蒂固。"在这种社会背景下，学校投其所好，考虑自己的生存问题在所难免，这也影响了教师对新课程的认同感。此外，许多高中生家庭对新课程改革缺乏了解，认为开展新的学习方式，学生的学习负担轻了，无法适应即将面临的升学考试，所以，为了孩子取得好成绩，家长仍注重孩子知识技能方面的发展，而忽视了对情感、态度、价值观方面的关注。

## 第二节　高中学生新课程认同的影响因素

影响高中学生认同新课程改革的因素众多。为了深入探究学生新课程改革认同的影响因素，通过问卷调查和相关分析，学生的主体因素（性格、能力、习惯等）和环境因素（外部支持、学校、教师、家长等）是影响学生认同感的主要因素。

## 一、高中学生新课程认同影响因素的描述统计

表 3.5 对本次调查问卷中所涉及高中学生新课程认同的影响因素做出了统计。统计结果表明，在预设的"学生因素""教师素质""家长因素""教材因素""学校资源"和"课程管理制度"六大影响因素中，学生认为"家长因素""教材因素"和"课程管理制度"对自己的课程认同感的影响较大（均值均大于 4.00），其中"教材因素"对自己的课程认同感的影响最大。相对而言，"学生因素"对高中生课程认同的影响则最小。

**表 3.5　高中生课程认同影响因素的描述统计**

| 影响因素 | 人数 | 均值 | 标准差 |
|---|---|---|---|
| 学生因素 | 6160 | 3.34 | 1.519 |
| 教师素质 | 6160 | 3.78 | 2.552 |
| 家长因素 | 6160 | 4.19 | 4.032 |
| 教材因素 | 6160 | 4.21 | 2.894 |
| 学校资源 | 6160 | 3.90 | 3.031 |
| 课程管理制度 | 6160 | 4.07 | 3.790 |

## 二、高中学生新课程认同影响因素的频数统计

（一）学生因素对高中生新课程认同的影响

在考察学生是否具备现行学习方法所需要的知识与能力时，接受调查的 6160 名学生中，只有 6.9% 的学生认为完全没有具备，39.2% 的学生不确定是否具备，29.4% 的学生认为基本具备，10.4% 的学生认为具备。在考察学生是否对许多问题有好奇心，并体验到探究的苦与乐时，只有 6.6% 的学生认为完全不同意对许多问题有好奇心，并体验到探究的苦与乐，29.4% 的学生不确定，52.1% 的学生认为对许多问题有好奇心，并体验到探究的苦与乐。在访谈中学生也反映了自己在探究学习中

遇到的苦与乐。如学生讲到在探究学习中有时"一点都不知道该怎么办",也有学生讲到"比如学一节新课,对一些概念不了解,也就不知道往哪个方向去探究"。也有学生讲到探究教学的好处是"几个同学一起讨论就会解决一些解决不了的问题","可以开拓自己的思维"。在考察学生的性格是否影响了他们合作与探究学习的参与度时,有8.6%的学生认为性格并没有影响自己合作与探究学习的参与度,25.8%的学生不确定,53.8%的学生认为性格影响了自己的参与度。据此可以看出,超过一半的学生认为性格影响了自己合作与探究学习的参与度。在访谈中,当问及如果让自己主动分析题目时会如何做时,有的学生说"关键是我一到台上就会紧张"。还有的说"我也觉着蛮好的,可是我没有勇气"。可见,高中新课程改革中学生性格因素对于学习方式的转变有重要影响。在考察学习过程中学生是否已经习惯于教师讲、学生听时,有7.5%的学生认为自己完全不习惯于教师讲、学生听,22.2%的学生不确定,58.8%的学生认为自己已经习惯于教师讲、学生听。据此可以看出,超过一半的学生认为自己已经习惯于教师讲、学生听的学习方式。在考察学习过程中同学之间能否相互帮助时,4.4%的学生认为同学之间不能相互帮助,18.6%的学生不确定,70.5%的学生认为同学之间能相互帮助。据此可以看出,大多数的学生认为在学习过程中,同学之间能相互帮助。

**表 3.6 学生因素对高中生新课程认同的影响 (单位:%)**

| 维度 | 题目 | 完全同意 | 基本同意 | 不确定 | 不太同意 | 完全不同意 |
|---|---|---|---|---|---|---|
| 学生因素 | 32. 我具备现行学习方法所需的知识与能力 | 10.4 | 29.4 | 39.2 | 14.1 | 6.9 |
| | 33. 我对许多问题有好奇心,并体验到探究的苦与乐 | 18.1 | 34.0 | 29.4 | 11.9 | 6.6 |
| | 34. 我的性格影响了合作与探究学习的参与度 | 21.4 | 32.4 | 25.8 | 11.8 | 8.6 |
| | 35. 我已经习惯教师讲、学生听 | 25.5 | 33.3 | 22.2 | 11.5 | 7.5 |
| | 36. 同学之间能互相帮助 | 31.0 | 39.5 | 18.6 | 6.5 | 4.4 |

（二）教师素质对高中生新课程认同的影响

教师是学生学习的引导者，对于新课程改革中学习方式的转变起着举足轻重的作用。调查研究表明，在考察教师是否善于指导学生进行自主学习时，7.5%的学生认为在学习过程中，教师不善于指导，27.4%的学生不确定教师是否善于指导，54.8%的学生认为教师善于指导。据此可以看出，大多数的学生认为在学习过程中，教师善于指导学生进行自主学习。第38题意在考察在学习过程中，教师是否善于引导学生进行探究学习，而非直接告诉答案。6.7%的学生认为教师不善于引导学生进行探究学习，而是直接告诉答案，22.3%的学生不确定，61.6%的学生认为教师善于引导。据此可以看出，大多数的学生认为在学习过程中，教师善于引导学生进行探究学习，而非直接告诉答案。关于探究教学中的教师，学生谈到"对陌生的知识点探究起来会比较困难，特别是有些问题比较抽象，那么主要还是听老师讲"，也有些学生讲到"老师有时候会先给一些时间想想这个问题怎么解决，之后才开始讲课。这有利于启发学生探究学习"。对于在学习过程中，教师是否善于指导学生的小组学习，10.1%的学生认为教师不善于指导学生的小组学习，30.8%的学生不确定，46%的学生认为教师善于指导学生的小组学习。据此可以看出，大多数的学生认为在学习过程中，教师善于指导学生的小组学习。访谈中学生也说小组学习中"主要靠老师的指点"。

表3.7　教师素质对高中生新课程认同的影响（单位:%）

| 维度 | 题目 | 完全同意 | 基本同意 | 不确定 | 不太同意 | 完全不同意 |
|---|---|---|---|---|---|---|
| 教师素质 | 37. 教师善于指导我进行自主学习 | 20.0 | 34.8 | 27.4 | 10.3 | 7.5 |
| | 38. 教师善于引导我们探究学习,而非直接告诉答案 | 23.6 | 38.0 | 22.3 | 9.4 | 6.7 |
| | 39. 教师善于指导我们小组学习 | 15.5 | 30.5 | 30.8 | 13.1 | 10.1 |

（三）家长因素对高中生新课程认同的影响

新课程改革以来，家长的重要性越来越得到教育者及学校教师的重视。因此，本书也将家长因素考虑在影响学生对新课程认同的因素中。在考察家长对现行的教材、教学方法的满意度时，13.1%的学生认为他们的家长对现行的教材、教学方法很不满意，43.1%的学生不确定，只有11.3%的学生认为家长很满意。据此可以看出，只有少部分学生认为他们的家长对现行的教材、教学方法很满意。在考察家长是否只关心其子女的学习成绩时。有18%的学生认为他们的家长不只是关心他们的学习成绩，21.1%的学生不确定，44.6%的学生认为他们的家长只关心学习成绩。在访谈中，有学生讲到"家长对学生的学校排名很关心"，"对分班也比较关心"。学生也说到家长对于学校开设特色课程、选修课程表示支持，因为家长认为是"为了孩子好"。有的学生说"我爸妈对排名不太关心。他们说，只要尽力就可以了"。可见，现在许多家长不仅只关注学生成绩，还会考虑学生的长远发展。

表3.8　家长因素对高中生新课程认同的影响（单位:%）

| 维度 | 题目 | 完全同意 | 基本同意 | 不确定 | 不太同意 | 完全不同意 |
|---|---|---|---|---|---|---|
| 家长因素 | 40. 家长对现行的教材、教法满意 | 11.3 | 18.9 | 43.1 | 13.6 | 13.1 |
| | 41. 家长只关心我的学习成绩 | 23.3 | 21.3 | 21.1 | 16.3 | 18.0 |

（四）教材因素对高中生新课程认同的影响

高中新课程改革中，教材的内容、编排等也发生了较大变化，而教材又是学生主要的学习材料，所以我们主要从教材内容、教材编排顺序等方面对学生展开调查。在考察教材的难易程度时，44.4%的学生不同意教材很容易学习的说法，29.9%的学生不确定教材是否很容易学习，只有6.9%的学生认为教材很容易学习。据此可以看出，大多数学生认为现行教材很难学习。在访谈中也发现类似的情况，有学生谈到"新教材的模块很多，就比如语文课本，分几个模块，根本没有那么多精力和时间来学习"。在考察教材内容是否贴近社会和学生的生活时，有36.7%的学生认为教材内容没有贴近社会和学生的生活，30.8%的学生不确定，只有8.5%的学生认为教材内容很贴近社会和学生的生活。在考察教材的编排顺序是否合理时，有35.2%的学生不认同教材的编排顺序很合理的说法，33.0%的学生不确定教材的编排顺序是否很合理，只有9.0%的学生认为教材的编排顺序很合理。据此可以看出，只有较少部分学生认为教材的编排顺序很合理。在访谈中，学生也谈到教材的编排顺序混乱，前后知识衔接不当。而当谈到教材的使用情况时，有的学生说"平常很少用新教材，除了英语和语文，老师按照高考要求重新编排了教材顺序，只要是高考要求的都要学，也不存在教材选修和必修的自由选择问题"。总体而言，学生对于新教材的认同感不容乐观，如何在促进学生个性发展的前提下，进一步衔接教材各知识点的联系，提升教材的科学性等，都是课程设计者需要注意的方面。

表3.9　教材因素对高中生新课程认同的影响（单位:%）

| 维度 | 题目 | 完全同意 | 基本同意 | 不确定 | 不太同意 | 完全不同意 |
|---|---|---|---|---|---|---|
| 教材 | 42.　教材很容易学习 | 6.9 | 18.8 | 29.9 | 22.1 | 22.3 |
| | 43. 教材内容贴近社会和学生生活 | 8.5 | 24.0 | 30.8 | 19.0 | 17.7 |
| | 44. 教材的编排顺序很合理 | 9.0 | 22.8 | 33.0 | 18.0 | 17.2 |

（五）学校资源对高中生新课程认同的影响

在考察学校各科教师是否充足时，30.6%的学生认为学校各科教师不充足，25.1%的学生不确定，44.3%的学生认为学校各科教师充足。在考察学校图书馆、实验室的资源能否满足需要时，只有22%的学生认为能满足需要，24.8%的学生不确定。据此可以看出，很多学校的现有图书馆、实验室的资源都不能满足需要。访谈中，有学生也讲到"学校是有图书馆的，可是我们不能进去看，到高二的时候才能进去看"，有些农村学生也谈到"资源不是很充足，因为我们地理位置不是很优越吧，乡村的，不像城镇可以一人一台电脑。尽管有图书馆，也不是很充足"。可见，学校对课程资源的提供与使用还有待进一步加强。

表 3.10　学校资源对高中生新课程认同的影响（单位:%）

| 维度 | 题目 | 完全同意 | 基本同意 | 不确定 | 不太同意 | 完全不同意 |
|------|------|------|------|------|------|------|
| 学校资源 | 45. 各学科教师充足 | 18.4 | 25.9 | 25.1 | 12.9 | 17.7 |
| | 46. 学校图书馆、实验室的资源能满足需要 | 7.2 | 14.8 | 24.8 | 17.2 | 36.0 |
| | 47. 教师经常利用校外资源 | 5.8 | 11.8 | 24.7 | 17.6 | 40.1 |

（六）课程管理制度对高中生新课程认同的影响

在考察学校是否建立了学生选课指导制度时，43.4%的学生认为学校没有建立，30.8%的学生不确定，只有9.3%的学生完全同意学校建立了学生选课指导制度。关于选课问题，在访谈中，一些学生表示"自己根据感兴趣的选"，也有学生说"老师把最近成绩给你自己看看，哪门成绩好就选哪门"。可见，学校对于选课制度是比较自主的，但是并没有形成科学的选课指导制度，随意性较强。在考察学校选课指导制度能否帮学生正确选择自己的课程上，34.5%的学生认为选课指导制度不能帮他们正确选择课程，32.9%的学生不确定，11.5%的学生完全认为选课指导制度能帮自己正确选择自己的课程。学分制改革使学生可以根据自身的爱好和特长自主选择课程与进度，发挥学习的主动性和积极性。在考察学分制是否有必要实行时，30.9%的学生认为学分制没有必要实行，24.9%的学生不确定，44.2%的学生认为学分制有必要实行。据此可以看出，多数学生认为学分制有必要实行。在访谈中，江苏省某高中学生认为"学分制对于高中的话，有点虚"，有的学生认为学分制

"无所谓，因为感觉影响不大"，有的学生赞成学分制，因为他觉得"打破了以往一考定终身的情况"。可见，学生对于高中实行学分制各持己见。在考察学校是否实行了学分制管理制度时，59.4%的学生认为他们所就读的学校实行了学分制管理制度，21.5%的学生不确定。

**表3.11　课程管理制度对高中生新课程认同的影响（单位:%）**

| 维度 | 题目 | 完全同意 | 基本同意 | 不确定 | 不太同意 | 完全不同意 |
|---|---|---|---|---|---|---|
| 课程管理制度 | 48. 学校建立了学生选课指导制度 | 9.3 | 16.5 | 30.8 | 14.3 | 29.1 |
| | 49. 选课指导制度能帮我正确选择自己的课程 | 11.5 | 21.1 | 32.9 | 13.2 | 21.3 |
| | 50. 学分制有必要实行 | 20.5 | 23.7 | 24.9 | 11.8 | 19.1 |
| | 51. 学校实行了学分制管理 | 28.3 | 31.1 | 21.5 | 5.8 | 13.3 |

### 三、高中学生新课程认同与各影响因素的相关分析

（一）课程目标认同维度与各影响因素的相关分析

从表3.12的零阶段相关矩阵可以看出，高中生对课程目标的认同与学生因素、教师素质、家长因素的相关系数最小，分别为0.25、0.084、0.062。由显著性检验结果得知，相关的概率分别为0.053、0.000、0.000。说明高中生对课程目标的认同感与学生主体因素、教师素质、家长因素无关，但与其他几个因素均有明显的线性关系。

由于各影响因素之间的互相影响，比如课程管理制度会牵涉到学校资源的分布。高中生对课程目标的认同感与各影响因素间的相关系数并未反映出各影响因素间的真实情况，因此必须结合偏相关的分析结果，找出影响高中生对课程目标的认同感的关键因素，进而寻求更有力的对策。

表 3.12    课程目标认同与各影响因素间皮尔逊相关分析结果

| | 相关系数 | 学生因素 | 教师素质 | 家长因素 | 教材因素 | 学校资源 | 课程管理制度 |
|---|---|---|---|---|---|---|---|
| 课程目标 | 皮尔逊系数 | −0.25 | −0.084 | −0.062 | 0.406** | 0.435** | 0.361** |
| | 双向检测 | 0.053 | 0.000 | 0.000 | 0.000 | 0.000 | 0.000 |
| | 人数 | 6160 | 6160 | 6160 | 6160 | 6160 | 6160 |

（表中数字代表相关系数 r；* 表示 $0.01 < P < 0.05$，** 表示 $0.001 < p < 0.01$。）

根据表 3.13 可以看出，高中生对课程目标的认同与学校资源关系最密切，相关系数是 0.243，不相关概率 $P < 0.001$；其次是教材因素，相关系数是 0.193，不相关概率 $P < 0.001$；课程管理制度的相关系数是 0.122，不相关概率 $P < 0.001$。由此可以看出，学校资源的丰富程度是影响高中生对课程目标认同感的最大因素，学校应该多方拓展校内外资源，尤其是与课程目标相关的资源，让学生借助丰富的资源，提高对课程目标的认识，进而提高认同度。

表 3.13    课程目标认同与各影响因素的偏相关综合结果

| 课程目标 | 学生因素 | 教师因素 | 家长因素 | 教材因素 | 学校资源 | 课程管理制度 |
|---|---|---|---|---|---|---|
| 相关系数 | 0.000 | 0.000 | 0.000 | 0.193 | 0.243 | 0.122 |
| 自由度 | 6160 | 6160 | 6160 | 6160 | 6160 | 6160 |
| 不相关概率 P | 1.000 | 1.000 | 1.000 | 0.000 | 0.000 | 0.000 |

（二）课程内容认同维度与各影响因素的相关分析

从表 3.14 的零阶段相关矩阵可以看出，高中生对课程内容的认同与学生因素、家长因素、教师素质的相关系数逐渐递减，显著性检验结果是相关的概率均为 0.000。结论是高中生对课程目标的认同感与学生因素、教师素质、家长因素关联性不大，与教材因素、学校资源、课程管理制度均有明显的线性关系。

　　由于各影响因素之间的互相影响，比如课程管理制度会牵涉到教材内容的编排。高中生对课程内容的认同感与各影响因素间的相关系数并没有反映出各影响因素间的真实情况，因此必须结合偏相关的分析结果，找出影响高中生对课程内容认同感的关键因素，进而寻求更有力的对策。

表 3.14 课程内容认同与各影响因素间皮尔逊相关分析结果

| | 相关系数数 | 学生因素 | 教师素质 | 家长因素 | 教材因素 | 学校资源 | 课程管理制度 |
|---|---|---|---|---|---|---|---|
| 课程内容 | 皮尔逊系数 | -0.018 | -0.062 | -0.046 | 0.238** | 0.248** | 0.178** |
| | 双向检测 | 0.000 | 0.000 | 0.000 | 0.000 | 0.000 | 0.000 |
| | 人数 | 6160 | 6160 | 6160 | 6160 | 6160 | 6160 |

（表中数字代表相关系数 r；* 表示 $0.01 < P < 0.05$，** 表示 $0.001 < p < 0.01$。）

　　根据表 3.15 可以得出结论：高中生对课程内容的认同与学校资源关系最密切，相关系数是 0.135，不相关概率 $p < 0.01$；其次是教材因素，相关系数是 0.117，不相关概率 $p < 0.01$；课程管理制度的相关系数是 0.025，不相关概率 $P < 0.05$。由此，可以看出，学校资源是影响高中生对课程内容认同感的主要因素之一，学校应该多方拓展校内外资源，丰富学生的课外阅读资源，让学生通过学校资源，了解更多与课程内容相关的信息，进而提高认同度。

表 3.15　课程内容认同与各影响因素的偏相关综合结果

| 课程内容 | 学生因素 | 教师因素 | 家长因素 | 教材因素 | 学校资源 | 课程管理制度 |
|---|---|---|---|---|---|---|
| 相关系数 | 0.000 | 0.000 | 0.000 | 0.117 | 0.135 | 0.025 |
| 自由度 | 6160 | 6160 | 6160 | 6160 | 6160 | 6160 |
| 不相关概率 P | 1.000 | 1.000 | 1.000 | 0.000 | 0.000 | 0.052 |

（三）课程实施认同维度与各影响因素的相关分析

从表 3.16 的零阶段相关矩阵可以看出，高中生对课程实施的认同与教师素质、家长因素、学生因素的相关系数分别为 -0.057、-0.042、-0.016，显著性检验结果是相关的概率分别为 0.000、0.001、0.217，表明高中生对课程实施的认同与教师素质、家长因素、学生因素关联性不大。高中生对课程实施的认同与教材因素、学校资源、课程管理制度的相关系数分别为 0.166、0.202、0.145，显著性检验结果是相关的概率均为 0.000，表明高中生对课程实施的认同与教材因素、学校资源、课堂管理制度均有明显的线性关系。

由于各影响因素之间的互相影响，比如学校资源会影响教师对课程实施的深度和广度。高中生对课程实施的认同与各影响因素间的相关系数并没有反映出各影响因素间的真实情况，因此必须结合偏相关的分析结果，找出影响高中生对课程实施认同感的关键因素，进而寻求更有力的对策。

表 3.16　课程实施认同与各影响因素间皮尔逊相关分析结果

| | 相关系数 | 学生因素 | 教师素质 | 家长因素 | 教材因素 | 学校资源 | 课程管理制度 |
|---|---|---|---|---|---|---|---|
| 课程内容 | 皮尔逊系数 | -0.016 | -0.057 | -0.042 | 0.166** | 0.202** | 0.145** |
| | 双向检测 | 0.217 | 0.000 | 0.001 | 0.000 | 0.000 | 0.000 |
| | 人数 | 6160 | 6160 | 6160 | 6160 | 6160 | 6160 |

（表中数字代表相关系数 r；* 表示 $0.01 < P < 0.05$，** 表示 $0.001 < p < 0.01$。）

根据表 3.17 可以得出结论：高中生对课程实施的认同与学校资源关系最密切，相关系数是 0.121，不相关概率 $p = 0.000$；其次是教材因素，相关系数是 0.059，不相关概率 $p = 0.000$；课程管理制度的相关系数是 0.030，不相关概率 P < 0.05。由此可以看出，学校资源是影响高中生对课程实施认同感的最主要因素，学校应该通过多种渠道拓展校内外资源，丰富学生的课外阅读资源，尤其是与课程实施相关的理论资源，让学生通过理论学习，了解更多与课程实施相关的信息，从而提高他们的认同度。

**表 3.17　课程实施认同与各影响因素的偏相关综合结果**

| 课程实施 | 学生因素 | 教师因素 | 家长因素 | 教材因素 | 学校资源 | 课程管理制度 |
|---|---|---|---|---|---|---|
| 相关系数 | 0.000 | 0.000 | 0.000 | 0.059 | 0.121 | 0.030 |
| 自由度 | 6160 | 6160 | 6160 | 6160 | 6160 | 6160 |
| 不相关概率 P | 1.000 | 1.000 | 1.000 | 0.000 | 0.000 | 0.019 |

（四）课程评价与各影响因素的相关分析

从表 3.18 的零阶段相关矩阵可以看出，高中生对课程评价的认同与家长因素、学生因素相关系数分别为 -0.048、0.286，显著性检验结果是相关的概率分别为 0.001、0.030，表明高中生对课程评价的认同与家长因素、学生因素关联性不大。高中生对课程评价的认同与教师素质、教材因素、学校资源、课程管理制度的相关系数分别为 0.593、0.193、0.216、0.371，显著性检验结果是相关的概率均为 0.000，表明高中生对课程评价的认同与教师素质、教材因素、学校资源、课堂管理制度均有明显的线性关系。

由于各影响因素之间的互相影响，比如教师素质会影响教师对课程评价的认识。高中生对课程评价的认同与各影响因素间的相关系数并没有反映出各影响因素间的真实情况，因此必须结合偏相关的分析结果，找出影响高中生对课程评价认同感的关键因素，进而寻求提高他们认同度的途径。

表 3.18　课程评价认同与各影响因素间皮尔逊相关分析结果

| | 相关系数 | 学生因素 | 教师素质 | 家长因素 | 教材因素 | 学校资源 | 课程管理制度 |
|---|---|---|---|---|---|---|---|
| 课程内容 | 皮尔逊系数 | 0.286 | 0.593** | −0.048 | 0.193** | 0.216** | 0.371** |
| | 双向检测 | 0.030 | 0.000 | 0.001 | 0.000 | 0.000 | 0.000 |
| | 人数 | 6160 | 6160 | 6160 | 6160 | 6160 | 6160 |

（表中数字代表相关系数 r；*表示 $0.01 < P < 0.05$，**表示 $0.001 < p < 0.01$。）

根据表 3.19 可以得出结论：高中生对课程评价的认同与教师素质最密切，相关系数是 0.369，不相关概率 p = 1.000；其次是学生因素，相关系数是 0.153，不相关概率 p = 1.000；课程管理制度的相关系数是 0.047，不相关概率 p = 0.019。由此可以看出，教师素质是影响高中生对课程评价认同感的最主要因素，学校应该通过多种渠道提高教师的素质，尤其是加强课程评价方面的培训，让教师合理评价课程，引导并提高学生的认同度。

表 3.19　课程评价认同与各影响因素的偏相关综合结果

| 课程评价 | 学生因素 | 教师素质 | 家长因素 | 教材因素 | 学校资源 | 课程管理制度 |
|---|---|---|---|---|---|---|
| 相关系数 | 0.153 | 0.369 | 0.000 | 0.078 | 0.114 | 0.047 |
| 自由度 | 6160 | 6160 | 6160 | 6160 | 6160 | 6160 |
| 不相关概率 P | 1.000 | 1.000 | 1.000 | 0.000 | 0.000 | 0.019 |

从以上分析可看出，学校资源对于学生的课程目标、课程内容、课程实施的认同有着很大的影响，说明新课程改革中我们应加大对学校教育资源的投入，丰富学校教育资源，使学生能享受到优质的教育资源，从而促进新课程改革的进一步深化，提升学生对于新课程改革的认同。

其次，教材因素也对课程目标、课程内容、课程实施的认同有重要的影响。因此，课程专家、教材编写者必须注重目标的设定、教材的内容选择与编排顺序要符合学生的学习特点与现状。另外，课程管理制度对其也有一定的影响，因此，学校必须考虑制定符合本校的课程管理制度。对于课程评价认同，高中生对于课程评价的认同度与教师素质、学生因素、课程管理制度有着密切的关系。教师要善于运用多种多样的评价方式，并且要坚持公开、公正的原则，同时也要引导学生学会进行正确的自我评价，帮助学生对自我形成正确的认识。另外，学校也应注意实施正确的评价制度，不能一味地以分数论定，而要从学生的整体发展、长远发展来考虑，建立合理的课程评价制度及其管理制度。

# 第四章

高中师生新课程认同的提升策略

## 第一节 高中教师新课程认同的提升策略

面对高中新课程改革这样一场规模宏大、影响深远的系统变革，教师在课程改革过程中存在一定的问题是正常的。对教师课程认同进行理论探讨当然重要，然而在更加务实的维度上，教师课程认同研究的关键是在发现问题后，应该如何应对和及时解决，使宏观的新课程改革与微观的教师改变相互协调、相互适应，从而推动其共同发展。

### 一、对教育行政部门的建议

（一）实行高中课程决策的风险沟通机制

在当今的风险社会中，愈来愈多的国家将"风险沟通"（risk communication）作为公共决策必不可少的步骤。这是由于，"风险沟通的目的是改变引起公众恐慌、愤怒因素的数量和强度，以改变公众对风险的认知水平。"① 更准确地说，"风险沟通旨在减少公共决策的失误机会，减少后悔的次数。课程决策作为一项探索性的人为实践活动，其决策过程、实施和评价不可能是一个既定程序，也不可避免地存在着风险。然

---

① V. Covello, R. Peters, *Risk Communication: Evolution and Revolution*, In: Anthony Wolbarst( ed. ), *Solutions to an Environment in Peril*, Baltimore, MD: John Hopkins University Press, 2001, pp. 163、178.

而，这并不代表我们对风险毫无对策。"① 在高中课程决策风险问题方面，我们要以积极的态度认识风险规律，实事求是地分析可能遇到的各种情况，加强与公众的风险沟通，及时对高中课程决策的失误做出纠正和调整，建立和完善课程决策风险沟通机制。所谓高中课程决策风险沟通机制，是指在课程决策活动中，影响课程决策合法性和正当性各种风险的主客体因素及其相互作用、相互沟通的过程与方式。高中课程决策主体和客体等多种不确定因素的存在，导致了决策活动的失误和偏差。实际上，如何减少决策失误、降低决策风险，应成为课程决策风险沟通机制所关注和探究的问题。为此，我们可以从以下方面做出努力。其一，确保高中课程决策风险沟通主体的多元化。在风险社会中，高中课程决策涉及方方面面，仅靠课程专家、学科专家是难以解决所有问题的。为了保证风险沟通的有效性，就需要确保参与沟通主体来源的多样性。通过民主主体多方参与，确保达到民众信任和改善决策质量的目标。在风险沟通中，政府在听取公众广泛意见上，要信任民众和依靠民众，保障民众沟通渠道的畅通，促使风险沟通顺利运转。其二，实现高中课程决策风险沟通的制度化。事实上，为了保证公众广泛的参与度，政府部门应将风险沟通制度化，比如可以实行教育听证制度。教育听证制度是一种在课程决策中听取利益相关者意见的决策程序制度，其目的"主要是为了决策的科学化和民主化，就是把科学引入决策过程中，运用民主和科学的方法，把决策变成集思广益的、有科学根据的、有制度保证的过程"。② 其三，实行高中课程决策风险沟通的问责制。问责制是指在高中课程决策的风险沟通中对没有遵守相应规定的人员采取责任追究的制度。课程决策责任追究制度的重点不是决策失误后的惩罚，而

---

① 李宝庆、刘方林、李海红：《教育决策风险沟通机制的建构》，《教育发展研究》2013 年第 12 期。

② 王洪明：《复杂性视角下的教育决策机制研究》，博士学位论文，辽宁师范大学 2008 年，第 129 页。

是对决策失误的预防。然而，如果有关责任者在课程决策过程中因过失失误，那么对责任者的追究也很有必要。因而为了有效减少决策失误，应加强与完善课程决策过失问责制。对于决策失误造成的后果，责任人要承担责任，视情况而定，包括通报批评、行政处分、责令辞职、引咎辞职等，对于触犯法律、情节特别严重的，应依照相应的法律条文予以制裁。因此，依法实行课程决策风险沟通问责制，将有利于降低决策过失，提高决策效率。

（二）加大高中新课程宣传力度，获得广泛认同

高中新课程改革是涉及社会方方面面的系统工程，仅仅靠教育行政部门和学校的努力是不够的，课程改革的成功离不开社会的理解、配合与支持。社会的人、财、物、信息等资源可以与学校实现共享，博物馆、文化馆、青少年活动中心等公共场所可以向学生开放场地、提供设备，还可以对学生的研究专题给予直接的指导，等等。因此，为给高中新课程改革创造一个良好的社会环境，教育行政部门必须加大对高中新课程改革政策的宣传力度，向社会解释新课程改革的特点及合理性，充分发挥社会在新课程实施中的作用。为此，我们可以进一步完善网络平台，把政府、社会、学校、家长甚至学生等利益相关者调动起来，加强新课程改革中不同主体间的联系，这对形成有利于新课程改革的外部环境、推动新课程实施来说具有重要作用。

（三）高中课程评价制度的改革

创设有利于城乡高中课程改革与教师改变的外部环境，制度保障十分重要。课程评价制度改革是高中新课程改革中教育评价改革的重点之一。招生考试制度改革是整体构建素质教育运行机制的重要组成部分和关键的保障措施，是促进学生全面发展的必然要求和根本途径。如何根据社会发展需要、教育发展规律和青少年身心发展特点进行符合素质教育理念的评价是社会各界普遍关心的问题。访谈中，许多高中教师都认为，高考是课程改革的"瓶颈"，如果不改革高考考试制度，那么在新

课程实施过程中，教师的教学观念、教学行为、课程评价等各个方面的转变程度势必受其限制，最终影响课程改革的成败。重庆市某高中物理老师指出："新的教学方式可能更多地强调学生合作、探究的学习能力，作为老师，我们也很喜欢、接受这种新的教学方式。但老师面临的最大困惑是怎样将这些教学方式转化成学生的分数和高考接轨，就怕开始搞得轰轰烈烈，但最后要是高考不变的话，我们就很难转化过来。"另一高中物理老师指出："高考的导向不变，任何课改都是为高考服务。教育主管部门考评学校，看成绩，主要是看高考能考上多少人。学校考评老师还是看成绩。"

（四）规范高中教师培训

面对高中教师在实施新课程改革中出现的各种认同问题，我们必须采用多种类型的培训方式，注重培训内容的针对性和实践性，从而保证教师在高中新课程实施中得心应手。

1. 规范教师培训的组织与管理

当前，许多地方教育管理部门都颁布了教师培训的相关政策文件。比如重庆市教委《关于做好普通高中新课程实验教师集中培训工作的通知》（渝教师〔2010〕21 号）及《2010 年度暑期重庆市普通高中新课程实验教师学科培训工作方案》都对教师培训做了严格的规定。同时，各个高中也制定了相关规章制度，管理教师培训。如实行教研组长负责制，落实高中教师培训的时间和地点，督促每位教师按时参加培训课程；实行签到或者点名的方法，出席情况纳入教师评价的范围；尊重培训专家，积极思考，积极主动参与互动学习；认真做好笔记，学校定期抽查。

2. 注重教师培训内容的实践性和针对性

重理论轻实践是当前高中教师培训中存在的严重弊端。调查显示，86% 的教师认为"培训内容的针对性应增强"，82.6% 的教师认为"培训方式应多样化"（见表 3.2）。重庆市某农村高中老师指出："我希望教师培训内容能更具体，培训人员可以就教材上某个内容讲一节课，让我们实实在在地感受这节课该怎么上。还有，同样的内容在条件不具备的时候又该怎么处理。比如新教材很多地方需要多媒体的演示，但是在我们学校不具备这样的条件。大家一起交流、讨论，提出问题、解决问题，这样才会有收获。目前培训主要停留在理论维度，对我们没有实质性帮助。"因此，在理论与实践之间怎么取得平衡是一个十分重要的问题。高中一线教师最需要的不是理论知识，而是具体的实践性的教学策略。所以在高中教师了解新课程理念之后，教师培训的重点应该放在教学活动的具体指导策略上。课堂观摩、专家亲临指导、录像分析等都是提高高中教师教学行为的有效方法。总之，高中教师培训要合理调和理论知识与实践经验的比例，并且引导教师把新的教学理论运用到具体教学实践中，为高中教师更好地适应新课程提供理论与实践指导，从而切实提高教师的认同感。

3．注重教师培训的持续性

高中教师培训应该是一个长期的过程，否则随着高中新课程改革的深入，教师在高中新课程实施过程中遇到的新问题将无法得到及时解答。重庆市某高中研究性学习老师指出："暑假期间教委组织了为期三天的面培，由课改专家上课，听了几次课；之后是为期10天的网上培训，进行视频讲学，老师要做作业、写论文。但是之后就没有了，就靠我们自己摸索。"四川省某高中语文老师指出："国家教委组织的国培计划其实是很好的方式，教师做作业之后专家会给予反馈，长期、系统的培训对我们的成长是很重要的。"所以，教育行政部门、高校、学校等要通力合作，准确把握高中新课程的动态进展，进一步改进高中教师培训工作，使教师不断掌握可操作的指导方法，切实提高教师的教学质量。

（五）对农村高中实施倾斜政策

相对于城区高中，农村高中在硬件设施、师资队伍等方面都存在诸多差距。在问到"对政府部门有哪些建议"时，重庆市某农村高一语文老师指出："首先教育行政部门应该多多关注一下我们这些农村中学，因为我们的确不管是在师资方面还是在老师待遇方面都还非常欠缺。教研员就应该多给我们一些培训的机会，让我们多多学习，然后多关注一下学生的情况，教师的情况。"重庆市某农村高中数学老师指出："偏远农村中学的老师，对新课改概念模式都很模糊，建议学校多给老师提供交流、外出学习的平台。"因此，政府部门应对农村高中实施相应的倾斜政策。

1. 着力改造农村高中，优化配置校际资源

如何缩小城乡高中之间的差距，提高资源的利用率，发挥有限的教育资源的整体效用，这些都是政府部门必须重视的问题。首先，农村高中要加强自身的改造，深挖自身的资源潜力。政府、社会等外在的财力和物力投入能否发挥应有的作用，关键是看农村高中对这些资源怎样进行配置和利用。因此，农村高中首先要改造自己，深化改革，深挖内部潜力，比如对学校资源重新进行合理的优化组合，落实岗位责任制和校长负责制；建立科学的人事制度和奖惩制度；盘活现有资源，提高教职工的积极性。其次，建立对口扶持制度。农村高中建设除自身努力外，还必须依靠外在力量，向城市高中汲取经验，进行交流与合作，可以租借城市高中剩余的设备并加以利用，可以与城市高中联合办学，进行资源互补，特别是在条件不具备的情况下可利用城市学校的一些资源，将这些闲置资源利用起来，从而提高整个区域内的资源利用率和办学效益。

2. 实行标准化学校建设，解决差异性发展问题

面对当前我国城乡高中学校教育存在的不均衡现状，标准化学校建设可谓是促进城乡高中均衡发展的现实路径。事实上，推进城乡标准化学校建设是一持续而长期的过程。标准化学校的建设体现了教育公平的价值诉求。受教育权是现代公民的一项基本权利，教育机会均等和教育权利平等是公民享受教育的两个方面。长期以来，由于历史和体制的原因，我国城市高中的财政支出远多于农村高中的教育支出，导致了农村高中学生受教育机会不平等、受教育水平不足等现象。就我国的实际情

况而言，为了实现在教育经费和办学条件方面均衡化的目标，各级政府和教育行政部门应加快高中学校标准化建设的步伐，无论城乡地区在高中学校设置、选址与校园规划、校舍建筑、设施设备配置、教职工配备、教育管理、教学质量等方面都应达到统一的办学标准，不仅可根绝学生的择校问题，同时也能有效解决教师的单向上位流动问题。

3. 加强农村高中教育财政投入，完善农村教师聘任制度

农村高中的教育现状要得到改善，宏观维度最根本的是要为其创造出一个平等的成才环境，统筹城乡发展，大力发展农村经济。农村高中的教育硬件设施水平要有所提高，缩小与城市学校的差距，在现有的经济状况下还应加大教育投入。中央和地方政府应研究建立农村高中教育经费保障机制。由于农村高中原有的教育设施基础薄弱，因此各地政府应在财政预算中优先安排必要的资金，用于改善农村高中的基础设施水平，给予落后的农村高中以经济上的帮助与支持。首先，要加强农村高中基础设施建设，如添置桌椅、多媒体、实验室、英语听力室、体育器材室等，为高中新课程实施提供物质保障。如果没有提供学生学习的物质前提与基础，即便农村高中有再好的教师、再努力的学生，农村高中新课程也难以真正开展。每个农村高中应着力建起图书馆或图书室，图书馆是学生读物的主要来源，是学生遨游知识的好场所。信息时代更要求我们的学校教育培养高中学校的图书利用意识，提高学生利用图书馆寻找所需信息和知识的能力。其次，要增加对农村高中教师待遇的财政投入。由于资金缺乏，在聘任农村高中教师过程中限制了教师岗位的编制，这就造成师资短缺，从而加大了课程改革中新教学方式实施的困难。因此，地方政府要增加农村高中教师的岗位编制，保证师生比例的协调。第三，学校要吸引优秀大学毕业生投身农村高中教育事业，为农村教师队伍注入新鲜血液，还要积极创造条件吸引城镇优秀教师支援农村，保证农村高中学校的教学质量。此外，农村高中还可以通过对教师进行物质的和精神的支持来稳定教师队伍，最终留住学校中的优秀教师。

## 二、对学校的建议

为了实施高中新课程，城乡高中需做出一些改革措施。

（一）充分开发利用各种课程资源

高中新课程资源的不足阻碍了教师新课程实施能力的发挥。调查显示，仅有65.5%的教师认为本校的"教室、实验室、图书馆等硬件资源充足"。（见表3.2）因此，为了积极配合高中新课程的开发，学校需要通过多种途径进一步丰富学校的课程资源，购买相关书籍，提供相关的实验设备等。

实际上，家长也是宝贵的课程资源，高中新课程的实施尤其需要家长的支持。比如，现今高中学校的课程资源有限，学生很多研究需要的资料需要家长资助，研究活动过程也需要家庭的配合。学校要充分认识到这一点，鼓励家长利用闲暇时间参与孩子的研究探索活动，提供一些教师难以找到的人际关系，协助学生进行学习活动。为有效发挥家长在新课程实施中的作用，就需要积极向家长宣传新课程理念。当前高中新课程改革的一大困境就是缺少学生家长的支持，家长是学生成长问题的直接承受者，他们主要关心的是教育的直接后果，即学生的成绩，而很少关心课程改革所提出的教育价值问题。为此，高中应积极宣传新课程改革，获得家长的理解，消除他们的抵触和怀疑情绪。实际上，定期召开家长委员会是一种很有效的宣传途径，其做法是把家长请到学校来，请班主任讲解高中新课程秉持的课程理念，说明新课程的特点与优势，并耐心回答家长的问题；或者通过家长听课的方式，让家长了解学生的课堂学习状态。新课程改革以来，"走班制"逐渐走入教育者的视线。许多高中从学生个性化发展、转变人才培养模式的高度，思考与实践所有课程的选课走班。"在浙江省，针对如何使高中教育真正做到全面而有个性地发展，省教育厅提出了'调结构，减总量，优方法，改评价，创条件'的高中课程改革新思路。杭州师范大学附中是被浙江省教育厅列为 2014 年秋季开始加入实验的 16 所实验学校之一。"① 做好必修课的选课走班工作，一个重要的方面就是要做好学生与家长的工作。如果家长认识不到这一改革的初衷，就会认为是分快慢班。杭州师范大学附中从 2013 年 12 月起开始了紧锣密鼓的实验准备，召开家长座谈会、学生座谈会是准备实验的重要的一环。学校于 2014 年春季开学前，还专门发出了《致高一年级家长书》，向家长讲明分层走班的意义与实施办法，让家长明白必修课分层走班不是为了分快慢班，而是为了尊重差异，最大可能地提高学生的学习积极性、主动性。

（二）完善高中新课程的管理制度

学校课程制度建设实质上是要在学校维度实现社会、知识、学生等方面的综合平衡，从最大利益方面保证学生的整体发展符合社会发展的要求，跟上时代科技与文化发展的脉搏。首先，秉持"以人为本"的理念。人是制度的主体和目的。制度的建构要遵循以人为本的原则，要充分肯定和尊重人的价值、尊严与权利等。高中学校课程制度建设必须以学生的需求、兴趣与发展水平为基点，以学生的全面发展的目标；以教师的专业能力水平为考虑，以教师专业素质的提高为目标。其次，树立"以校为本"的观念，即高中学校要根据自身实际情况，整合学校内外资源来制定相关的制度。由于各个学校有着不同的文化氛围、课程设置、设施设备等，所以学校在进行课程制度建设时必须考虑自己的实际情况。再次，注重制度建设的系统性。高中学校课程制度建设是一个体系完整、层次分明的制度体系。因为"只有相互一致和相互支持的制度才是富有生命力的和可维系的，否则，精心设计的制度很可能是高度不稳定的"。② 为此，学校在课程制度建设过程中，应注重制定教学管

---

① 赵小雅：《选课走班制：试水人才培养模式转变》，《中国教育报》2014 年 5 月 14 日。

② ［日］青木昌彦：《比较制度分析》，周黎安译，上海远东出版社 2001 年版，第 211 页。

理制度、教师教研制度、师资分配与奖惩制度、评价制度、档案建设制度、安全制度等，同时实现这些制度之间的相互联系、相互支持。由此，这些相互联系、相互支持的制度不仅使学校课程制度常规化，而且还可以实现师资、经费、物资、信息等方面供给的正规化。比如杭州师范大学附中为推行选课走班制，于2014年专门制定了《尊重差异与选择》的小册子。这本小册子收录了学校选课走班的方案、选课走班任课教师考核条例、选课走班备课组考核条例、走班管理办法、导师制实施方案、年级组长岗位职责、班主任岗位职责等一系列管理制度。

（三）加强校本培训

校本培训是教师适应高中新课程的重要途径。校本培训不是为了研究高深的教学理论，而是以解决教师教学中遇到的实际困难为目的。因此，校本培训是为教学实践服务的。四川省某高中地理老师指出："作为一个实习老师，本校地理教师资源缺乏，没有真正的专业老师指导教学。年轻教师缺乏经验，却很少有真正的备课会议。虽然一直在做课改研讨，却一直没有真正的培训向基层普及。现在老师们对新课改没有一个真正的概念，一直模糊不清。"由此看来，一些高中的校本培训还需要进一步加强。为了满足一线教师的具体需要，校本培训在制定计划、设计方案、选择培训内容和培训方式时都要从学校实际的教学水平出发，考虑到每个教师在教学中存在的普遍性问题。面向全体教师，学校邀请省内外新课程专家、著名高中校长和教师到校以专题讲座、教学观摩、亲临指导、案例教学等多种形式开展教师培训活动。在活动时，要重视互动环节，组织教师参加学习讨论，进行理念更新。校本培训的模式必须多样化，这样才能满足不同教师的需要。

（四）完善高中教师评价机制

《基础教育课程改革纲要（试行）》中提出："改变课程评价过分强调甄别与选拔的功能，发挥评价促进学生发展、教师提高和改进教学实践的功能……建立促进教师不断提高的评价体系。"在新课程改革的背景下，教师评价的目的不再是单纯为了对教师进行排序、奖惩、晋职升级，而是为了发现教师在工作中存在的问题，总结经验教训，以利于教师工作的进一步改进。通过调查发现，目前教师评价仍存在不少问题。正如重庆市某高中语文老师指出："高考的导向不变，任何课改都是为高考服务。教育主管部门考评学校主要是看成绩，看高考能考上多少人。学校考评老师还是看成绩。"高中学校的管理者应积极树立科学的教师评价观念，正确认识教师评价的促进与发展功能。要从根本上促进教师适应高中新课程，必须使之与教师的切身利益挂钩，建立利害关系，重点是把高中新课程所需要的各项能力纳入评价范围。因此，高中教师评价要改变单纯以学生考试成绩衡量教师教学能力的标准，力求评价内容涵盖教师教育教学的各个方面。高中教师的专业素养、知识基础、道德水平、课堂氛围的营造、合作精神、人际交往能力和课程指导能力等都应作为评价教师的重要指标，以公正客观地反映教师专业能力的发展。同时，学校应将教师的自评同学生、同事、学生家长、学校领导等对其的评价结合起来，从而保证教师评价的真实性和客观性。

### 三、对教师的建议

教师专业化程度关系着教育质量的高低，促进教师专业发展是促进高中新课程顺利实施的关键。

（一）平衡心理状态，积极更新课程观念

健康的心理是行动的重要保障。"教育实践是一个'人在其中'的活动，教育实践的过程本身就是一段错综复杂、变幻莫测、问题丛生的体验。"[①] 因此高中教师面临着巨大的心理压力和教学压力，这就需要教师学会心理减压方法，自我调节，保证心理一直处于平衡健康状态。例如某高中成立了教师心理咨询室，为教师提供心理问题的帮助，主要

---

① 曲中林：《教师实践行为特质的十大演绎》，《教学与管理》2008 年第 5 期。

目的是促使每个教师学会基本的心理调节方法。教师保持心情好，状态佳，可以使其在面对困难时积极进取，勇于面对新挑战。教师情绪保持良好的另一个重要作用是可以调和师生互动关系，扫除师生沟通隔阂。在宽松的讨论氛围中，学生消除了畏惧心理，在教师和善的笑容中，学生轻松获取自己所需资料。合理安排时间，不要囤积工作，坚持今天的工作不要留到明天，也是减轻教师压力的有效方法。新课程增加了教师额外的备课量，占用了教师更多的时间去收集和整理资料，但是只要合理利用时间，新课程不仅不会成为教师的负担，还会丰富教师的知识储备，扩大教师视野，转变思维方式，从而提升自己的专业能力，获得巨大的满足感和成就感。

良好的心理状态，为教师积极面对新课程、接受课程观念、改变教学行为奠定了坚实的心理基础。为了扫清课程理念认同障碍，教师首先要做的是摆正心态，积极面对。高中新课程改革是一个既定事实，是大势所趋、不可阻挡的，与其消极逃避，不如积极面对。教师在学校领导下，应主动接受新课程理念，了解新课程的相关理论知识，提高专业发展能力。其次，要勇敢面对新课程对教师提出的挑战，正面反思自己专业知识和能力的不足，汲取更广泛的综合基础知识。与此同时，面对新课程实施中存在的问题，要主动查找资料，解除疑惑，充分了解自己的现状，认清差距，敢于接受现实。教师专业素养是教师适应课程改革的最重要的保障。

（二）优化知识结构

高中新教材的使用对教师提出了更高的要求。高中教师原有的知识储备已经远远不能满足现在的教学需要，教师需要秉承"终身学习"的理念，不断学习与更新知识。比如，高中语文新教材的选文注重突出时代特征，新增的科技类现代文要求语文老师不仅仅懂得文学方面的知识，还要懂得一些物理、化学、政治等多方面的知识。可见，高中教师应该是一个知识全面的教师，对哲学、心理学、物理、地理、生物、建筑学等方面的知识都要有所了解。除了这些知识以外，教师还要不断加强教育理论知识的学习，不断提高自己的教育理论水平，将教育理论运用到自己的日常教学中。

（三）增强研究能力

高中教师研究能力的培养有三个重要途径。第一，写作教育论文。高中教师在日常教学过程中，要针对自己的教育教学实践和周围发生的教育现象进行反思，从中发现问题，同时进行多方面的探索和创造，写出自己的想法，在期刊、网络日志或者博客上进行发表。第二，积极参加校本教研活动。学校以教研组为基本单位，不断组织高中新课程教研活动，比如集体备课、组织教师听课、优秀教师展示课等活动。这样就加强了教学理论与教学实践的联系，把教育科研和具体的教学行为有效结合起来。第三，参与课题申报，不断接触并掌握先进的教育教学思想，拓宽理论视野。通过科研能力的提升，高中教师逐渐向专家型教师转变，从而提高自己的专业水平，从容应对高中新课程实施中遇到的各种困难和挑战。

（四）不断进行教学反思

近年来，许多国家的教师教育特别强调将实践变为一种反思性实践。研究表明，这种反思性实践对于教师实践效果和素质的提高具有极为重要的意义。[①] 美国教育哲学家格林（Maxine Greene）认为教师应该是一个反思意识水平极高的人，他能对自己周围的一切进行反思；教师是对周围一切具有高度敏锐感的人，他能够用悬置的方法去怀疑、去探索，通过独立的思考进而塑造自己的生活世界。正是基于对教师本质的认识和对当前美国教师现状的批判，格林提出自己的教师观——"教师即陌生人"（teacher as stranger）。质疑与探究是陌生人意识的基本特点，同时客观性与批判性是其显著的态度特征。格林认为作为"陌生

① J. J. Loughran, Effective Reflective Practice in Search of Meaning in Learning about Teaching, *Journal of Teacher Education*, 2002(1), p. 5.

人"的教师就是要通过不断的反思来厘清自己的意识，能够像返乡游子一样用崭新的眼睛来观察生活中的一切。同时，通过课程实施来促使学生实现自我觉醒、自主选择、自我认同，通过自我意识的不断提升最终实现自己的全面觉醒。正如她在《教师即陌生人》一书中写到："教师用陌生人的眼睛去探索、发现生活世界……从新的视角、新的思维来重新审视理所当然的课程实施才会有所发现，才会有力的地促进教学方式的转变，让课程改革更具意义。"①

事实上，在新课改革过程中许多教师仍像格林所说的那样处于昏睡的状态。他们只是日复一日、年复一年地做着同样的工作，即批改作业、考试、传递知识，少有对教育目的、自我价值等进行反思。因而，广大教师要重新建构自己的角色，使自己成为格林所说的"陌生人"。高中教师们注意到教学反思在教师专业发展中的重要作用。教师要不断对我是谁？我对学校和课堂最基本的理解是什么、我如何持续性地促进自己的专业化发展等问题进行哲思。只有这样，教师才能看到真实的自己，去解放自己，在反省中做出行动。高中新课程改革势必会让教师经过一个从不适应到适应、从被动适应到主动适应的过程。在此过程中，教师的反思非常重要。教师如果只知道一成不变，或者即使有困惑却视而不见，这无疑对于教师的专业发展极为不利。教学反思是一种自觉提升教学质量、促进教学能力的有效手段，也是教师走向专家型、研究型教师的重要途径。高中教师要认识到教学反思的意义和价值，掌握反思方法，形成职业习惯。就教学反思的基本方式而言，高中教师可以通过教案、教学日记等进行自我反思，也可以通过教研活动、教学观摩等进行合作反思。就教学反思的具体内容而言，在一节课结束后，高中教师可以思考这节课的教学特色是什么？教学目标是否达成、缺失之处和精彩之处在哪里、教学效果是否良好、课堂组织是否科学、活动的安排是

---

① Maxine Greene, *Teacher as Stranger: Educational Philosophy for Morden Age*, California: Wadsworth Publishing Company, 1973, pp. 267 – 268.

否合理等问题。重庆市某高中语文老师指出："通过自我反思，我发现自己的问题就是讲得太满。要让学生动手，不能只是我在讲。还有一个感受，你可以留下一个适当的时间作为闲暇，什么事都不做，就是静静地待着，有些东西就自动地消化，自动地反刍，自动地由外部的知识内化为自己的能力和素养，所以我就特别注意这一点：空白。学习不仅仅是做事情，你的做事是一个重要基础，你要全力以赴地去做，但是要为它留一点时间，使学生在接受大量人文资讯的同时有喘息的余地，有闲暇的时光，可以反省，可以反刍，可以在这种放松的'空白'中培养出属于自己的智慧和灵性。"

（五）加强教师间的合作交流

社会网络理论认为，人的任何活动都受到他所处的社会环境和人际网络的影响，有效利用社会网络可促进个体及群体的发展。陈向东认为："社会网络在组织中扮演着相当重要的无形角色，当人们在解决问题或是寻找合作伙伴时，通常都是依循着所拥有的网络来寻找合适的对象。"[①] 教师群体间基于合作与互助建立的教研组等组织是教师社会网络的重要组成部分，有利于促进教师的专业成长。教师专业发展合作组织要切实发挥其专业职能，减少形式化交流，增强群体内成员间的信任，增强教师群体内部的联系，力求群体内深度交往。

教师合作有助于教师专业发展意愿的激发和强化，以及自我反思能力的提高。高中新课程目标的多维性和课程内容的综合性，要求高中教师必须打破学科间的隔阂，进行学科间的沟通和交流，加强知识之间的联系。正如重庆市某高中研究性学习老师在访谈中所指出："很多时候学生自主选择的课题超出书本、超出高中的学习程度，教师难以独立地完成指导工作。教师沟通与交流在这门课程中显得尤其重要。"为增强教师合作的有效性，高中学校要采取相关的有效机制来保障教师合作的

---

① 陈向东：《基于社会网络分析的在线协作学习研究》，《中国电化教育》2006 年第 10 期。

开展，为教师合作搭建平台。比如，除了集体备课、听课、评课等校内活动外，学校还可充分利用网络资源，给广大教师提供更加宽阔的空间。高中可以建立自己的新课程网站，方便教师随时随地进行交流，鼓励教师在"教学反思"和"教育在线"上发帖子，写论文。

### 四、对课程设计人员的建议

（一）结合实际，编制多样化教材

在开放题中，某农村高中历史老师指出："各地方学生的知识水平、师资力量以及教学资源是不同的、一体化的教材并不是在每个地方都适应，有时甚至会适得其反。教材不能因地制宜，教师压力大，学生学习困难。"由此看来，在高中新教材的编制阶段，课程设计人员应全面考虑城乡、语言、民族等差异，为教师更好地适应新课改提供必要的资源支持。正如某农村高一语文老师指出："教材编写者应该多进行实地考察然后根据不同地方编写不同的教材，因地制宜嘛。应更多的进行实地考察，特别是边远山区，教材针对性更大点。"另一高中老师指出："建议教材分为城市、农村版。城市农村中学本身差距大，但要求考试都一样，不是很公平。"在新教材的推行和调整阶段，课程设计人员应根据实际情况，不断完善新教材的内容，使不同学校能够根据地域情况选择不同版本的教材，从而进行更有针对性的教育。

（二）实地调研，改进教材

目前的高中教材还存在不少问题。重庆某农村高中地理老师指出："应更多地进行实地考察，特别是边远山区。教材针对性更大点，教育行政部门多关注一下那里学生的具体困难，多给老师提供进修的机会，使大家真正投入到新课改中来。"在访谈中，针对教材中的问题，重庆某农村高中老师指出："新课标方案目标本身存在着过于理想化、脱离实际的问题。专家和行政部门应该积极听取一线教师的意见，对课程方案进行合理调整以适合中国社会实际情况。建议将一些知识编入教材内的理由做适当叙述或说明，展示给老师看。我觉得应根据各地实际实施课程改革。"因此，课程编制人员要积极听取一线教师对教材的意见和建议，积极与一线教师联系合作，改进教材质量。

### 五、对高中教研员的建议

在我国高中新课程改革的背景下，"教研员成为国家政策的执行者、学校课程的规划者、广大基层教师的指导者和服务者、学生学业水平的监督者，同时还是教育教学质量的促进者。"[①] 可见，教研员正成为推动我国基础教育课程改革的重要力量，并在高中新课程实施中扮演着重要角色。"教研员"是我国特有的一个约定俗成的称谓，特指省、市、区三级教学研究机构中从事课程、教材、教学、考试、评价等研究的专业人员。教研员工作的职能是"研究、管理、指导、服务"。研究是核心，管理是手段，指导、服务是研究和管理的指向。高中新课程改革在课程目标、课程功能、课程结构、课程实施、课程评价和课程管理等方面都提出了许多新的观念和要求。其全新的教育理念和教育教学指导思想，也要求教研员从新的视角，用新的理念去开拓新的教研思路，从而实现教育、教学、教研的全方位创新。在传统教研中，教研员的主要任务是按教学大纲和教材进行教学研究与指导。而面对高中新课改的推广、教研室功能的重新定位，以及教师学历水平的普遍提高，教研员的角色也需要重新定位。

其一，教研员作为课程研究者。高中新课程改革与传统课程相比，具有较强的理论性和专业性。教研员不能再简单地充当国家课程的忠实执行者，高中新课程教学的复杂性和生成性要求教研员用研究的眼光，凭借较为深厚的理论支撑解决改革中所遇到的各种问题，成为真正的"研究者"。否则，教研员只能处于被动执行者的阶段。因此，广大教

---

① 李玲、赵千秋：《教研员专业发展的困境与对策》，《教学与管理》2011 年第 22 期。

研员必须首先加强高中新课程政策的研究，改变其自身的课程理念，促进教师对高中新课程的学习与融合。

其二，教研员作为课程领导者。这是指教研员要在课程发展领域产生引领作用，而不仅仅是学科教学的指导者。高中新课程改革无论是从观念领域还是实践领域，都面临新的挑战。教研员往往都是从优秀教师队伍中产生的，对于本学科教学具有丰富的实践经验，但教学能力强不等于课程领导力强。因此，教研员在帮助高中学校发展和提升教师教学水平的同时，要使自己的教研经验得到提升，充分运用组织能力和较为扎实的学术功底，为高中教学实践提供智力支持，坚持定期下校上课，在教研理论和教学实践之间做到游刃有余，将领导能力纳入自己专业成长与发展的范畴，使教研活动、学术研究、师资培训等各项活动处于良好的外部环境中，在高中新课程改革中充分发挥自己的领导才能。

### 六、加强高中与大学的多方面合作

在调查中，一些教师指出大学的课程专家、学科专家的指导是必要的，但是他们也对校外专家提出了一定的质疑和建议。在问卷的开放题中，某农村高中老师写到："所谓的专家，到底有多专呢？专家远离基层实践，是否能真正从实际出发提出意见和教学改革方向的意见？"为此，大学中的课程专家、学科专家要从实际出发，加强与高中学校的合作。同时，高中学校也要积极采取多种形式寻求大学专家的指导与帮助。

（一）积极营造条件，提供多方面支持

就大学而言，为高中新课程的合作发展积极营造条件、提供多方面支持，是相当必要的。第一，提高大学教师的合作素养。一些大学教师在与高中教师合作中也存在合作能力缺失的问题，他们在对高中教师进行新课程培训时，不能把理论和学校实践联系起来。长此以往，就会引起高中学校的抵制，从而导致合作无法持续开展。对此，哈维洛克（R. G. Havelock）评述道："在严格的经费预算下，对中小学教师及管理者来说，院校合作越来越难以为继，因为与获得经费相比，这更像是一场不能给学校带来清晰、具体利益的学术游戏，它提供的仅仅是空虚的咨询建议、一堆理论设想和专业提升的空头支票。"① 为此，大学教师应避免以"专家"的身份自居，要从高中教师的实际需要出发，在民主开放的合作氛围中与高中教师进行平等对话，提高他们实施新课程的能力。再者，由于大学教师习惯使用一些专业术语，而高中教师也有自己的话语系统，从而造成合作中的交流障碍，这就需要大学教师在指导高中教师时适当改变自己的话语方式，使用高中教师熟悉的实践性语言。第二，完善大学教师合作的评价机制。事实上，"现存的教师评价机制制约了大学教师参与高中新课程改革的积极性。大学教师能否赢得学术地位有赖于其研究成果的级别和数量，而非他们为高中提供了多少指导与帮助。"② 相对于给高中教师提供服务而言，大学教师更倾向于学术研究并发表相应的科研成果，而非真正深入高中实践。古德莱德集他几十年的合作经验指出："合作中一般是大学（或大学里的教育学院、教育系）一方容易出问题，主要是因为合作的激励机制超越了大学传统做法。"③ 因此，应对参与合作的大学教师实施积极的评价机制。

（二）高中应健全组织机构，完善管理制度

健全组织机构、完善高中新课程管理制度，是高中新课程合作实施的有效保证。为此，我们应从以下几方面做出实质性努力。其一，加强合作组织建设。高中新课程实施虽然以学校为主体，但仍然需要得到大学课程专家、学科专家的帮助和指导，为此高中就需要深化合作的组织机构。

---

① R. G. Havelock, *School – university Collaboration Supporting School Improvement, The Eastern Private University Network Case*, Vol. 3, Washington, DC: National Institute of Education, Research and Practice Program, 1981, p. 131.

② 靳玉乐、樊亚峤：《校本课程发展中大学与中小学合作的意义和策略》，《西南大学学报（社会科学版）》2010年第2期。

③ John Goodlad, *Educational Renewal: Better Teachers, Better Schools*, San Francisco: Jossey – Bass, 1994, pp. 109 – 113.

在高中新课程合作实施中，高中也应成立相应的课程审议委员会、课程改革小组、高中新课程管理小组等，具体推动高中新课程合作工作的进展。我国颁布的《学校课程管理指南》（讨论稿）指出，学校课程审议委员会一般由校长、教师代表、学生及家长代表和社区相关人士等构成，有条件的学校可以邀请教育专家参与，学校课程审议委员会的主要职能是审议学校课程开发过程中的重大决策，形成《高中新课程方案》。而目前的实际情况却是很少有学校成立正式的课程审议委员会，以专门负责高中新课程的有关事宜。有的学校尽管成立了高中新课程审议委员会，也存在缺少课程专家参与的现象。其二，完善合作制度。高中新课程实施是一项系统工程，这就需要一系列的配套制度做保障，包括与高中新课程实施有关的师资培训制度、合作机制保障制度、经费保障制度、科学合理的激励制度等等。学校的合作制度是否健全对于开展高中新课程的合作十分重要，比如建立科学合理的激励制度就相当必要。学校的激励一般分为物质激励和精神激励两种。对于主动积极参与合作的高中教师，给予一定的物质激励是必要的，但是要以精神激励为主。对教师的物质激励要从满足他们的需求和发展出发，注重间接物质激励方式，如为高中教师提供参加会议的机会、提供培训机会、提供科研基金等。

## 第二节　高中学生新课程认同的提升策略

为了更好地贯彻新课程所倡导的"一切为了学生发展"的理念，提升高中学生对新课程改革的适应性，提高学生的学习质量。基于研究结果，特提出以下建议。

### 一、对教育行政部门的建议

（一）加强课程评价制度改革

"教育评价具有强大的导向功能，有什么样的教育评价，就有什么样的教育实践及学生发展。"① 因此为了增强学生对新课程的认同感，政府就应加快评价制度的改革，建立一种新的适应新课程需要的教学评价体系，改变过去只重视学生书本知识掌握的评价，以及仅以考试分数作为评价标准的单一评价，而更重视学生能力尤其是实践能力和创新能力的评价。事实上，当前评价制度仍是制约学生适应新课程和学习方式转变的重要因素，在实际的教学过程中，有许多学校之所以尚未实现真正意义上的学习方式的转变，在很大程度上受制于教育评价制度的滞后。目前，社会评价学校、学校评价教师、教师评价学生都以学生的分数为主要依据，而这种急功近利的行为也严重影响了现代学习方式的转变。在访谈中也得到类似结果，有学生谈到："教材的选修和必修对我们来说关系不大，只要是高考考的，我们都要学，不存在自由选择。"有学生认为："我觉得研究性学习作为必修课就像强加给我们一样，毕竟还要高考。除非条件很好的，那些有条件做实验的、搞科学的，他们会花时间钻研，我想一般的同学，尤其是对于我来讲，我还是会更注重其他课的学习，愿意把时间多用在主科上。"在对某高中一名研究性学习教师访谈时，问到"学生喜欢研究性学习吗？"他回答："他们的喜欢度也不是很大，因为他们的高考压力很大，平常主要是进行学科学习。但说不喜欢呢，每年 10 月、11 月、12 月，又会有很多学生报名参加这样的比赛，学生在周末也会成群结队地参与研究，积极投入到问卷调查、做实验当中，老师指导的度也会很小。这样看来，学生是非常喜欢的，只是在当前这种应试情况下，学生的喜欢受到了外界的阻力。"有的人说："你也知道我们示范高中的学生各方面压力都很大，何况研究性学习这门课并不参加高考，所以我并不想把有限的时间用在这上面，虽然是必修课，也没有得到重视啊。"

《基础教育课程改革纲要》规定："建立促进学生全面发展的评价

---

① 夏正江：《我们的教育评价能促进学生的发展吗?》（上），《教育发展研究》2011 年第 2 期。

体系。评价不仅要关注学生的学业成绩，而且要发现和发展学生多方面的潜能，发挥评价的教育功能，促进学生在原有水平上的发展。"在新课改中，促进学生的一切发展是教育教学评价的旨归，评价只是一个手段，其目的在于通过评价进行反思，对以往所得所失进行反馈，帮助学生发现问题，并寻找解决问题的方法。因此，改革评价制度、落实发展性评价方式才有可能改变学生和教师对于新课程的阻抗。特别是高考制度制约着教师和学生参与新课程的积极性，如何在高中新课程倡导评价方式多样化理念的前提下，对高考制度进行有效的改革，值得我们进一步探究。

高考改革是一项复杂的系统工程，牵一发而动全身，它涉及考试指导思想、科目设置、考试形式、评价方法和监督保证等众多的内容，必然是一个长期反复的过程。要让高考为素质教育服务，首先要转变"一考定终身、分数至上"的错误思想，要以高考制度改革为切入点，遏止片面追求升学率之风。针对高考制约教师对新课程认同感这一问题，一些教师也提出了自己的建议。某高中老师指出："希望能删减一些知识，希望行政部门能够降低高考中分数的比例。"其次要改革考试内容，减少基础知识重现的成分，增加能体现学生分析问题和解决问题能力的成分，以考察学生的发散思维和创新力为重点，使高考内容与基础教育相衔接，与素质教育理念相吻合，与培养学生的创新精神和实践能力相对接，使学生整体素质在高考中得到进一步体现。再次，要使高考适应不同地区的差异，同时要通过学业水平考试、综合素质评价等多种评价方式的综合运用改变高考"一卷定终身"的现状。

1. 综合素质评价改革

综合素质评价是我国在全面推进素质教育过程中出现的新事物，它体现了我国新一轮高中新课程改革"为了每位学生的发展"的基本精神。通过实施综合素质评价力求发现并选择一切可能的教育方式，创造良好的教育环境，形成一种适合于每位学生身心发展状况的教育，实现最大程度地促进每个学生全面而有个性地发展的目的。学生综合素质评价是新课程改革的产物，是教育评价改革的必然结果。与传统的以纸笔测试为主的学生评价比较，它体现了以人为本的现代教育观，更有利于学生的全面发展。综合素质评价不仅关注学生的学业成绩，同时也关注学生的发展潜能，通过了解学生发展中的需求，帮助学生认识自我，使学生在原有基础上得到更大的提高。学生综合素质评价不是其中的某一个方面的评价，而是对学生的全面素质进行评价，以促进学生综合素质的提升为目标。为促进高中综合素质评价改革的顺利开展，我们可以从以下方面做出努力。[①]

（1）明确评价内容，完善评价指标，提高评价方案的可操作性

综合素质内涵的丰富性决定了高中学生综合素质评价工作的复杂性。高中学生综合素质评价的内容有哪些，如何收集这些相关内容是完善综合素质评价方案首先要明确的问题。也就是说，要明确在当今社会高中学生应当具有哪些必备的素质，才能满足今后学生个人的发展和社会的需要。评价内容的设计必须符合高中生的身心发展水平和我国教育发展的实际，便于各评价主体理解，利于操作实施，要尽量对教师的工作具有指导性，对学生的发展具有教育性。综合素质评价是关注学生发展个性的评价，评价内容的制定要体现多元化，学生和教师要收集和保存日常学习生活中具有典型意义和个性特点的实证材料，如学习过程的记录、研究性学习的情况和参加社会实践、社区服务等活动的基本信息。纵观各地综合素质评价方案可以看出，全国各省市都以教育部《关于积极推进中小学评价与考试制度改革的通知》中规定的六个方面作为高中学生综合素质的核心内容，或以这六个方面为依据稍作修改。但这些只是构成综合素质的基本维度，由于人是一个完整的个体，每个学生都是一个完整独特的存在，我们不能将综合素质进行合理的划分。"如

---

① 李宝庆、樊亚峤：《高中生综合素质评价方案：问题及改进》，《教育发展研究》2012 年第 10 期。

果说道德品质、公民素养是'德'的表现，运动与健康、审美与表现分别是'体''美'的表现，用学习能力和交流与合作能力来反映'智'则不够恰当。"①

综合素质是高中生今后继续发展所需要的基本素养和能力，所以综合素质内涵的界定和评价指标的设置要符合高中阶段学生的年龄特征和身心发展的实际状况，不能过高或过低，要选择那些对学生的成长起关键作用的指标，数目要合理，避免大而空，避免评价指标越多内容越全面的错误思想；同时评价指标要符合自己学校的实际情况，以便能透过学习和生活的真实过程观察学生的日常行为表现。另外，评价的维度和观测点应当尽量客观，克服评价中的主观臆断以提高评价的真实性。综合素质评价方案作为开展这一工作的指导性文件，其内容的明确性、维度的准确性和可操作性，都直接关系到综合素质评价开展的效果。

（2）开展有效的专业培训，提高评价主体的专业素养

高中学生综合素质评价实行包括教师、学生、家长在内的多元化评价主体的评价方式。他们对综合素质评价内容与意义的理解，对评价方法的掌握，直接关系到评价的进程和质量。因此，及时开展实效性的培训是顺利开展综合素质评价工作的重要保证。针对目前存在的评价主体对综合素质评价认识片面、专业素养缺失等问题，需加强针对各主体的培训，帮助他们认识到自己在评价工作中的角色地位，并且要通过合理分配不同评价主体的评价权限，调动并发挥他们的积极性，承担起自己的评价责任。首先，学校要在教育主管部门的指挥领导下成立专门的培训机构，就综合素质评价的方案和组织实施进行讲解，并且尽可能地结合综合素质评价的成功案例，调动评价主体的主动参与性和积极性，以提高培训工作的实效性；其次，学校要开展全面、细致的指导工作，包括评价信息的收集方法、评价指标的区分、电子系统的操作及评价结果

---

① 赵小雅：《不以分数为唯一标准的评价怎么评》，《中国教育报》2006 年 6 月 7 日。

的呈现、保存和应用等；再次，要建立教育工作者的培训制度，通过培训，使各评价主体明确自己所做工作的重要意义，掌握评价的原则和方法，学会合理使用评价语言，特别是描述性语言，对学生的评价做到等级评定与质性评价相结合。

（3）建立健全各种保障制度，使综合素质评价工作落实到实处

首先，学校要建立公示制度，对指导学校开展评价工作的高中生综合素质评价方案、学校综合素质评价委员会的成员及每学期综合素质评价的结果等等向家长、教师、学生、社会进行公示，以接受社会、家长和教师等的监督。其次，要建立完善的诚信机制和责任追究制度。参与评价的人员要严格按照相关诚信责任和义务开展工作。对于在综合素质评价工作中违反诚信规定的相关人员，应给予严格的处罚。严厉制止弄虚作假和徇私舞弊现象的发生。再次，要建立申诉复议制度。学生或家长如果对评价结果存有异议，可直接向学校提出申诉。学校必须认真对待，要根据原始评价记录、原始材料给予答复，实事求是地处理，并及时向申诉人反馈，切实维护学生的合法权益。对不服学校处理意见而提出的复议要求，要由教育行政部门做出裁定。最后，要强化监督评估制度。学校要成立专门的综合素质评价监督小组，加强对综合素质评价工作的督查与评估，指导综合素质评价工作的有序进行，并及时改进评价工作中出现的问题。另外，学校要加强基础设施建设，为培养学生综合素质、开展综合素质评价的工作营造良好的环境，为开展新课程改革的一系列工作提供资源条件的支持。

（4）建立良好的社会环境

首先，为了提高学校、教师、学生及家长对综合素质评价的认识，要切实做好宣传工作，营造良好的社会氛围。通过广播、电视、报刊、网络等媒体，加大综合素质评价的宣传力度，营造广泛的社会关注氛围和良好的舆论环境，形成有利于综合素质评价实施的外部氛围。在条件允许的情况下，上级主管部门可以组织出版综合素质评价的书刊，向公

众阐明综合素质的含义及评价工作的意义。① 同时，学校也要积极配合宣传，通过校园网、校报、宣传栏以及班会、家长会等形式，向学生和家长宣传改革理念，使其认识到综合素质评价的重要意义，深入了解实施综合素质评价的重要地位和作用，从而积极参与这项评价工作，为学生的健康成长营造良好的舆论氛围和社会氛围。其次，要针对现在社会上普遍担心的综合素质评价的公平性问题，完善综合素质评价的监督制度，加强诚信制度建设，建立有效的保障机制。教育评价制度的改革是一项全民族的事业，综合素质评价的顺利开展依赖于良好的社会环境，党和政府必须做到大力支持和正确领导，各级教育行政部门和教育专家要做到正确指挥，社会各党政机关、职能部门和企事业团体要做到积极配合，充分发挥教育主管部门的监管作用和社会舆论的监督作用。

2. 高中学业水平考试改革

高中学业水平考试是由高中毕业会考演变过来的。早在 1985 年为了检测普通高中的教学质量、评价学生的学习状况，高中毕业会考便在全国各省市铺展开来。然而在高考的影响下，高中学业水平考试日益走上形式化的道路。2000 年教育部发布了《关于普通高中毕业会考制度改革的意见》指出："将高中毕业会考的决定权和管理权下放到省一级教育行政管理部门。"此后各地先后取消高中学业水平考试。2008 年，教育部在颁布的《关于普通高中新课程省份深化高校招生考试改革的指导意见》中明确提出："各地要加快建设在国家指导下由各省自行组织实施的普通高中学业水平考试和学生综合素质评价制度，切实做到可信可用，逐步发挥其对普通高中教育教学质量进行管理和监控，对高中学生学业水平和综合素质进行全面、客观评价，以及为高校招生录取提供参考依据的作用。"由此高中学业水平考试作为一项适应新课程改革并作为新课程改革的评价方式在课改省市被确立。从 2010 年《国家中长

---

① 《北京市教育委员会关于印发＜初中学生综合素质评价方案（试行）＞的通知》，《北京市人民政府公报》2006 年 5 月 21 日。

期教育改革和发展纲要（2010—2020 年）》要求实现高中学业水平考试及综合素质评价与高考成绩相联动，到 2013 年《中共中央关于全面深化改革若干重大问题的决定》指出要逐步实现高考与高中学业水平考试成绩、综合素质评价相结合的多元录取机制，再到 2014 年 9 月国务院颁布的《关于深化考试招生制度的实施意见》指出要探索统一高考与高中学业水平考试、综合素质评价相结合的多元录取机制。2014 年 12 月，教育部颁布的《关于普通高中学业水平考试的实施意见》明确了高中学业水平考试是根据国家普通高中课程标准和教育考试规定，由省级教育行政部门组织实施的国家级考试。经过改革之后，高中学业水平考试具有以下特征。其一，自身功能的多重性。高中学业水平考试在原有评价高中教学质量和学生知识掌握程度功能的同时又具有为高校选拔高中毕业生的功能。其二，考察科目的全面性。较之以前各省高中学业水平考试考察科目不一致的状况，新高中学业水平考试要求全科考察，即"《普通高中课程方案（实验）》所设定的科目均列入学业水平考试范围"。其三，考察对象的全体性。新高中学业水平考试对报考人员进一步放宽限制，既要求全日制普通高中生参加，也允许高中阶段其他在校生和社会人员参加。其四，考试的权威性。高中学业水平考试按照国家课程标准与高考几乎完全相同的管理模式，由省级考试机构统一组织命题和考试，可以保证高中学业水平考试的权威性和可信度。为促进高中学业水平考试改革的顺利开展，我们可以从以下方面做出努力。①

（1）加大高中学业水平考试宣传力度，建立适应高中学业水平考试的新观念

加强高中学业水平考试政策的宣传，有助于消除因误解高中学业水平考试而产生的抵制心理，尤其是高中学业水平考试实施前期的宣传，有利于克服会考制度留下的刻板印象，初步建立起适应高中学业水平考

---

① 李宝庆、吕婷婷、樊亚峤：《高中学业水平考试的阻力与化解》，《中国教育学刊》2016 年第 3 期。

试的新观念。《关于普通高中学业水平考试的实施意见》重申了学业水平考试的定位和重大意义:"学业水平考试是根据国家普通高中课程标准和教育考试规定,由省级教育行政部门组织实施的考试,主要衡量学生达到国家规定学习要求的程度,是保障教育教学质量的一项重要制度。考试成绩是学生毕业和升学的重要依据。实施学业水平考试,有利于促进学生认真学习每门课程,避免严重偏科;有利于学校准确把握学生的学习状况,改进教学管理;有利于高校科学选拔适合学校特色和专业要求的学生,促进高中、高校人才培养的有效衔接。"由此可见,高中学业水平考试与选拔性质的高考不同,考查的是学生各学科的学业水平,对学生的全面发展和终身学习具有很重要的价值。同时,新的高考政策突出了高中学业水平考试在高校招生录取中的重要地位,以期通过高中学业水平考试改变高考"一考定终身"的现状。为了调动广大民众参与到新一轮高中学业水平考试改革的浪潮中,政府和学校可以借助媒体或采取动员大会的方式向教师、家长、学生阐明高中学业水平考试的性质、功能、定位,与会考制度的区别以及对个体和国家教育发展的重要性等问题,使学业水平考试的价值得到认同和肯定,提升学业水平考试的地位和影响力。

(2)树立新型考试观,转变传统的考试价值观

要通过高中学业水平考试体现素质教育的理念,必须大力宣传新的考试价值观念,转变传统的考试文化观念。首先,突出"考试是为了教学"的观念。高中学业水平考试不仅是一种诊断学生学业水平和学校教育质量的手段,更是通过考试目标的确立、考试内容的规定、考试标准的制定来引导课堂教学理念、教学目标、教学内容和教学方法转变的手段。对学业水平考试成绩的分析和总结,也是为了能有针对性地改善高中教师的教学方式和学生的学习方式。其次,树立"为了促进学生发展"的考试观。高中学业水平考试是一种标准化的测验,其最基本的功能是检测学生各门学科是否达到学业标准,是否为终身学习打好基础,

它侧重于每一个学生的发展。

（3）完善高中学业水平考试的实施机制和制度环境

高中学业水平考试实施机制的不健全和制度环境的缺失是由较高的经济成本、利益成本、效率成本的压力导致的，制度资源的浪费和各利益集团之间的意见冲突都会增加制度变迁的成本，因此，必须出台相应的配套措施，以保证学业水平考试制度"高利益，低成本"实施。其一，建立财政保障制度。加大政府对高中学业水平考试相关制度的财政投入，避免各地由于资金不足而推卸实施责任，同时也要加强对财政拨款的过程实施监督，保证高中学业水平考试的经费落到实处。其二，建立信息公示制度。将高中学业水平考试的评价程序、评价方式和评价结果通过网络平台向家长、学生、社会进行公示，以接受广大群众的监督。其三，建立质量监督制度。学校可以设立专门的质量评估小组或聘请社会监督员巡视考场，对高中学业水平考试的内容、实施过程进行监督。其四，改革考试评价制度。一是在高考的基础上，突出高中学业水平考试和综合素质评价在高校招生录取中的地位，形成多元的现代考试招生制度。要破除"一考定终身"的魔咒，必须落实对学生社会实践、公共服务能力、兴趣特长等方面的考核，将学生从"分数至上"的禁锢中走出来，引导他们从知识的学习转向个性的发展，从记诵的"牢狱"走向社会。二是积极探索学业水平考试制度的具体实施方式，避免高中学业水平考试的科学性、公正性、过程性、发展性等原则的偏离。例如高中学业水平考试如何落实一年多考、考试科目采取什么方式赋予学生自主选择的权利、高考与学业水平考试如何挂钩等问题都必须有一套符合素质教育理念的具体办法，又如教师可以将学生的课堂表现、资料收集、问题解决和实验操作的表现计入平时成绩，体现学业水平考试的过程性。

（4）完善高中学业水平考试方案

高中学业水平考试政策的意图旨在改变"一考定终身"的局面，

保证高校招生制度的公平性，但由于高中学业水平考试方案涉及的学科考试内容、等级划分、高校录取等内容背后隐含着对学生的教育背景、文化资本的力量对比，在这场非均衡的力量角逐中，原有高考制度框架体系下的既得利益者凭借雄厚的财力、丰富的信息和较高的地位，占据着考试的优势地位。因此，高中学业水平考试方案必须综合考虑各个阶层的利益，尤其对处于弱势地位的群体有所侧重。首先各地区应明确将"公平性"原则列入高中学业水平考试正式文件中，并在命题、内容、成绩评定、成绩使用中有所体现。例如在成绩评定方面，应该为学生提供一份由量化的等级认定和质性评价两方面组成的成绩报告，全面反映学生的高中学习情况，避免因个别有特殊潜能的学生高考失利而带来人才流失；在等级成绩划分比例中，各省的实施方案应适当地增加优秀的农村学生的数量配额；在考试内容上改革"城市化"的价值取向，试题应增加主观题的比例，选取贴近城乡学生生活的典型事例，兼顾城乡学生的知识广度和深度。

（5）建立以"课程标准"为依据的学业水平标准，提高评价方案的可操作性

高中学业水平考试的学业水平标准是对高中学生获得相应等级应该达到的知识能力掌握程度的描述，它是学业水平考试命题的依据，是将考试评价指标转化为具体可操作行为的标准。目前许多省市的学科学业水平标准的制定仅仅笼统地根据课程内容标准去确定学业考试的内容范围，没有具体可操作的行为表现标准，导致命题专家和评价者无法确定测试的能力水平层次。同时，由于缺乏学科学业水平标准，我国高中学业水平考试大多以学生成绩的百分制划分等级，这又赋予了学业水平考试常模参照考试的性质，违背了学业水平考试的初衷。因此，我们需要建立高中学业水平考试的学业水平标准。首先要明确建立学业水平标准的依据。高中学业水平考试是基于课程标准的考试，而课程标准包含"课程理念、总目标及内容标准"三个层次，且学业水平考试是围绕具

体学科展开的，因此学业水平标准的制定要以课程标准的总目标为直接依据，借助内容标准确定知识范围。其次，需要制定学业水平量表。为了保证高中学业水平考试的标准参考考试性质，各地需要借助学业水平量表工具，依据学业标准划分学业水平考试的等级。最后，明确学业水平标准的行为指标。高中学业水平考试既要能检测学生的认知水平，又要对学生的能力提出要求，因此学业水平考试的学业水平标准应该明确学科内容涉及的学科知识和技能策略以及思维能力、数据分析能力、操作能力及其不同等级要求的具体特征，做到具体化、可操作，让教师、学生在实施高中学业水平考试的过程中有标准可依。

（二）给予学生充分的人文关怀

在高中新课程改革背景下，人文关怀不仅仅是家长、教师、学校及其他人员需要给予学生的，同样也是学生需要从政府部门各方面获得的。如何从根源上激发学生的学习动机和改革的愿望，让他们主动参与到课程改革中，提升学生自身的内驱力，让学生最终适应高中新课程改革，我们需要做两方面的努力：其一，让学生相信自己是课程改革的最终受益者。为了帮助学生更好地适应课程改革要求，克服适应困难，应始终坚持以人为本、以学生为本，在课改政策的制定中关注学生个性和差异需求，给予学生应有的人文关怀。其二，政府应从单纯的"管理者"角色转变为"服务"和"指导"的角色。传统的管理偏重于用规章制度、组织职权对下实行强有力的控制，而新课程则要求刚性管理与柔性管理相结合，并且应该以柔性管理为主，促使学生更快地适应新课程。

**二、对学校的建议**

当前影响学生适应新课程改革存在一些制约因素，比如教师的专业素质、课程资源、学生特点等，为此，为了学生更好地适应新课改，学校管理者应从以下方面着手。

（一）加强教师培训

高中新课程改革对教师的职业能力和专业素质提出了更高的要求，从而对其固有的职业模式特点产生了较大冲击。"教参没了，训练题撤了，教师忽然觉得没了主心骨；新教材的改头换面，使教师不能再像以往那样照本宣科，更不能对教材亦步亦趋；新课程的开发与灵活，使课堂教学不可能再像从前那样按部就班。"① 教师素质结构的滞后让其不能很好地驾驭课程实施的过程，常常出现"一放就乱、一管就死"的现象。从表面来看，这是课堂调控的问题，实际上这是教师自身素质的内在制约。学生认同新课程是以教师认同新课程为前提的，只有教师有意识地开展有利于学生认同新课程的教学，学生认同新课程才有最终实现的可能。新课程改革对高中教师的教学能力提出了更高的要求，需要教师专业素养得到新的提升。一些教师的专业素养与新课程的要求还存在一定差距，没有能够真正理解高中新课程的内涵，从而导致在课堂中容易出现形式化的倾向。我们发现，在教学实践中，许多教师在接受了教学改革理论培训后，很难把接受的理论和技能运用到日常教学上，出现"听了未必接受""接受了未必会用"的现象，不能真正培养学生的探索发现的能力。因此，高中应加强教师的培训工作。第一，严格核定培训机构的资质，让具有良好资质的培训机构承担高级别、高层次的教师培训，尤其是"国培计划"的实施，更要保证培训机构的资质核定，以提供高水平、高层次的培训。第二，扩大培训覆盖面，实现全员培训，让每一位教师都有机会参加至少一次较高层次的培训。第三，培训机构应做好培训需求分析，制定出明确具体的培训目标和个性化学习以及培训方案，根据培训对象需求选择培训内容，针对成人学习特点，丰富培训的方式。第四，完善培训监管制度及考核评价制度，保证培训效果。第五，建立名师工作室。名师工作室是教师基于共同的目标，在专

---

① 李建平：《新课程 教师为何"不会"教?》，《湖北教育》2002 年第 2 期。

家的组织下，旨在通过对话、合作和分享性活动来促进教师专业成长的共同体。这一教师共同体，有着明确的目标、共同的愿景。名师工作室作为一种教师研修、培养的模式越来越受到重视。建立名师工作室的目的在于充分发挥名师的示范、带头和指导作用，组建形成优秀教师的群体，减少单兵作战的劣势，发挥团队优势，提高一个地区高层次教师的整体水平。在教师专业成长中，名师工作室首先起着十分重要的作用。首先，发挥专家引领作用。在名师工作室中，作为指导老师的专家自身是一种重要的教育资源。名师作为课堂教学领域的专家，有着丰富的实践经验和成熟的教学风格，也非常容易把握教师在专业发展过程中的困惑与不足。以名师工作室为载体的教师研修活动，能使这个工作室中的研究团队以小组研讨的形式，面对面地分享专家教师的智慧，从而加速教师成长的步伐。其次，促进教师之间交流、分享专业知识与经验。名师工作室作为一个教师专业共同体，本身并不是一个同质性的群体，每一位教师都有自己独特的教学经验和学习经历，有个性化的知识结构、信念体系和思维方式。即使是执教同一内容的教师，在教学内容的处理、教学方法的选择、教学情境的创设等许多方面也可以说尽显个人风采。作为一个教师共同体，成员之间联系紧密，彼此之间进行对话、协商、合作和分享，构成一个联系紧密的有机体，打破了过去教师组织长期形成的彼此孤立、封闭、各自为战的状况，充分发挥共同体的优势互补作用。不同层次教师通过交流与碰撞，启迪了彼此的思维与想法，使参与的每个人都在研究与交流中提高。

（二）资源保障

课程资源是学生学习的基础和条件，其开发利用的状况制约、影响着学生学习的方式。比如，探究学习成为新课改的一个亮点，这就要求学校必须具备相应的硬件设施，如图书馆、微机室等。然而，学生可以利用的课程资源仍较为缺乏，尤其是农村学校的图书资料、教学仪器、现代化的教学设备更为短缺。调查研究发现，只有22%的学生反映

"学校图书馆、实验室的资源满足需要"。在访谈中也得到类似的结果，有学生谈到："我们学校的计算机室本来就少，学校只有在固定的时间才允许我们使用，比如上计算机课，一般时间是不对我们开放的，实验室也只有上化学课、生物课的时候我们才能接触，更别说图书馆了，而且我们学习任务多，一般也不去借阅书刊，高考要学的就够我们消化了，里面的图书很破旧了，对于研究性学习的相关资料我也没有注意过里面有没有。"也有高中学生反映："资源的局限限制了我们的思路，有一些想法只能停留在理论上，根本没有条件进一步深入下去。"

因此，为推动高中学生更好地适应新课程，学校应实现校内外多种课程资源的开发与利用，尽可能创造条件建设科技楼、图书馆、阅览室、实验室、校园网等。比如就图书建设而言，学校应从以下方面做出努力。其一，设立图书专项经费。建立各级教育行政部门、地方、学校共同筹措图书经费的机制，确保学校图书馆每年能按一定比例购买一定数量的新书。其二，合理运用有限教育经费。为增加学校图书对师生的吸引力，提高学校图书的使用效益，学校图书馆购置新书要有所选择，重点采购适应师生需求的书籍。其三，加强馆际合作，丰富学校图书。目前，许多学校购书经费和可用图书都比较少。一定区域内的学校可在上级教育行政部门统一协调下，分工合作，重点建设，根据各校实际情况和办学特色，由不同的图书馆采购不同学科领域的新图书，并通过馆际互借等方式，使师生能看到更多更好的书籍，从而最大限度地发挥各校图书的使用效益，还能避免重复购书。

（三）为学生赋权，注重学生的参与

研究发现，在促进高中课程改革成效的各个因素中，为学生赋权的状况很不乐观。历次国内外课程改革都表明，若没有学生积极地参与，再好的课程改革蓝图也会遭遇麻烦，进而导致失败。目前，学校管理者还不善于对学生赋权，学生始终处于一种被动的管理和学习状态，这很不利于学生对于新课程改革的适应。若要改变这种状况，需要从以下方面着手。

第一，充分理解高中新课程所蕴含的民主理念，建立民主协商的文化氛围，使学生们相信，只有在民主的文化氛围内，他们才能真正适应课程改革。第二，进行相关课程制度改革，为学生参与学校的课程决策提供保障机制。比如，倾听学生的呼声，建立与完善学生参与学校课程改革发展委员会，给学生提供有效参与的平台，让他们真正感受到主人翁的权利意识。第三，明确新课程发展理念，注重学生的个性发展。让学生能够理解课程理念，在理念的指导下，有意识、有目的地参与到课程发展中去。

（四）实施小班化教学

统计结果显示，班额人数为 30 人以下、31—45 人的班级中，学生对高中新课程的认同水平较好，学习方式转变的情况也很好。因此，我们建议学校应积极推行小班化教学，以更好地实现高中学生对新课程的适应。

### 三、对教师的建议

（一）转变教育观念

教师的教育观念是教师个人对教育的理解、经验和行为的概括和信念，决定着教师在教育教学中的行为。我国高中新课程倡导的自主、合作、探究的学习方式无疑会对教师提出更高的要求。要转变教师的教学方式和学生的学习方式，首先必须转变教师的教育观念。然而在多数情况下，教师不愿改变既有的信念、态度和价值观，仍有一些教师用传统的观念教今天的儿童，这样的观念显然不能适应高中新课程改革的要求。"要实现学习方式的转变，教师必须具备与之相适应的教师角色观、师生关系观、教学任务观等教育观念。"[1]

（二）实现传统与新学习方式的有机结合

新学习方式的使用，在一定程度上改变了过去学生单一、被动的学习状态，使我们的课堂教学焕发出新的生命活力。但我们也应该认识

---

[1] 谭顶良、周敏：《学习方式的转变：热点冷观》，《南京师范大学学报（社会科学版）》2004 年第 1 期。

到，新学习方式不是包治百病的灵丹妙药，也同样存在着局限性。城乡高中新课程改革中不少教师由于思想认识上存在偏差，缺乏辩证的扬弃的观念，从一个极端走向另一个极端，神化了新学习方式，把它奉为改变教学现状的至宝，在教学中忽视学科性质、教材因素、学生特征而一味滥用新学习方式。有的教师一节课用上三五次合作讨论，有的教师不管问题深浅都采用探究学习，为了追求学习方式的多样化，这些教师忽视教学内容的特点和学生盲目地运用新学习方式，认为这样就能体现课改精神，造成了新学习方式的泛滥。

事实上，高中新课程"是在承认、接受学习价值的基础上，针对被动、单一的学习方式，构建由自主学习、合作学习、探究学习和接受学习等相结合的多元化的学习方式。"① 这就意味着，高中新课程并非全盘否定传统的学习方式，其力图转变的是传统教学中过于强调接受学习、死记硬背、机械训练的学习方式，追求学习方式的多样化与个性化。我们不能因为要推进新的学习方式而忽视传统的学习方式，而应注重传统的接受学习与新的学习方式的结合。学习方式并没有水平高低之分，只是需要根据不同的教育情境选择合适的学习方式。比如，对于易于理解和掌握的知识应采用接受学习，对于较难理解和掌握的知识可采用自主学习，而对于学生的个性发展非常重要且难于理解的知识可采用探究学习。

相关研究也表明："新学习方式的作用不是无限的、唯一的，一切真知未必都需要自我发现来获取，大量的知识可以通过有意义的传授而获得；新学习方式并不是传授新学习内容的首选学习方式，特别是语言、数学等工具性学科和难度较大的新课程，需要依靠教师的讲授、论证来引导学生理解。"② 可见，各种学习方式都有其独特的价值和作用，

---

① 李宝庆、靳玉乐、樊亚峤：《新课程改革下学生学习方式的转变》，《教育研究与实验》2012 年第 6 期。

② 黄家斌：《泛化、虚化、异化、神化——自主、合作、探究学习方式的误区》，《小学教学参考》2005 年第 7 期。

接受学习也不例外，那种"非此即彼"的二元对立观点和"全盘否定接受学习"的绝对化认识不符合教育现实。总之，采用何种学习要视具体情况而定，并且教师要充分考虑到教学目标的要求与学习计划，在最大限度内完成教学任务并使学生获得知识的同时，获得能力的发展和人格的完善。

（三）加强对高中学生的学习指导

调查发现，目前我国高中学生在学习中仍以被动接受式学习为主，学习的自主性不强，缺乏探究学习的方法和机会，学习动机过于功利化；对合作的认识较好，但合作交流的能力不够、层次较低、时空较少。有学生在访谈中说到："我比较认同小组合作学习、探究学习之类的学习方法，然而，我不清楚怎样根据探究的问题制定计划。"这几个问题就要求教师在教学过程中注意提高对学生学习方法的指导，以促进学生适应新课程的发展。

为此，教师应尊重学生主体性，并启发学生内在的主动性，引导学生开发其隐藏的独特性，放手让学生表现自己的独立性和自主性。对于教师如何加强对学生的学习指导，重庆市某高一学生指出："小组讨论问题时应该由教师引导，要是全凭学生自己探究的话还是有些困难的，容易走错路。老师引导的话不是说全部引导，而是说在容易出错的地方商讨一下。小组学习的目的就是提高我们的学习效率，要是全凭我们自己去研究的话，容易走向歧途，起到更加缓慢的作用。而且有些学生不一定就在讨论这个问题。"有学者指出："教师对学生的指导应贯穿于整个教育过程的始终，对学生力所能及的，教师应避之；学生力所难及的，教师应助之；学生力所不及的，教师应为之。"① 此外，为了更有效地加强对学生的指导。教师也要注意教学行为的转变。其一，教学方式的转变。教师要能够根据时代要求，把信息技术及先进的高科技发明

---

① 孙钰柱：《当前课程改革背景下课堂教学的问题与反思》，《课程·教材·教法》2006 年第 10 期。

适当应用到课堂教学中，激发学生的学习动机，促使他们去研究未知领域。其二，教学方法的转变。当今课堂不再是传统"讲授法"一统天下的时候了，应该在具体的教学情境中，合理运用"讨论法""发现法""探究法"等现代课程改革所倡导的教学方法，创造和谐、活泼、轻松的课堂氛围。

1. 激励学生的学习兴趣，提升学生学习的内驱力

德国教育家第斯多惠（F. A. W. Diesterweg）说："教学的艺术不在于传授的本领，而在于激励、唤醒、鼓舞。"① 教师通过这样的教学，不仅使学生获得更好的知识，而且有利于他们思维、情感、意志的发展。教师要善于抓住学生的心理特点，对于高中生，尤其是对于农村的高中生来说，能引起他们强烈的好奇感与探索欲望的新奇事物很多，教师可以以此来精心设计课堂实施的手段和方式，运用一些教学技术和游戏等直观和生活化的场景来吸引学生注意，充分调动学生自主学习的积极性，激发他们对学习的热情，使他们产生一种强烈的求知欲望，真正从"要我学"走向"我要学"。教师要充分激发学生学习的兴趣和自主意识，化被动为主动，使其想学、乐学、愿学，成为学习的主人。

2. 加强学生学习方法的指导，使学生会学

新的学习方式以"学会学习"为重点，因此加强高中学生的学习策略和方法指导具有重大的意义，新学习策略和方法指导的核心是充分发挥学生的主体性，使学生真正成为学习的主人，其关键是使学生学会掌握知识，即获取知识的方法。教学过程不单是一个传递和接受知识的过程，"授人以鱼莫如授人以渔"。对学生而言，掌握策略和方法比掌握知识更重要。要想使学生真正成为学习的主人就必须在学习中教给学生学习的策略和方法，使学生在教师的指导下有意识地实践和形成自己的学习方法。比如，学习过程中需要掌握的方法，如阅读方法、听课方

---

① 冯克诚主编：《第斯多惠师训思想与〈德国教师教育指南〉选读》，中国环境科学出版社 2006 年版，第 21 页。

法、预习方法、复习方法、解题方法等。在练习复习时，教师教给学生归类、整理、检查的方法；在出现错误时教给学生纠正、反思的方法。

**四、对课程设计人员的建议**

（一）优化编写人员构成

高中教材的编写质量直接影响到学生的成长和国家教育发展的大计，没有高质量编写团队就出不来高质量的教材。就政府维度而言，应该统揽全局，严格完善教材编写的审核机制，本着公平公正和高度负责的精神，建立相应的政策和经济保障机制。教材多样化是要在种类增加的基础上实现质量的总体提高。然而，据调查，教材版本的情况并不容乐观。有学生谈到："教材的编写顺序混乱，前后知识点衔接不当。"也有学生反映："教材的编写应照顾我们高中学生的兴趣，多编写贴近我们实际生活的、有趣的，多拓展下课外知识。"还有学生反映："教材内容简单，插图挺多，知识点例题较少，而考试的内容与书本的例题不符合。"总之，教材的编写质量有待提高。另外，我们也通过访问教师得知，现在有多种教材版本，在如此短的时间内编写出如此多的教材版本，肯定存在着良莠不齐的现象。提升教材的质量和科学性，有待编写人员自身素质的提高。对此，可以建立教育专家和学科专家及一线优秀教师组成的专家库，严格审核教材编写团队人员的准入制度，广泛吸收社会人士、家长、学生及学校的意见和诉求，引导教材编写人员的服务趋向，教材出版和使用要公开、透明，教材的编写和使用要接受社会监督。

（二）实地调研，改进课程

教材为师生的学习活动提供了基本线索，是实现课程目标、实施教学的重要资源。在研究教材和对一线教师使用教材的情况进行调查时，可以强烈感受到编写者的良苦用心，也可以嗅到教材中带来的新课改的气息，但也存在着一定的问题，我们根据调查中教师们在实际教学过程中反映的情况做总结，同时也希望教材编写者能够更加仔细地编写审阅，走进教学一线，编制出更加合理的教材以方便教师的教学。

课程设计人员在设计课程之前，应当倾听一线教师和学生的声音，根据他们的意见和建议，结合不同地方的文化差异和经济差异，编写出适合不同地方和不同层次的课程教材。例如，目前"各种'城市版'教材当道，农村教师和学生无所适从的现象即是明证"。① 教材编写时要考虑到办学条件、师资力量，尤其是适合于那些处于不利学生群体的实际需求。此外，编写人员在编制教材时要遵循学生身心发展的规律及学科、时代需求。"课程设置既要根据社会发展以及学科的特点来进行，同时也要关注学生独特的智能特点……课程设置要具有开放性、灵活性、多样性以及实施上的弹性，协调好学科课程和活动课程、必修课程和选修课程、理论课程与实践课程以及文化课程与理科课程之间的关系。"② 关注学生主体的需要，同样也是教材编写不可忽略的，"向学生提供的帮助，主要包括补救性教学、学生福利、为学生提供满足个人需要的学习安排"。③ 总之，优化课程、改进课程、适应学生需求应是教材编写人员孜孜以求的目标。

（三）注重教材逻辑顺序和衔接问题

调查发现，教材的编排和衔接问题几乎是学生和教师普遍反映感到很不认同的问题。例如，仅有31.8%的学生认为"教材的编排顺序很合理"。另外，在访谈学生时也得到证实，学生普遍反映，教材编排顺序不合理，书本上的知识简单，考试却难，然而老师在讲课的时候，会按照高考的要求重新编排顺序，重新补充考试的内容，增加了学习的负担。与此同时，一位对教材感触颇深的语文教师说："现在用的教材总

---

① 王爱菊：《"新课程"教材编写机制：批判与反思》，《安庆师范学院学报（社会科学版）》2008年第6期。

② 李本友等：《学生学习方式转变的影响因素、途径与发展趋势》，《教育研究》2012年第2期。

③ 王楠：《芬兰的高中课程设置》，《网络科技时代》2008年第13期。

体感觉质量不是很高，一个是系统性和配套性差，有的只有阅读教材，没有写作教材，或根本就没有涉及写作的问题，教起来很麻烦。二是有的教材还出现了'硬伤'，文言文断句都能断错，有的新教师开始就按错的教了，还要再去更正，老师们意见很大。"有的教师反映："现在的教材是螺旋式编排，过去的教材是线性式的。但是作为应试考试的话，我觉得线性式的系统一些。另外，现在的必修内容多、乱、杂，设计的目的就是通识教育，目的就是人人学化学嘛。但是现在搞得人人不学化学，觉得化学很难。"可见，教材的编排顺序确实已经阻碍了师生更好地认同新课程的积极性和参与性。如何有效加强教材内容选择的科学性、教材内容组织的合理性以及适应师生的认知需求等，都是今后课程设计人员需要注意的问题。

（四）拓宽课程设计人员与师生间信息的渠道

国内外研究都发现，课程设计人员和课程实施者（特别是教师和学生）之间的信息不畅，是影响课程实施成效的主要因素之一。课程设计人员在了解课程改革的前提下编写教材，对课程知识点的编排和处理有一个比较充分的预想。然而，由于课程设计人员关注的焦点在于课程研发上，而认为教材的实施是教师和学生的事情。因此，两者的沟通不畅将会影响新课程的顺利实施。有效沟通的信息渠道为教材编写人员与师生搭建了一个平台。教材设计之初，编写人员可以征求教师和学生的意见，尊重他们的意志，必要的时候，可召开现场面对面的交流会，就教材编写标准、教材知识组织、选择要求等现场答疑解惑，甚至可吸纳与会人员合理的建议。即使教材在使用过程中，师生也可针对教学活动中教材出现的问题反馈给教材编写团队。总之，建立课程信息沟通的长效机制可以促使课程使用者能够将教学内外的课程反馈信息用一种适当的方法传递给课程编写者。重庆市某农村老师指出："教材编写上最好能倾听基层教师的意见，这样才能使学生成为学习的主体；其次，学生的意见也不容忽视；再次，教材材料及知识要作数据的及时更新，这样才能更好地反映现实。"另一名高中教师指出："专家、行政部门应该积极听取一线教师的意见，对课程方案进行合理调整，使之适合中国社会实际情况。"

（五）考虑资源、地域差别，丰富教材呈现方式

李长吉研究发现，"教材存在农村素材的遗忘、农村文化的遗忘等问题。"[①] 课程内容中农村文化缺失的现象对于促进农村学生的身份认同、增强农村学生在现代化进程中的竞争力都是不利的。因此，我国的课程改革仍需要重视将多元文化视为合法化的课程知识，在学习过程中培养学生对这些课程知识的批判分析能力，对课程内容中有关种族、性别、社会阶层、地域上的偏见与歧视，不断地予以批判和更新，使其逐渐淡化并最终消弭。教材中可以选取更多具有生活化又与教材内容贴近的图片。另外，对于教材太过城市化这点，可以插入一些农村元素，让城市学生了解农村，也让农村学生感觉贴切。

**五、对高中学生的建议**

（一）高中生积极参与课程改革

作为课程改革的影响因素，高中生对课程改革的成败起着重要作用。"参与"即行为主体自愿主动地介入行动过程，并进行意见交流与权责分享。它是一种自主自愿的活动，同时也是一种意识。从参与的类型而言，可以是个人参与或群体参与，也可以是有组织的参与或自发参与，可以是持续参与或间断参与，也可以是有效参与或无效参与等。高中生是最易受改革方案影响的利益群体，让他们参与课程改革将有利于增进课程改革方案的共识，这样课程将更为清晰易懂，也更容易被教师与学生所理解，从而有利于方案的顺利执行，以有效发挥新课程的作用。加拿大的沃纳（W. Werner）教授指出："教育改革的共识和起点必

---

① 李长吉：《防止教科书对农村的遗忘》，《课程·教材·教法》2011 年第 6 期。

须始于一种共享需求的意识，并需要确立起种种机制来保护这种意识的运转。"① 尽管寻求课程改革的共识需要花费很长时间、精力和经费，但是如果没有这个过程，课程改革无疑将付出更为巨大的代价。因而，课程改革领导者有必要考虑如何向学生介绍改革情况，考虑如何得到高中生的响应并使他们主动参与。由于课程改革的复杂性，课程改革方案执行过程中易受到执行者的抵制，这种抵制行为体现为心理抗拒、默然等多种状态。而这种抵制将直接影响执行者在课程实施过程中的行为与努力程度，从而最终影响课程改革方案的实施效果。事实上，尽管高中生只有有限的力量参与课程改革，但却能运用很强的消极力量反对强行施加给他们的课程内容。参与课程改革可使学生了解课程改革的原因、内容、措施以及预期结果等，缓解面对改革产生的种种困惑和不适应，从而有利于减少他们对课程的抵制。

1. 高中生参与课程决策

课程决策就是一定的权力主体在价值判断的基础上对其需要的课程所做出的判断过程，这一过程存在着协商与选择。一般而言，课程决策具有以下基本特征：课程决策是一个复杂而动态的过程；课程决策指向一定的目标；课程决策力求达到最优化的效果；课程决策存在着一定的风险。② 实际上，学生在中央、地方、学校、课堂都应享有一定的课程决策权，当然，学生的具体参与在不同的维度也不尽相同。由于课程决策涉及权力运作问题，因而它常常是课程政治学等关注的重要论题。毋庸置疑，高中生在中央层级参与课程决策的权力是相当有限的，但是我们不能据此就忽视学生在这一层次参与决策的重要性。就学校和班级层级的课程决策而言，学生应以合作者的身份全面参与对课程目标、课程内容等方面的讨论。对此，马什曾指出，学生在学校层级参与课程决策

① 屠莉娅：《一个理想主义教育家对教育改革的现实解读——沃特·沃纳教授访谈录》，《全球教育展望》2008 年第 9 期。
② 李宝庆：《学生参与课程决策》，《全球教育展望》2009 年第 10 期。

存在低、中、高三种水平,即"接受咨询""学生充当积极角色""学生分享决策权"。学生在班级维度的决策参与也存在低、中、高三种水平,即"接受咨询""学生积极制定方案"和"学生参与多数课堂活动的决策"。① 在美国的教育中,尽管学生团体属于弱势团体,但他们却是美国课程决策(尤其是地方学区的课程决策)的直接影响对象。在20世纪60年代末,美国的大学生和中学生就曾经要求学校开设有关种族主义、战争和权力结构的社会课程。

2. 学生参与课程设计

在高中新课程设计过程中,对于设置什么样的课程、选择什么内容与素材等问题,高中生是有发言权的,因为他们了解自己的需要和兴趣,并已经拥有比较丰富的日常生活经验。课程专家、学科专家虽然可以保证学科知识逻辑结构的科学与严密,可以体现社会的价值与需求,但却很难确定这种课程是否能为学生所认可,他们很难真正全面了解高中生的需要、兴趣及能力等。就我国的教材设计而言,教材编写长期遵循着自上而下的编写模式,而对于学生究竟喜欢什么、需要什么,教材编写者很少倾听来自学生的声音,这样,尽管我国教材建设已取得重要进展,但离学生的期待仍有相当距离。因此,尽管高中生在教材的开发意识与能力上是有限的,但是我们不能忽视学生在教材设计过程中的声音。"这样至少可以保证在教材的编写中能及时掌握学生的感受与需求,及时对教材的编写进行调整,及时将学生的生活体验、个体知识与思考等极富生命活力的成分反映到教材的编写中去,以使教材真正成为孩子们真正需要的、喜欢的、促进他们成长的。"②

3. 高中生参与课程实施

课程问题是关于应该教什么和学什么的问题,由此课程的实施离不

① C. J. Marsh, *Perspectives: Key Concepts for Understanding Curriculum*, London: The Falmer Press, 1977, p. 52.
② 闫守轩:《学生:不容忽视的课程资源》,《当代教育科学》2003年第16期。

开施教和受教的主体——教师和学生。教师是向学生提供课程，还是同学生一起安排课程，二者分歧的关键在于学生是否享有一定的课程权力。事实上，学生在课程实施中的作用不容忽视。这就要求教师在课程实施中以学生为本，将符合教的课程创造性地改造成为符合高中生学的课程。尤其是在信息时代，高中生越来越成为一种重要的课程资源，并在课程实施中扮演着日益重要的角色。然而，时至今日，高中生依旧是课程实施中的弱势群体，高中生参与课程实施的策略更是匮乏。对此，黄政杰教授指出，"教师可以让学生对如下问题做出贡献：我们可以选择什么活动来学习；这一学习活动的目的是什么；如何进行这一活动；可否先确定问题，据此寻找答案；我们在哪些方面做该做的工作，何时做，谁做什么工作；如何记录我们的活动；如何确定我做的活动已经达到了目标。"[1] 教师让高中生参与课程实施，并非凡事都由学生决定，而是在学生经验可及的范围内开始，对于短期或立即性的课程问题，可让他们发表意见，而对于长期性的问题教师仍应自己做主。此外，高中生参与课程实施应体现出一定的层次性，即应根据学生不同发展阶段的特点提出不同层次的要求。

4. 高中生参与课程评价

高中生作为课程改革的利益主体，有必要参与对课程标准、教材、课程实施过程及结果等方面的价值判断，以协商决定课程评价应包括哪些因素以及各因素在评价中所占的比重。米德伍德（D. Middlewood）指出，"学生参与课程评价的原因在于：只有学生才能告诉他们体验到的接受课程实际上怎么样；学生能够就他们在学校所接受到的体验提供有建设性的反馈意见；吸收学生参与评价也存在很强的道德维度的考虑；有助于学生形成主人翁意识。"[2] 因此，尽管高中生课程评价的能力可

---

① 黄政杰：《课程设计》，台湾东华出版社1991年版，第506页。

② ［美］戴维·米德伍德等：《课程管理》，吕环良译，浙江教育出版社2008年版，第118－119页。

能还欠成熟，但高中生作为课程实践最直接的感受者，他们的评价对课程评价功能的实现无疑具有积极的意义。

（二）学生学习能力的提高

就城乡高中生而言，新课程改革倡导的自主、合作、探究的学习方式对学生的素质结构提出了很高的要求，从而导致了学生的不适应。长期以来，由于受到传统教学文化的影响，学生的任务就是接受教师所传递的客观真理。而新型的学习方式则对此提出了挑战，它要求学生自主选择、合作交流、探究问题，特别是强调学生个性的张扬与发展，这就要求学生必须具备良好的自控能力、团队能力和探究能力，以及敏锐的观察能力和创新能力等。而就现实而言，学生的自主合作、探究学习的意识还较为缺乏。调查表明，只有32.5%的学生认为"能够在问题探究中主动地收集资料"，只有44.9%的学生对"我常自主自觉地学习"表示了肯定。在访谈中，针对学生的自主学习，重庆市某高一语文老师指出："学生的自觉性还是有待提高的，只有你规定预习，他才会去预习，学习的这方面的能力确实有待提高，毕竟新课改我们学校才刚刚开始，还需要一个适应的过程。"有学生谈到："我们高中生升学压力很大，而且我认为研究性学习不参与升学，现在要在学科外再多学习这门课，时间上会被分散，可以作为选修课让成绩好的或感兴趣的学生有选择地学习，没有必要强求一致。"另一位同学也认为："我觉得研究性学习作为必修课就像强加给我们的一样，毕竟还要高考。除非条件很好的，那些有条件做实验的、搞科学的，他们会花时间钻研，我想一般的同学，尤其是对于我来讲，我还是会更注重其他课的学习，愿意把时间多用在主科目上。"可见，在现实教学活动中，部分高中生首先在意识上就不重视学习方式的变革，更不用说在实践中进行探究了。为此，学生应自觉改变自己的传统认知，认识到自己不再是课程的被动接受者，而是课程实施的主体，应该增强学习的主动性，积极探索提高自身学习能力的途径，最终适应新课程的要求。

## 六、对家长的建议

事实上，为提高高中生对新课程改革的认同，家长也可以发挥重要作用。首先，父母可以做好孩子学习的楷模，创设良好的家庭环境。父母要想使孩子具有新学习方式所要求的良好习惯和能力，一方面要以身作则，加强学习，多看书、多读报、多思考问题，时时处处做孩子的表率，另一方面家庭是个体成长的一个重要因素，父母还要为孩子营造和谐的、民主的、平等的家庭环境，让孩子在良好的氛围中学习，从而体会到学习的乐趣，这样可以促进孩子学习效能的发挥。其次，父母应加强与孩子的沟通与交流，并联合教师帮助孩子养成良好的学习习惯。父母对孩子的关注可以帮助他们养成良好的学习习惯。父母应加强与孩子的沟通与交流，不要只关注于孩子的考试分数，而要从孩子人生成长的长远角度来审视。比如有的学生缺乏良好的自主学习习惯，缺少自主学习的自信心，自制力相对较差。针对这种实际情况，家长应和教师联手帮助他们养成预习、复习、专心听讲、独立作业、探索研讨和积极拓展等良好的学习习惯，树立其自信心。家长可以督促孩子做好自主学习记录，进行知识的积累和课外阅读，联系生活实际，提高自主学习能力。

# 第五章

## 高中师生新课程认同的个案分析

为进一步深入研究高中教师和学生对新课程改革的认同状况，我们深入到具体学科进行分析。

## 第一节 高中数学教师的教材认同[①]

### 一、研究对象

Y 中学创办于 1932 年，地处四川省南充市高坪区，属于农村中学。学校现在有教职工 208 人，共有任课教师 171 人，其中特级教师 5 人，高级教师 46 人，一级教师 80 人。共设 54 个教学班，高中 36 个，初中 18 个，在校学生总数 3500 余人，每年高中、初中毕业生 1200 余人。学校特别注重校园文化的传承与建设，秉承求真务实的管理理念，形成了极富个性的办学特色。校长以教师为本，教师以学生为本，学生以求知、发展为本，精心构建和谐校园。研究对象 B 老师，女，33 岁，本科学历，中学中级教师，具有 10 年的高中数学教学经验，时任高中一年级两个班的数学教学工作，一个文科班，一个理科班。

### 二、高中数学教师教材认同的现状

通过对高中数学新教材的具体分析，在对数学新教材有了深入认识

---

① 这节内容由李宝庆与覃婷婷合作完成。

的基础上，进一步考察 B 老师对新教材教学目标、新教材编排结构、新教材课时安排、新教材教学内容、新教材要求的教学方式这五方面的认同情况。

（一）对数学新教材教学目标的认同感分析

《高中数学新课程标准》把数学课程目标分为知识与技能、过程与方法、情感态度价值观三个层次，把能力培养和基础知识的掌握放到了同等重要的位置，对思维能力和情感态度给予了很大的关注。通过与 B 老师的交谈我们发现，B 老师对新教材的教学目标非常了解。B 教师指出："新教材相比以往的老教材，课程目标设定的大致方向是一致的，都强调对基础知识和基本技能的理解和掌握。在掌握'双基'的同时培养学生以下几种能力：思考问题能力、实践能力。在这个过程中帮助学生认识数学的科学、文化价值，树立正确的科学态度和世界观，但是在理解、掌握基本知识的角度和培养能力的侧重点等方面做出了调整。新教材侧重数学概念、结论的本质，提出了让学生了解概念和结论产生的背景，体会其中蕴含的数学思想方法，以及它们在后续学习中的作用，还特别规定了学生的学习形式。新教材加大了对'数据处理'的基本能力和逻辑推理能力的要求。这是新教材进步的地方。"

但是在实际教学中，B 老师也面临一些困惑。其一，新课标把高中数学的课程目标分为知识与技能、过程与方法、情感态度价值观三个层次。那么在教学过程中怎样落实情感态度价值观呢？B 老师指出："我对教材上有些内容教到什么程度把握不准。比如在《数学 1》中，数学课程标准指出应避免一些人为地求定义域或值域的偏题，那么求复合函数的定义域或值域算是人为的偏题吗？对复合函数讲到什么程度我很困惑，因为各种资料和配套习题对其是有考查的。在实际教学中，我为了赶进度，就只对复合函数求定义域的最基本的三种情况进行讲解。第一种情况是已知 $f(x)$ 的定义域，求 $g[f(x)]$ 的定义域。第二种情况是已知 $f[g(x)]$ 的定义域，求 $f(x)$ 的定义域。第三种情况是已知函数的定义域，求含参数的取值范围。"其二，由于对具体的教学目标把握不到位，B 老师对于新教材有些变化的内容教到什么程度很困惑。例如，对于工具性的内容讲到什么程度不好把握，以一元二次不等式的解法为例：在《数学 1》函数章节中，求解很多函数问题涉及一元二次不等式的求解，比如函数的定义域与值域。但是不等式作为单独的一章内容被放在《数学 5》中，那么在《数学 1》函数这章中，一元二次不等式该讲到什么程度呢？当下的运用和重复讲解花费本来就很紧张的课时，是亟待解决的矛盾。

（二）对数学新教材编排结构的认同感分析

数学新教材分为必修教材、选修教材两大板块。必修教材由 5 个模块组成，选修教材由 4 个系列构成，其中系列 1、系列 2 由若干模块组成，系列 3、系列 4 由若干专题组成。必修教材是整个高中数学课程的基础，是所有学生都要学习的内容。关于选修教材，文科学生主要是选修系列 1，理科学生主要是选修系列 2。这样的编排结构较之以前不同，那么 B 老师对其有什么样的看法呢？

1. 对必修、选修教材的认同感

B 老师指出："新教材分为必修、选修两部分，以模块的形式组织内容，打破了原来分为代数、立体几何、解析几何的分科安排内容的编写体系，安排知识顺序时把工具性内容靠前安排；在深浅上注意坡度的设计。知识难度呈螺旋式上升，层层深入。根据教学实际、学生状况和教师实际情况，必修模块数学内容是遵照《数学 1》《数学 4》《数学 5》《数学 2》《数学 3》的顺序实施教学的。按照这样的顺序，教学内容就和传统大纲教材吻合度比较高。这样也能让我们更好地学习、调整和适应新课程内容的教学改革，提高教学质量，符合实际需要。在教学中，我们也不是严格地按照上面的顺序来教学的，比如《数学 1》主要是讲函数，那么里面很多问题都会涉及一元二次不等式及其解法，但是不等式是《数学 5》第三章的内容，当在《数学 1》中涉及此类问题的时候，我会单独把不等式的内容提前和大家一起学习。但这样就增加很多工作量，需要花更多的时间去备课。"可见，B 老师对"模块化"的新教材编排结构认同度不高，原因可能包括以下方面。第一，"模块化"的教材编排结构在一定程度上破坏了数学内容内在的逻辑性。第二，受课时的限制，删减了模块中的一些知识点，导致知识的系统性削弱、知识的前后联系紊乱。例如在新教材中，圆的垂径定理、弦切角定理、相交弦定理、切割线定理被删去了，但是《数学2》中的解析几何中常常会用到。第三，新教材的知识结构安排是螺旋式上升的，但知识的逻辑链条被人为地割断，教学要求变得模糊不清，难以把握。面对这些问题和困难，B 老师在实际教学中，注入自己对教材的认识和理解，结合以往教材，花大量时间备课，根据教材内容努力做到灵活使用教材。

2. 对每章编排结构的认同感

数学新教材每章内容包括章题目、章头引言、正文、阅读与思考、探究与发现、实习作业、信息技术应用、本章小节、复习参考题。在编排上，新教材增加了阅读与思考，习题的编排也很细致。新教材比较重视对学习内容的引导、学习方向的引领，科学灵动地呈现教学内容。相对以往教材，新教材的结构更精深、系统。B 老师指出："章头引言介绍本章知识在普通高中数学中的地位及主要内容，像是一篇科普读物，给学生详细、具体、浅显的普及数学常识。新教材每章后都设有本章小节，最能体现教材的编写理念和指导思想，小节包括两个板块，第一部分是本章知识结构，第二部分是回顾与思考。本章的知识结构以图文的结构表示出来。回顾与思考部分只设问题不设答案。问题涉及很多内容，包括本章重点知识、知识的实际应用等等。本章小节的设置还给予学生情感态度变化的关注，每章问题都会问到学生学习本章某个新内容后的认识和体会。比如在初中学习过的函数概念上进一步以集合与对应的观点刻画函数后，向学生提出你对函数有什么新的认识和体会这样的问题。"由 B 老师对每章的编排结构，特别是对章头引言和本章小节的评价来看，可以看出 B 老师很认同这种编排方式。章头引言主要是激发学生兴趣并且概括这章的主要学习内容，本章小节主要是回顾这章的知识结构，并给大家留下思考与探索的空间。

针对高中数学新教材的探究与发现、阅读与思考、信息技术应用栏目的编排。我们发现这些栏目在教学中很多时候形同虚设。比如《数学1》中设置了4个阅读与思考栏目——集合中元素的个数、函数概念的发展历程、对数的发明、中外历史上的方程求解，B 老师在教学中完全没有提及，对集合中元素的个数这个专题，B 老师并没有让学生阅读，而是作为一个新的知识点直接讲授。《数学1》设置了一个探究与发现栏目——互为反函数的两个函数图像之间的关系，B 老师也没有让学生探究与发现，而是在学习对数函数时作为一个知识点直接讲授。所以在使用新教材的过程中，探究与发现、阅读与思考栏目 B 老师从不进行单独教学，虽然 B 老师意识到这些专栏的作用，但是由于教学时间有限以及升学压力，B 老师也无暇顾及。特别对于教材中信息技术应用栏目的设置，B 老师提到："在我们学校，没有满足那么多同学进行信息技术应用的微机室，所以这些内容我是直接略过的。有些能在笔记本电脑上演示的，只要时间允许我尽量让学生观察。《数学1》当中收集数据并建立函数模型，要求使用数据采集器、温度传感器，这些信息技术工具我们学校没有配备。"由此可知，B 老师对每章的编排结构很满意，但是在教材使用过程中，由于课时紧张、没有相应的教学设备，或设置的内容高考不会涉及等原因，新教材某些栏目的编排形同虚设。

（三）对数学新教材课时安排的认同感分析

与以往教材相比，教学内容增多，教材明显变厚，高中新课程的课时数减少，但高考选拔人才的水准不可能降低。与义务教育初中阶段的课程相比，其教学容量和教学难度大为提高。这位老师指出："新课程标准要求高一、高二每周安排四节数学课，目的在于减少学生负担。出发点是好的，但是在实际操作中，高中两年的时间要学完八本教材，其中文科在高二下学期的后半段就已经结束新课程的学习，开始了全面的复习，而理科是在高二结束所有新课，高三开始全面复习。使用新教材后，如果按照一周四节课的安排，根本没有自主探究、合作交流的时间。以高一为例，以前要求高一学年必修学完两本教材，上册 145 页，下册 153 页，总共 298 页。使用新教材后，高一上学期就要完成必修部分的 1、4 两个模块，教学内容相对增加。《数学 1》126 页，《数学 4》161 页，两册教材相加有 287 页之多，教材内容增加而每周的课时不变，在这个时间里我们是不可能完成教学任务的。加之教材有些内容编排不是很合理，比如《数学 1》第三章的个别应用问题设置过于繁难。"可见，新课标安排每周四节课，在实际操作中，是不可能完成教学任务的。B 老师日常工作包括上课、备课、批改作业及试卷、参加班级活动、个别教育及辅导。使用数学新教材后，又增加了大量的工作。教师的工作负担加重。工作量的增加无疑是使用新教材后一个突出的问题。造成这种现象的原因主要有两方面：一方面，教师对新教材的使用是"摸着石头过河"，正如 B 老师所说："我对以前的数学教材很熟悉，哪一章在哪一页，哪个例题在哪个地方心里都很清楚，使用新教材情况就完全不一样了。"教师对新教材的使用需要一定的时间来适应，这样就增加了工作量，特别是备课时间增加。加之新教材要求的教学方式改变了，以前教师驾轻就熟的上课也变得陌生起来，需要更多的时间来完成。另一方面，为了应对这些变化，教师需要接受培训。因此，新教材课时安排不够、教学负担的加重严重影响了教师对新教材的适应性。

（四）对数学新教材教学内容的认同感分析

新教材相比以往教材，增加了一些内容的同时也删减了一些内容。其一，增加的内容。在《数学 3》中增加了算法初步（含程序框图），选修板块增加了推理与证明、数学史选讲、球面上的几何、欧拉公式与闭曲面分类、几何证明选讲、初等数论初步、统筹法与图论初步、开关电路与布尔代数等内容。新增的数学探究、数学建模、数学文化是贯穿于整个高中课程的主要内容，这些内容不单独设置，渗透在每个模块或专题中，要求高中阶段至少各应安排一次较为完整的数学建模、数学探究活动。其二，删减的内容。原教学大纲的"极限"内容被删减，但该内容中的"数学归纳法与数学归纳法举例"被安排在选修2—2"推理与证明"、选修4—5"不等式选讲"中。《数学2》立体几何初步中删减了三垂线定理及其逆定理，《数学4》三角函数中删减了已知三角函数值求角，平面上的向量删减了线段定比分点、平移公式。《数学5》中删减了分式不等式。其三，部分教学内容做了必修与选修的调整。排列、组合、二项式定理在原大纲中是必修内容，现在作为计数原理放在选修内容中。原大纲的必修内容圆锥曲线方程，现在作为圆锥曲线与方程放在选修1-1、选修2-1中。其四，部分教学内容知识点的增减。在《数学1》基本初等函数Ⅰ这章中增加了幂函数，《数学2》平面解析几何初步增加了空间直角坐标系，《数学3》概率增加了几何概型，统计增加了茎叶图，《数学1-1》《数学2-1》常用逻辑短语增加了全称量词与存在量词，《数学2-2》导数及其应用增加了定积分与微积分基本定理。

B老师指出："新教材增加了算法，算法是数学课的一个重要组成部分，要想把算理讲清楚，重点就是框图，但是编程语言我在大学课程中都没有系统学过，所以对这章的教学显得很吃力，会花大量的时间去学习。虽然培训内容也涉及算法，但是没有给我们讲授一些具体的教学策略，因此我只能边教边学。特别是选修中的一些内容，如信息安全与密码、风险与决策、布尔代数等，这些内容在我上学的时候都没学过，让我感觉比较吃力。"对于B老师而言，新教材新增的大部分内容让她感觉棘手，新增大部分内容B老师在大学中没有系统学过，之前的教材也不涉及这些内容，虽然地方教育部门针对这些内容对老师做过培训，但是很多仅限于理论维度，缺乏针对性和操作性。在教学工作中，B老师只能花时间边教边学，因此对新教材增加的部分内容产生不适应。

同时，我们发现 B 老师对实际运用性的内容把握不到位。比如《数学1》第三章"函数的应用"第 2 节《几类不同增长的函数模型》例2，一个公司准备制定一个激励销售人员的奖励方案，给出了三个奖励模型，问其中哪个模型能符合公司的要求。城市学生看到这样的题目，第一反应就是很难计算，只能先利用计算机做图，通过观察函数的图像得到初步的结论。但是农村学校教室没有安装多媒体，同学们没法实际动手操作，只能老师用笔记本电脑演示。对于实际运用的问题仅仅观看而不动手操作是达不到教材要求的学习效果的。

（五）对数学新教材要求的教学方式的认同感分析

高中数学新教材要求教师改变传统的灌输式教学，培养学生的自信心、责任感、合作意识、创新意识、求实态度和科学精神，最大限度地满足每一个学生的需要，倡导学生自主学习、合作学习、探究学习，引导学生主动参与到整个学习过程中，从而想学、乐学，使学生的自主性、能动性得到充分发挥。

1. 对教学观念的认同感研究

B 老师指出："数学教学过程是让学生采取接受、探究、模仿、体验等学习方式，使学生的学习成为在教师指导下主动的、富有个性的学习过程。那种死板教条、灌输式的教学已不适应新教材的教学需要，也不受学生的欢迎。在教学过程中要重视培养学生健全的人格、积极向上的价值观、自信心、责任感、合作意识、创新意识、求实态度和科学精神。在教学中和学生真诚地交流，真诚交流意味着教师要对学生寄予殷切的期望和由衷的赞美。对犯了错误的学生，教师要在尊重学生的前提下，指出学生的错误以及带来的危害，相信并鼓励学生改正错误，学生只有犯错误并改正了错误才会不断进步。"这表明 B 老师对新教材提倡的教学观念是接受的。这种态度正是教师真正参与新课程改革的首要条件。

2. 对教学方式的认同感研究

B 老师指出："以前备课，首先想到的是这节课如何教的问题，现在首先想到的是学生如何学的问题，然后会思考预设目标和非预设目标。在课堂教学中，以前是以讲为主，现在是以导为主。我会带动学生主动参与、勤于动手，自己主动发现问题，然后在同学和老师的帮助下解决问题，发现真知。我会从现实生活中创设情境引入新课，激发学生的学习兴趣。比如在讲概率这节内容时，可以问学生'大家在买彩票时，都希望自己能中一等奖，那你知道买一张体育彩票中一等奖的可能性有多大吗?'对新教材所提倡的探究学习、小组讨论、合作学习等，能够调动学生的学习积极性、能动性和创造性，但是实际操作性不强。因为学生很难改变长期形成的听教师讲授的学习方式，习惯被动接受，甚至有时给我的感觉是我不讲他们就没法学习，更谈不上合作与探究学习。很多时候我都会引导学生发现规律、归纳结论，但是学生往往不会找规律，根本归纳不出来，或是不想找，就等着我说出结果。我试图改变以讲为主的教学方式，留给学生思考的时间和空间，但是效果不尽人意。"新课程要求教学过程让学生采取自主、合作和探究的学习方式，使学生的学习成为在教师指导下主动的、富有个性的学习过程。为了将这些教学方式落实到实际的课堂当中，B老师经常将知识转化为学生待探究的问题。但是由于学生的知识水平有限，加之学生长久以来形成的学习习惯一时难以改变，B老师对新教学方式产生了不适应，造成了教师教和学生学相脱节的现象。教材中很多内容也需要多媒体的展示才会更加生动有趣，比如用几何画板演示指数函数的图像，根据图像研究其性质。但是农村学校的教学资源有限，教室没有配备多媒体，教学资源的缺失影响着教师对新教材提倡的教学方式的适应性。

### 三、高中数学教师教材认同的影响因素

影响B老师对新教材认同的原因是多方面的。有来自教育行政部门、教师、教材和学校的原因，也有教学量加大、教学时间不够等方面的原因。

（一）教师因素

教师是教材的使用者和研究者，在教学过程中，教师能否很好地运用新教材，是与教育的效果息息相关的。

1. 教师教育专业素养欠缺

B 老师在访谈中提到："我有时感觉力不从心，就拿教材中的文化部分来说，很多内容涉及文学、音乐等内容，我自己都不了解，怎么给学生讲解？心里很着急。虽然现在学校提倡改革，但是另一方面还是看考试的分数。到底是该按新课改的要求工作，还是该应对升学压力？"

2. 运用现代教育技术能力欠缺

由于农村中学教学条件落后，教师平时很少有使用多媒体上课的机会。经常是在上公开课或是教研课时，才用到多媒体教室。这就造成教师对教学媒体的运用和操作不熟练，运用现代教育技术能力欠缺，很难实现新教材要求的数学内容与信息技术相结合，从而影响教学效果。

3. 教师的心理素质有待加强

新教材的使用带来了全新的教学方式，农村教师需要一个渐进的过程去适应。他们面临着要摒弃传统的教学观念和方法，加之学校没有对课程改革工作做有效的指导，因此在适应新教材带来的变化过程中，教师感觉压力很大。"当前高中新课程改革是对教师教育观念、教学方式和教学行为的重大变革，对教师心理上的冲击也是前所未有的，不少教师在课程改革中出现心理上的消极反应，这些心理压力在很大程度上阻碍了教师对课程改革的热情和投入。"[1] 在新课程的实施过程中，这些消极心理确确实实阻碍了教师对新教材的认同，因此教师的心理素质有待加强。

（二）教材因素

1. 新教材存在"城市中心取向"

---

[1] 黄向真：《新课改背景下教师的心理不适及其解决》，《教育评论》2002 年第 6 期。

相比以往教材，新教材有了很多可喜的变化，比如更加贴近学生生活、增加了许多有时代气息的内容。这位老师指出："新教材在指数函数及其性质这章后面设置了信息技术应用：借助信息技术探究指数函数的性质。前面通过观察指数函数的图像，我们已经知道当底数大于1时，指数函数在定义域上是增函数；当底数在0到1这个范围，指数函数在定义域上是减函数。那么当底数在同一个范围，自变量 x 取同一个值，改变底数的大小，函数图像是怎样的？如果借助几何画板，同学们可以清晰地得出结论。但是因为条件不具备，我只能在黑板上画出满足这种条件的函数图像，直接给出结论。"可见，新教材增加了很多数学实验，这些实验需要电脑、网络、软件等科技手段，帮助学生更好地理解数学知识，感受数学的生动与实用，但是未能充分考虑农村中学的现状。教师在技术上得到的培训不到位，加上学校难以满足教学对硬件条件的要求，很多涉及数学实验的内容就只是在课堂上做一些介绍，而没办法让同学实际操作。

2. 某些初高中内容脱节

高中新教材中存在与初中内容脱节的情况。第一，运算公式脱节。例如在初中，只要求学习平方差与完全平方公式，对立方和与立方差的公式不作要求，高中教材也没有单独作为一个小节内容，但是整个高中运算多都有涉及。第二，几何概念脱节。高中解析几何会用到"轨迹"的概念，但是初中没有涉及。学生对有关问题很困惑，有无从下手之感。第三，内容要求脱节。初中数学对二次函数要求比较低，但二次函数却是高中的重要内容。就函数这一章而言，求定义域、值域、闭区间上的最值问题都会涉及二次函数的运用。这位老师指出："新教材有很多地方值得考究，有些知识的删减、编排不是很合理。在使用过程中，我觉得最大的问题还是初高中知识内容的衔接存在脱节。比如初中教材对二次函数要求较低，学生处于了解水平，但二次函数却是高中贯穿始终的重要内容。特别是学生刚上高中，就要学习函数，函数内容中配方、解二次不等式、做函数简图、求函数值域、求函数极值，研究函数在闭区间上最值等是高中数学必须掌握的基本题型与常用方法，于是学生感觉函数很困难。我在想，为什么高中不准备一本过渡教材呢，主要内容就是我们前面提到的初高中衔接的内容。在高一花一个月的时间学习，这对后面的学习是很有利的。"

3. 教材内容编排不合理

高中新教材内容在编排上存在一些不合理之处，表现在以下几个方面。第一，知识顺序编排不合理。例如在《数学1》函数章节中，很多问题的解决都会涉及一元二次不等式的求解，但是作为工具性的内容它却被放在了《数学5》中，在学函数的时候老师会讲到它，在《数学5》中教师还会详尽讲解，重复讲解就造成课时紧张。第二，知识删减不科学。例如，立体几何中常用几何体的性质被删减后，学生对几何体的交线在底面的交点在什么地方都不知道。在新教材中，圆的垂径定理、弦切角定理、相交弦定理、切割线定理被删去了，但是这些定理在《数学2》解析几何中常常会用到。新教材只要求通过实例，体会反证法的含义，要求不高，但在高中遇到"至多""最多""至少""唯一"等字词的证明题，需要用反证法解决。第三，情境引入理解障碍。在《数学4》任意角的三角函数中，先利用单位圆定义任意角的三角函数，这是特例下的任意角的三角函数定义。而任意角的三角函数的一般定义被放在了一边的旁白栏目里，要学生自己证明。这样的编排不利于学生对三角函数的理解，容易把特殊情况当成一般情况。第四，课后习题编排不恰当。比如某些习题难度过大，对于刚学完某章知识的学生来说完成有一定的难度。某些习题实践性过强，超出了农村中学的学习条件，学生没办法完成。第五，与其他学科知识不协调。例如，高一下学期生物要用到概率计算问题，而数学却把概率放到了高二《数学3》当中。高一第一学期物理要学力学，会用到三角函数、向量等知识，但数学却把这部分内容放在《数学4》中，高一下学期才会学习，造成学科之间知识脱节。

（三）学校因素

农村学校教学资源有限、教学设备有待进一步完善。农村高中缺乏足够的资金购置与新课程相配套的图书、音像资料、教具、学具和多媒体教学设备等资源，无法满足新课改的实际需要。通过课堂观察，教师在讲授信息技术应用专题"用计算机绘制函数图像"时，因为学校教室没有配备多媒体，教室里也没有网络接口，老师只能用自己的笔记本电脑演示，但是屏幕太小不利于学生观察，加之学生没有实践机会，教学效果不尽人意。

**四、研究建议**

依据上述研究结论，就教育行政部门、教师、学校、三方面提出建议。

（一）加大经费投入，改善农村高中办学条件

由于各方面条件的制约，农村地区学校基础薄弱，尽管近年来农村学校有了新的发展，但城乡的差距依然存在，办学条件就是差距之一。农村学校一般教学硬件设施滞后，学生获取知识、信息的渠道单一。B老师所在的学校只有一间多媒体教室，用于教师上公开课或是教研活动，完全不能满足平时的教学需要。两间微机室也只是用于学生上信息技术课使用，完全不会用于数学学科的信息技术应用，导致新教材的信息技术应用栏目形同虚设。这些问题都源于学校资金匮乏。因此为更好地进行新课程改革，教育行政部门对农村学校应有政策和财力的倾斜，进一步加大对农村中学的经费投入，为其配备微机室、多媒体教室等现代化教学设施。

（二）为农村高中数学教师提供多种学习机会

由于各种原因的限制，高中新课程改革针对农村教师的培训，学校很多时候只是选取一批骨干教师参加，这些教师参加培训后回到学校再对其他老师进行培训，效果往往不尽人意。这一批受培训的教师只是接

受了一些理论上的教育，根本不知道怎样在实践中运用，回来对其他老师做培训很多时候就是做报告，大致讲讲培训的内容，这样的培训质量令人担忧。这种情况下，农村学校应开展多种渠道，增加获取信息与培训的机会。比如，数学教师应充分利用网络资源丰富自身的专业知识及课堂教学内容，还可以通过网络进行远程培训、学习最新的数学教育理念以及实践技能，等等。

（三）改革农村高中现有评价制度

教师在实施新课程的时候感到很茫然，课程标准的要求变了，但是考试制度没有任何变化。考试仍然是旧的内容和形式，教师们感到无所适从。在与 B 老师的访谈中我们也深刻体验到教师对考试制度改革的强烈需求。我们的新课程改革提出，以提高国民素质为宗旨，以培养创新精神和实践能力为重点，强调课程要促进每个学生身心的健康发展，培养良好品德，强调基础教育要满足每个学生终身发展的需要，培养学生终身学习的愿望和能力，但是在操作维度上仍然以分数为评价的标准，这显然是矛盾的。所以只有考试改革了，在其指挥棒的作用下，基础教育课程改革自然会向其靠拢。也只有考试改革了，课程改革才能够真正取得好的效果，否则改的只是皮毛，永远达不到预期的目标。

（四）农村高中教师应在教学中灵活处理教材

其一，认真对待教材中的众多栏目。高中数学新教材在每章的编排中设置了很多栏目，比如阅读与思考、探究与发现、信息技术运用等。这些栏目的设置是为了切实改变学生的学习方式，使学生成为知识的发现者、创造者。在教学中应根据学生、学校、教学环境的实际，将教材中的内容化难为易，精心设计一些问题，一步步引导学生探究发现，培养学生的学习习惯。其二，灵活处理教材中的例题、习题。新教材的例题、习题丰富多样，并且注重数学知识的交叉使用。但也存在着有些例题和习题配置难度过大、实践性太强超出农村高中的学习条件等问题。因此教师在备课的时候，要对学生的认知水平有清晰的了解，对估计学生难以接受的例题、习题应降低难度处理。对学习条件不具备解决的例题、习题，教师可以替换其他能调动学生积极性的题目。教学中灵活处理例题、习题，注重变式训练，唯有活用教材才能达到理想的教学效果。

## 第二节　高中学生的研究性学习认同①

### 一、研究背景

研究性学习作为综合实践活动课程的重要组成部分，是我国高中课程结构调整中出现的一种新的课程形态。2010 年秋季，重庆市高中正式进入新课程。那么，高中生如何看待研究性学习这门课程？他们是否认同研究性学习课程的价值、目标、内容、实施等？我们怎样才能更好地开展研究性学习课程？本书从关注学生的视角出发，通过问卷调查法、访谈法和观察法，分析高中生对研究性学习课程的认同情况，探索研究性学习课程实施中的成绩与不足，从而最终促进研究性学习的有效实施。

### 二、研究对象与方法

本书采用问卷调查法、访谈法和观察法。问卷包括两部分：第一部分是背景信息，包括学校类型、性别、年级、学校所在地 4 个题目；第二部分是高中生对研究性学习的认同状况，由 40 个题目组成，包括课程价值、课程目标、课程设置、课程内容、课程实施、课程资源、课程评价、课程管理八个维度。我们在重庆市北碚区、大足区、璧山县、九龙坡区共发放问卷 600 份，回收 512 份，回收率为 85.3%。其中有效份数是 465 份，有效率为 90.8%。问卷收回后，使用 SPSS18.0 对数据进行输入、整理与分析。问卷的每个题目依照 5 点计分，正向题按从选答

---

① 该部分由李宝庆与赵千秋合作完成。

"完全不认同"到"完全认同"分别赋予 1、2、3、4、5 分，得分越高，说明认同度越高。反向题则相反，按从选答"完全不认同"到"完全认同"分别赋予 5、4、3、2、1 分。访谈采取半结构性访谈，包含个别访谈和团体访谈，随机抽取接受过问卷调查的学生进行访谈，访谈在课间或交流会后进行。同时，还访谈了 10 名指导研究性学习的教师，以便从教师角度了解高中生对研究性学习的认同状况。另外，我们还深入课堂等场所实地观察学生开展研究性学习的实际状况。

### 三、研究结果

课程认同一方面指课程主体对课程客体的理解和认识，另一方面指课程主体对课程客体赞同与否的心理意向和态度。学生课程认同是指学生对课程的接受程度，是学生对课程满足其需要的一种态度，是学生对课程的感受、评价及行为意向。这里的学生课程认同是高中生对研究性学习的课程价值、课程目标、课程设置、课程内容、课程实施、课程资源、课程评价以及课程管理的感受、评价及行为意向。本书分别从这八个方面对高中生研究性学习课程认同现状进行调查和分析。

（一）高中生对研究性学习课程价值的认同状况

课程价值是指课程满足主体一定需要的属性，即是说课程的存在、作用及变化对于一定主体需要及其发展的适合。对这一维度的调查，可以了解研究性学习所强调的价值在实施中的成效，同时从宏观上把握高中生对研究性学习的总体认同状况。调查结果显示，高中生对"科学态度和科学道德得到培养"的认同度最高，64.8%的学生持认同态度。其余依次是："社会责任心和使命感得到加强"，61.1%的学生持认同态度；"与他人分享与合作的能力得到提升"，64.7%的学生持认同态度；"获得了亲身参与研究探索的体验"，55.9%的学生持认同态度；"发现问题与解决问题的能力得到提高"，50.3%的学生持认同态度；"收集、分析与利用信息的能力得到提高"，48%的学生持认同态度。

表 5.1　高中生对研究性学习课程价值认同

| 维度 | 题目 | 完全认同 | 比较认同 | 不确定 | 较不认同 | 完全不认同 |
|---|---|---|---|---|---|---|
| 课程价值认同 | 获得亲身参与研究的体验 | 22.8 | 33.1 | 14.4 | 16.3 | 13.3 |
| | 发现问题与解决问题的能力得到提高 | 19.1 | 31.2 | 24.7 | 17.4 | 7.5 |
| | 收集、分析与利用信息的能力得到提高 | 19.4 | 28.6 | 32.0 | 13.1 | 6.9 |
| | 与他人分享与合作的能力得到提升 | 24.5 | 40.2 | 19.1 | 9.5 | 6.7 |
| | 科学态度和科学道德得到培养 | 25.2 | 39.6 | 19.8 | 9.2 | 6.2 |
| | 社会责任心和使命感得到加强 | 25.2 | 35.9 | 24.1 | 9.0 | 5.8 |

在访谈中，一高中生指出："在研究性学习中，我觉得自己的思维能力、解决问题和分析问题的能力有了很大提高，而且在研究过程中，我们都以小组的形式相互合作，加强了我们之间的友谊，也使我从其他同学身上学到了很多东西。"另一学生说："我们小组通过对马鞍溪水质的调查，认识到了合作的重要性，更使我们认识到作为一名学生，自身也应重视自己的社会责任，从小事做起，保护好身边的环境。"这说明学生对研究性学习价值的认同度普遍较高。

（二）高中生对研究性学习课程目标的认同状况

如果说课程价值是课程的灵魂，那么课程目标就是灵魂的具体体现。从课程目标的了解程度、目标适度情况和目标达成度中，可以直观地看到高中生对研究性学习课程目标的认同情况。统计结果显示，高中生对"课程目标完全了解"的认同度较低，完全认同的人数仅占6.2%，38.9%的学生表示不了解。高中生对"研究性学习目标适度性"的认同度较高，63.2%的学生认为学习目标相对于自己的情况适度，17.9%的学生认为学习目标与自己的发展水平不相适应。高中生对

"课程目标的达成度"的认同度一般，51.6%的学生认为自己能够达到学习目标，持不认同的学生共占21.2%。

表5.2　高中生对研究性学习课程目标认同

| 维度 | 题目 | 完全认同 | 比较认同 | 不确定 | 较不认同 | 完全不认同 |
|---|---|---|---|---|---|---|
| 课程目标认同 | 我对高中研究性学习课程的课程目标完全了解 | 6.2 | 26.0 | 28.8 | 24.1 | 14.8 |
| | 我认为学习目标适度,没有提出过高要求 | 24.9 | 38.3 | 18.9 | 11.4 | 6.5 |
| | 我能够达到研究性学习目标 | 17.2 | 34.4 | 27.1 | 13.5 | 7.7 |

在访谈中，针对"你了解研究性学习的目标吗"这一问题，某高一学生说："不了解，老师也没有提过，只是通过上课40分钟的形式对我们进行通识培训，向我们说明什么是研究性学习。我们选择自己感兴趣的课题着手行动，能很好地完成课题，我们的任务也就完成了，至于课程目标，每个课题不同，目标也应该不同吧。"关于目标的适切性，他说到："我们选择的课题都是自己感兴趣的问题，所以完成这一课题对我们来说并不存在过高要求，而且在研究过程中碰到比较困难的问题，我们会针对问题类型向各个老师请教，和生物有关的，我们就会问生物老师，物理方面的，我们就会向物理老师请教，一般都能完成课题。"

（三）高中生对研究性学习课程设置的认同状况

《重庆市教育委员会关于普通高中新课程实验课程设置及实施的试行意见》（渝教基〔2010〕42号）中规定："研究性学习活动三学年共计270课时、15学分，高一至高三上学期每周3课时。学习活动时间由学校根据各学段课时总量合理安排，可集中安排，也可分散使用。"统计结果显示，高中生对研究性学习课程作为必修课的认同度较高，认同的占 62.6% ，不认同的共占 20% 。从这个数值来看，高中生对研究性学习课程作为必修课的认同度较高。

表5.3　高中生对研究性学习课程设置的认同

| 维度 | 题目 | 完全认同 | 比较认同 | 不确定 | 较不认同 | 完全不认同 |
|---|---|---|---|---|---|---|
| 课程设置认同 | 我赞成研究性学习课程作为必修课 | 35.1 | 27.5 | 17.4 | 11.2 | 8.8 |
| | 研究性学习活动三学年共计270课时可以满足我学习的需要 | 21.3 | 28.0 | 25.2 | 14.0 | 11.6 |

高中生对于"研究性学习课时设置"的认同度一般，49.3% 的学生持认同态度，25.6% 的学生表示目前的课时设置并不能满足他们的需要。有学生谈到："这门课会伴随我们三年，能使我们在枯燥的学习中放松一下，充分发挥自己的特长与创造力，在课题研究中能学到研究问题的一些方法，形成一个套路，既提高了学习兴趣，又培养了能力，而且这门课可以使我们懂得一些生活常识，对培养动手能力、实践能力都有很大帮助，它是多学科穿插，利于各学科的综合运用，对学习也会起促进作用，作为必修课可以让学校，也让我们更重视这门课。"

但通过访谈我们发现，许多学校并没有真正落实研究性学习每周3课时的政策规定。一学生谈到："我们学校研究性学习一周才一节课，根本就不符合规定啊，而且我觉得课时确实太少，其他学科的学习很紧，能利用在研究性学习上的课下时间并不是很充足，许多课题要求反复实验、调查，而这是很费时间的，有时候解决一个问题需要好几个星期，现在的课时安排完全不能满足我们的需求。"

（四）高中生对研究性学习课程内容的认同状况

研究性学习是由国家规定、学校自主开发的课程，对研究性学习国家没有统一的内容要求。统计结果显示，高中生对"研究性学习内容具

有地区和学校特色"的认同度一般，54.6%的学生持认同态度；对
"学习内容不是预先规定的、标准的、统一的"认同度一般，44.5%的
学生持认同态度；对"内容的难易程度与我们的认知水平相适切"的
认同度较高，69.9%的学生持认同态度；对"选取的主题对学生自身、
家庭、学校以及所在社区具有实际意义"的认同度较高，61.7%的学生
持认同态度；对"选取的主题是日常生活、自然、社会中自己感兴趣"
的认同度较高，67.3%的学生持认同态度。

表5.4　高中生对研究性学习课程内容认同

| 维度 | 题目 | 完全认同 | 比较认同 | 不确定 | 较不认同 | 完全不认同 |
|------|------|------|------|------|------|------|
| 课程内容认同 | 研究性学习内容具有地区和学校特色 | 19.1 | 35.5 | 23.2 | 12.0 | 10.1 |
| | 学习内容不是预先规定的、标准的、统一的 | 20.2 | 24.3 | 24.5 | 14.4 | 16.6 |
| | 内容的难易程度与我们的认知水平相适切 | 28.2 | 41.7 | 15.1 | 9.5 | 5.6 |
| | 选取的主题对学生自身、家庭、学校以及所在社区具有实际意义 | 28.8 | 32.9 | 20.2 | 12.5 | 5.6 |
| | 选取的主题是日常生活、自然、社会中自己感兴趣的 | 33.3 | 34.0 | 10.5 | 12.7 | 9.5 |

受访的一位学生说："我们的选题都是在生活中发现自己感兴趣的、
力所能及的选题。老师还会给我们放一些视频，用视频帮助我们找寻课
题灵感。"另外，我们曾作为旁观者参加研究性学习成果交流大赛，了
解到很多课题都来源于学生生活，如一位学生在介绍课题时说到："我
们的课题是绿色清扫机，我们选择课题的起因是自己打扫卫生的时候，
发现扫帚一点也不好用，费时又费力，于是就想可不可以对扫帚进行改
造，使之使用起来更加方便省力。"此外，我们发现，学生的课题还有
自来水碳排放显示仪、蚕丝与蛛丝的较量、时间简史、跑出来的电、米

酒的酿造研究、宋朝婉约派词风研究等。

（五）高中生对研究性学习课程实施的认同状况

课程价值与课程目标的实现主要体现在课程实施的效果上。对于课程实施，我们从两方面进行分析。

1. 高中生对学习的认同状况

统计结果显示，高中生对"我们自主确定主题、制定计划、搜集资料、总结整理"的认同度较高，58.5%的学生表示认同。对一任课教师的访谈也印证了这一结果，他说："总的来说，在研究性学习的起步阶段，我们一般提出一定的主题或范围，帮助学生开拓思路。在学生具有一定经验后，会逐步扩大选题范围，或完全由学生自主选择课题。现在选题大都是学生自己确定的，但有时学生选题不恰当，如'城市污染治理'，实施难度太大，这就需要老师的指导，把它做得小一点儿，可以初步定为'城市污染情况调查'，以点概面，让学生可以在能力范围内进行下去。"此外，高中生对"研究性学习课程中学习方式是多样化的"这一题项，有52.3%的学生表示认同；对"学生积极参与研究性学习"的认同度较高，认同人数占60.8%。

表5.5　高中生对学习的认同

| 维度 | 题目 | 完全认同 | 比较认同 | 不确定 | 较不认同 | 完全不认同 |
|------|------|------|------|------|------|------|
| 学习认同 | 我们自主确定主题、制定计划、搜集资料、总结整理 | 28.6 | 29.9 | 14.4 | 12.5 | 14.6 |
| | 同学们都积极参与研究性学习课程 | 28.8 | 32.0 | 18.1 | 13.1 | 8.0 |
| | 研究性学习课程的课堂气氛活跃 | 31.2 | 31.8 | 16.1 | 10.0 | 10.8 |
| | 研究性学习课程中我们的学习方式是多样化的 | 21.3 | 31.0 | 22.8 | 14.0 | 11.0 |

2. 高中生对教师教学的认同状况

统计结果显示，学生对"任课教师的知识丰富，能够胜任研究性学习的教学"的认同度较高，其中认同的共占 59.5%，不认同的共占 15.5%。学生对于"我对教师的教学方式持赞同意见"的认同度较高，认同的占 54.6%，不认同的占 16%。访谈中，学生讲到："上研究性学习课，老师让我们做的最多的就是寻找问题，无论提出什么不可思议的问题，老师都会鼓励我们通过实践去寻找答案。"高中生对"教师的教学方式影响我对这门课的兴趣"的认同度较高，认同的人数占 63.2%，不认同的占 16.8%；对"教师对研究性学习课程认真负责"的认同度较高，认同的占 59.1%，不认同的占 16.5%；对"教师注重发挥我们的自主性、主动性和创造性"的认同度较高，认同的占 54%，不认同的占 23.7%；对"教师努力帮助我们联系生活实际，增强实践能力"的认同度较高，认同的占 54%，不认同的占 25.6%；对"教师在我们发现、分析、解决问题的过程中给予适时指导"的认同度较高，认同的占 64.8%，不认同的占 20.4%。

表5.6　高中生对教师教学的认同

| 维度 | 题目 | 完全认同 | 比较认同 | 不确定 | 较不认同 | 完全不认同 |
|---|---|---|---|---|---|---|
| 教师教学认同 | 任课教师的知识丰富，能够胜任研究性学习的教学 | 20.4 | 39.1 | 24.9 | 8.0 | 7.5 |
| | 我对教师的教学方式持赞同意见 | 17.6 | 37.0 | 29.5 | 8.0 | 8.0 |
| | 教师的教学方式影响我对这门课的兴趣 | 34.0 | 29.2 | 20.0 | 9.9 | 6.9 |
| | 教师对研究性学习课程认真负责 | 26.0 | 33.1 | 24.3 | 7.5 | 9.0 |
| | 教师注重发挥我们的自主性、主动性和创造性 | 22.6 | 31.4 | 22.4 | 13.8 | 9.9 |
| | 教师努力帮助我们联系生活实际，增强实践能力 | 22.2 | 31.8 | 20.4 | 15.3 | 10.3 |
| | 教师在我们发现、分析、解决问题的过程中给予适时指导 | 22.2 | 42.6 | 14.8 | 13.5 | 6.9 |

在访谈中，当我们问到"对老师有什么建议"时，一学生回答："老师上课还可以，说话也很风趣，善于引导我们，对有关问题经常与我们一起进行交流。"某学生回答："我们的课题大都要做实验，很多不懂的地方我们都会请教相关科目的老师，老师都会很耐心地给我们解答，而且我们每个小组本身都有指导老师。"一位接受访谈的老师说："学生自己做课题研究，教师指导，初选题目时，我们会给予实施指导，接着我们会告诉学生怎样进行研究。针对学生在课题研究中遇到的困难，在高二以上课的形式进行通识培训，指导学生怎样做观察、分析问题等。"

（六）高中生对研究性学习课程资源的认同状况

课程资源是课程实施的基础和保障。作为一种崭新的课程形态，研究性学习没有国家规定的统一教材，因此对课程资源的依赖程度，要比学科课程高得多。统计结果显示，高中生对于"有关专家能定期指导我们的研究性学习课程"的认同度很低，认同的只占21.7%，不认同的占60.9%。在访谈中，学生谈到："很少有专家来指导，以前有个国外动物专家来给我们开过讲座，还挺好的，讲的东西很有趣，让我们大开眼界。真希望这样的机会能多些。"学生对于"学校为我们提供图书馆、实验室、计算机室等校内资源"的认同度较低，认同的占34.2%，不认同的占47.5%。学生在访谈中指出："我们学校的计算机室本来就少，学校只有在固定的时间才允许我们使用，比如上计算机课，一般时间是不对我们开放的，实验室也只有上化学课、生物课的时候我们才能接触，更别说图书馆了，而且我们学习任务多，一般也不去借阅书刊，高考要学的就够我们消化了，对于研究性学习的相关资料我也没有注意过里面有没有。"学生对于"我们能够利用企事业单位、科技展览馆、博物馆、小区、商场等校外资源进行资料搜集"的认同度也很低，认同的占27.7%，不认同的占52.3%。学生对于"家长能以自身的知识技能、人际关系和生活经验为我们提供帮助"的认同度为一般，认同的占41.9%，不认同的占31.6%。在访谈中，有学生反映："资源的局限限制了我们的思路，有一些想法只能停留在理论上，根本没有条件进一步深入下去。"

表 5.7　高中生对研究性学习课程资源认同

| 维度 | 题目 | 完全认同 | 比较认同 | 不确定 | 较不认同 | 完全不认同 |
|---|---|---|---|---|---|---|
| 课程资源认同 | 计算机是我们进行研究性课程学习不可缺少的工具 | 39.4 | 25.8 | 15.1 | 8.4 | 11.4 |
| | 有关专家能定期指导我们的研究性学习课程 | 8.8 | 12.9 | 17.4 | 22.4 | 38.5 |
| | 学校为我们提供图书馆、实验室、计算机室等校内资源 | 15.3 | 18.9 | 18.3 | 19.1 | 28.4 |
| | 我们能够利用企事业单位、科技展览馆、博物馆、小区、商场等校外资源进行资料搜集 | 9.9 | 17.8 | 20.0 | 21.5 | 30.8 |
| | 家长能以自身的知识技能、人际关系和生活经验为我们提供帮助 | 10.5 | 31.4 | 26.5 | 17.6 | 14.0 |

（七）高中生对研究性学习课程评价的认同状况

合理的课程评价，对于促进研究性学习的实施具有重要意义。统计结果显示，高中生对"研究性学习课程是否进入高考影响了我学习这门课的积极性"的认同度一般，认同的占 52.3%，不认同的占 23.2%。在访谈中，学生的说法也不同。有学生说："这门课对高考有所帮助，很多课题利用到的知识都与其他科目有关，在研究的同时也丰富和巩固了我们已有的知识，对自己也是一个很大的提高。"而持反对意见的学生则说："虽说研究性学习能提高我们很多能力，可是这种能力的提高并不是一朝一夕的事情，而高考对我们来说却是人生的一个转折点，学校给我们压力，老师比我们压力还大，家长更是时常把'好好学习，考个好大学'挂在嘴边，我们的压力很大。既想搞研究性学习课题，又怕其他主科受影响。在权衡之下，也只好把重点放在要高考的科目上，研究性学习我们分小组进行，自己少做点，让其他感兴趣、擅长的同学多做些，他们不会有意见的。"高中生对"评价贯穿了选题、计划、搜集、总结、交流等各个阶段"的认同度较高，认同的占54.8%，不认同的占18.5%；对"评价注重我们情感体验、参与程度、能力培养等多个方面"的认同度较高，认同的占57.2%，不认同的占18.3%；对"研究性学习重视评价对我们的激励作用"的认同度较高，认同的占61.7%，不认同的占17.2%；对"评价中自我、小组、教师、专家、家长、社会机构等多主体参与"的认同度较低，认同的占33.6%，不认同的占41.5%；对"采用档案袋评价、研讨式评价、平时表现计入评价等多种评价方法"的认同度较低，认同的占39.3%，不认同的占34.4%。

表5.8　高中生对研究性学习课程评价认同

| 维度 | 题目 | 完全认同 | 比较认同 | 不确定 | 较不认同 | 完全不认同 |
|---|---|---|---|---|---|---|
| 课程评价认同 | 研究性学习课程是否进入高考影响了我学习这门课的积极性 | 25.8 | 26.5 | 24.5 | 11.2 | 12.0 |
| | 评价贯穿了选题、计划、搜集、总结、交流等各个阶段 | 24.9 | 29.9 | 26.7 | 9.5 | 9.0 |
| | 评价注重我们情感体验、参与程度、能力培养等多个方面 | 25.6 | 31.6 | 24.5 | 10.3 | 8.0 |
| | 研究性学习重视评价对我们的激励作用 | 23.2 | 38.5 | 21.1 | 11.2 | 6.0 |
| | 评价中自我、小组、教师、专家、家长、社会机构等多主体参与 | 15.1 | 18.5 | 24.9 | 21.3 | 20.2 |
| | 采用档案袋评价、研讨式评价、平时表现计入评价等多种评价方法 | 14.8 | 24.5 | 26.2 | 15.3 | 19.1 |

在问到"学校对你们的研究性学习如何进行评价"时，学生说："我们学校有规定的学分，做完课题我们也会做总结，在班上可以通过研究论文、展示作品、主题演讲等多种方式发表自己的研究成果，进行交流，做得好的学校会提供机会参加成果交流会。"重庆市北碚区某高中教师向我们详细说明了他们学校的评价方案："学校有教师的评价量

表，包括对开题报告、研究过程、课题报告的评价；其次是学生的评价量表，主要是从教师评价、学校评价着手。另外，还有激励性评价和课题评估表，课题评估表主要是有关课题的目标、内容、研究方法、学生参与、教师指导等方面。看起来评价方式很多，不过大都是评价量表，是量化的，缺乏定性的和学生参与。"

（八）高中生对研究性学习课程管理的认同状况

研究性学习作为一门主要由学校自主开发的课程，在具体实施时，与学科课程相比存在很大差异，这使得研究性学习的管理问题凸现出来。考虑到学生对课程管理的认识较为模糊，此维度只设置了两个易理解的题项。

1. 研究性学习课程学分制的认同状况

统计显示，学生对"我赞成研究性学习三年达到 15 学分"的认同度一般，认同的占 53.4%。针对这一题项，我们分别对学生和老师进行了访谈。一学生指出："我知道研究性学习三年要达到 15 学分，我觉得挺好的，这种学分制让我们在没有压力的情况下参与学习，可以不用参与高考，我们的压力相对就小了。"教师也表达了自己的看法："学分制一方面减轻了学生在研究性学习方面的压力，也防止了学生在高考压力下放弃这门课的参与。毕竟，这门课虽然不参加高考，但是有学分限制，学生还是要参与这门课程的学习才能拿到学分。另外，也保证了让学校和教师按照学分管理的方式实施这门全新课程。"

2. 研究性学习课程相关制度的认同状况

高中生对"学校制定了研究性学习的相关制度"的认同度较低，认同的占 29.7%，不认同的占 48.9%。在问到"学校有没有对研究性学习制定一些制度"时，一学生回答："有的。有一定的奖金奖励，不过做得好的才会有，还会颁发荣誉证书。安全制度，我不知道有没有啊，只是出去做调查或观察的时候老师会提醒我们注意安全。"我们进一步访谈教师："学生如果出去搞调研，这一部分资金由谁来支付？"

这位老师回答说："这一块儿我们一般都是让学生自己出，但是比如学生要做调查，调查问卷印刷的费用学校是可以解决的，但学生的车费，甚至聚餐会，就由学生自己解决，我们希望学生自己去向父母拉赞助。"

**表5.9　高中生对研究性学习课程管理认同**

| 维度 | 题目 | 完全认同 | 比较认同 | 不确定 | 较不认同 | 完全不认同 |
|------|------|------|------|------|------|------|
| 课程管理认同 | 我赞成研究性学习三年达到15学分这种学分制 | 25.2 | 28.2 | 19.8 | 11.0 | 15.9 |
|  | 学校制定了研究性学习的相关制度,比如奖励制度、安全制度、设施使用制度、家长和社区参与机制等 | 12.5 | 17.2 | 21.5 | 16.6 | 32.3 |

### 四、研究结论

（一）研究性学习得到高中生的普遍喜欢

调查发现，高中生对研究性学习认同的各维度均值从高到低依次为：课程内容、课程实施、课程价值、课程设置、课程评价、课程目标、课程管理、课程资源。也即高中生对研究性学习的课程内容、课程实施、课程价值、课程设置的认同度较高；对课程评价和课程目标的认同度一般；对课程管理和课程资源的认同度较低。结合访谈结果发现，大多数高中生普遍喜欢研究性学习。

（二）课程资源开发和课程管理是研究性学习的薄弱环节

课程资源是课程实施的必要条件。调查发现，高中生对课程资源的认同度较低，是八个维度中最低的，说明研究性学习实施的基础条件还不充分。比如，家长对研究性学习仍旧缺乏了解和支持，他们更多关注的是学生学习成绩的高低；学校对教师的培训也不足，任课老师大多由其他科目的老师兼任。如果缺乏相应的课程资源，研究性学习的实施将受到阻碍，这就需学校和社会的重视和支持。

课程管理是研究性学习顺利开展的重要保障。然而调查结果显示，高中生对研究性学习管理的认同度很低，这说明学校在课程管理方面所做的工作还不足，仍需进一步改进与完善。

（三）评价制度仍需进一步完善

课程评价对课程的实施具有导向作用。高中生对研究性学习课程评价的认同度一般，在调查维度中处于中间位置，可以说学生对现在的评价机制认同度一般，尤其是"评价中自我、小组、教师、专家、家长、社会机构等多主体参与"和"采用档案袋评价、研讨式评价、平时表现计入评价等多种评价方法"这两个题项，认同度较低，说明研究性学习的评价制度仍需进一步完善。另一方面，研究性学习虽然是高中生必修课，但目前大部分家长，甚至教师、学校领导普遍认为学生进行研究性学习的课题研究会影响升学。这样，高考评价机制就成为阻碍研究性学习实施的重要因素。

## 五、研究建议

根据研究结果，针对高中生对研究性学习的认同状况，特提出如下建议。

（一）教育行政部门是研究性学习顺利实施的启动者

研究性学习作为一门必修课，需要得到教育行政部门的重视。首先，相关政府部门可通过指导性意见等政策文件或利用电视、网络、报纸等媒介广泛宣传研究性学习的重要性，发动社会多方面力量为其顺利开展提供帮助。其次，调查发现，重点中学与非重点中学之间的设施设备差距较大，这就影响了研究性学习的实施效果。为此，政府部门要均衡对各类学校的资源配置，为研究性学习的开展提供良好保障。另外，政府部门可以制定地方和学校的研究性学习开发与管理政策，进一步明确研究性学习的最低要求，编写通用性的研究性学习资料与实施指南，注重研究性学习网络资源库等信息资源的建设。

（二）学校是研究性学习顺利实施的统筹者

调查显示，课程资源是研究性学习开展中的薄弱环节，学生对课程资源的认同度也偏低。因此，学校首先应重视课程资源建设，加大资金投入，增加研究性学习所需的设施设备，建立学校研究性学习网络资源中心，让学生能及时获取所需信息。其次，学校应打破封闭状态，积极为研究性学习的实施提供各种社会资源，与图书馆、科技馆、企事业单位、高校等建立稳定联系。另外，学校需制定和完善相应的规章制度，如研究性学习实施指南、校内设施设备使用制度、研究性学习评价制度、家长与社区有效参与制度等。

（三）教师是研究性学习顺利实施的主力军

调查发现，不论是示范高中还是普通高中，研究性学习教师大都由其他学科教师兼任，其教学视野和知识储备多局限于本学科领域，综合运用知识的能力较欠缺，而面对升学的压力，他们也缺乏足够的精力来实施这门课程。为此，学校应重视教师的培训工作，而任课教师也应积极参与研究性学习的培训，提高思想认识，正确理解其内涵、实施过程和评价要求，提高自身对研究性学习的热情。研究性学习的指导不能只赋予某位教师，应集所有教师的智慧于一体，共同合作进行研究性学习的开发。高校则可开设相应的专业或课程以培养研究性学习的专业教师。

（四）学生是研究性学习顺利实施的参与者

学生是研究性学习的直接参与者，其态度和行为决定着研究性学习的成效。为此，学生首先应配合学校的制度，积极参与有关研究性学习的通识培训，了解研究性学习的价值、目标和意义。其次，要主动参与学校研究性学习的实施，自主选择课题、搜集资料、调查，积极配合小组活动，注意安全防范，处理好研究性学习与其他科目的关系，反思和改进自己在学习中的不足。此外，学生要加强与教师、同学、家长和有关专业人士的合作。

（五）专家是研究性学习顺利实施的驱动器

对于研究性学习，校外专家往往能提供更为专业的支持。但统计显示，高中生对于"有关专家能定期指导我们的研究性学习课程"这一项，认同度是课程资源维度几个题项中最低的。为此，学校应重视这一宝贵的资源，主动邀请校外专家，借助其智慧和经验，从研究性学习的理念、价值、实践等方面，给师生提供更为专业的指导和培训。此外，有关专家可以与学校建立联系，通过专家讲座、在线咨询等方式，协助师生解决研究性学习中遇到的各种问题。

（六）家庭是研究性学习顺利实施的后备军

家庭是学生生活和学习的重要环境，也是研究性学习的资源。调查发现，家长的支持和帮助对学生的研究性学习有很大的激励作用。因此，学校可以通过家长会等途径向家长介绍研究性学习的意义，获得家长的支持。学校在平时的研究性学习中要进行定期交流，组织家长参加有关学生研究性学习成果的展览、交流会等，参与研究性学习过程和结果的评价，让家长在学生的进步中体会研究性学习的价值，从而赢得家长的认同、理解和支持。另外，家长也需要加强对研究性学习的了解，配合孩子的研究性学习活动，根据自己的专长、工作、人际关系等优势，为学生提供力所能及的帮助。

（七）评价是研究性学习顺利实施的引航标

调查显示，高考压力及相应的评价制度在很大程度上影响了学生研究性学习的积极性。不仅高考的压力影响研究性学习的开展，而且研究性学习的评价制度也不够完善。学生对于评价主体的多元性和评价方式的多样性认同度较低。这表明，我们必须完善评价体系，制定研究性学习的评定标准，作为学生达到毕业标准的依据之一，并把研究性学习与对学生、教师和学校的评价有机结合起来。另外，可以采取相应措施将高考与研究性学习联系起来，比如可以在一些科目设置有关研究性学习的题目，对获得奖项的学生，可以酌情优先考虑高考推荐或保送，从而促进研究性学习的顺利实施。

# 参考文献

**中文著作类**

［1］陈侠：《课程论》，人民教育出版社 1989 年版。

［2］陈向明：《质的研究方法与社会科学研究》，教育科学出版社 2000 年版。

［3］黄济：《教育哲学通论》，山西教育出版社 2002 年版。

［4］姬秉新、苟正斐主编：《基础教育课程改革的历程与趋势》，首都师范大学出版社 2003 年版。

［5］教育部基础教育司：《走进新课程——与课程实施者对话》，北京师范大学出版社 2002 年版。

［6］靳玉乐：《现代课程论》，西南师范大学出版社 1995 年版。

［7］靳玉乐：《新课程改革的理念与创新》，人民教育出版社 2004 年版。

［8］李子建、黄显华：《课程——范式、取向和设计》，香港中文大学出版社 1996 年版。

［9］廖哲勋：《课程学》，华中师范大学出版社 1991 年版。

［10］施良方：《课程理论——课程的基础、原理与问题》，教育科学出版社 1996 版。

［11］宋乃庆、徐仲林、靳玉乐：《中国基础教育新课程的理念与创新》，中国人事出版社 2002 年版。

［12］曾琦：《新课程与教师心理调适》，教育科学出版社 2004 年版。

［13］张廷凯：《高中新课程的结构和内容》，天津教育出版社 2005 年版。

［14］钟启泉等：《为了中华民族的复兴，为了每位学生的发展——基础教育课程改革纲要（试行）解读》，华东师范大学出版社 2001 年版。

［15］钟启泉、崔允漷、吴刚平主编：《普通高中新课程方案导读》，华东师范大学出版社 2004 年版。

［16］联合国教科文组织国际教育发展委员会：《学会生存——教育世界的今天和明天》，华东师大比较教育研究所译，教育科学出版社 1996 年版。

［17］［美］泰勒：《课程与教学的基本原理》，施良方译，人民教育出版社 1994 年版。

［18］［美］约翰·D.麦克尼尔：《课程导论》，施良方译，辽宁教育出版社 1990 年版。

**中文期刊类**

［1］操太圣、卢乃桂：《论学校组织变革中的教师认同》，《华东师范大学学报（教育科学版）》2005 年第 3 期。

［2］陈柏华：《教师教材观的三种取向》，《教育发展研究》2009 年第 10 期。

［3］崔允漷、柯政、林一钢：《我国普通高中课程计划的历史演变》，《教育研究》2004 年第 1 期。

［4］和学新：《论普通高中新课程教学中学生学习的引导》，《课程·教材·教法》2004 年第 8 期。

［5］胡小萍、冷先福：《实施新课程：亟需增强农村中学校长的认同感》，《江西教育科研》2004 年第 12 期。

［6］靳玉乐、杨红：《试论文化传统与课程价值取向》，《西南师范大学学报（人文社会科学版）》1997 年第 6 期。

[7] 靳玉乐:《中国基础教育新课程改革的创新与教育观念转变》,《西南师范大学学报(人文社会科学版)》2002 年第 1 期。

[8] 靳玉乐:《论基础教育课程发展的新理念》,《教育理论与实践》2002 年第 4 期。

[9] 靳玉乐、尹弘飚:《课程改革中教师的适应性探讨》,《全球教育展望》2008 年。

[10] 李宝庆:《学生参与课程决策》,《全球教育展望》2009 年第 10 期。

[11] 李慧敏、李汉邦:《美国"大学生认同感调查"及其启示》,《中国高等教育》2008 年第 20 期。

[12] 李素华:《对认同概念的理论述评》,《兰州学刊》2005 年第 4 期。

[13] 李子建:《香港小学教师对课程改革的认同感:目标为本课程与常识科的比较》,《课程论坛(香港)》1998 年第 2 期。

[14] 林倩:《论新课程改革中教师的素质结构》,《四川师范大学学报(社会科学版)》2005 年第 1 期。

[15] 刘启迪:《试论学生与课程实施的关系》,《课程·教材·教法》2002 年第 2 期。

[16] 刘志军:《论发展性课程评价的基本理念》,《学科教育》2003 年第 1 期。

[17] 沈文平:《西部农村地区教师新课程改革适应性调查研究》,《教育测量与评价(理论版)》2010 年第 5 期。

[18] 宋萑、魏鑫:《教师课改认同感与教师专业学习社群的关系研究》,《教育发展研究》2011 年第 10 期。

[19] 宋静:《高中物理新课程教师培训现状的调查研究》,《成都大学学报》2006 年第 5 期。

[20] 唐丽芳、马云鹏:《新课程实施情况调查:问题与障碍》,

《教育理论与实践》2002 年第 7 期。

[21] 王文岚、尹弘飚、颜明仁：《简析课程改革中的教师认同感》，《上海教育科研》2007 年第 2 期。

[22] 王毓珣：《天津市普通高中教师适应新课改情况调研报告》，《天津市教科院学报》2010 年第 4 期。

[23] 吴刚平：《课程资源的理论构想》，《教育研究》2001 年第 9 期。

[24] 解月光：《高中信息技术教师的课程认同状况及其归因分析》，《中小学电教》2005 年第 10 期。

[25] 解月光、邢志芳：《普通高中学生通用技术课程认同现状调查与分析》，《课程·教材·教法》2007 年第 6 期。

[26] 尹弘飚、李子建、靳玉乐：《中小学教师对新课程改革认同感的个案分析》，《比较教育研究》2003 年第 10 期。

[27] 尹弘飚：《课程改革中教师的身份认同》，《教育发展研究》2008 年第 2 期。

[28] 张华、刘宇：《试论课程变革的文化问题》，《教育发展研究》2007 年第 1 期。

**学位论文类**

[1] 白莹洁：《学生的课程诠释——以建中人文社会科学资优班学生为例》，硕士学位论文，台湾师范大学 1996 年。

[2] 陈雄飞：《大学生对德育课程认同感的调查研究——以"思想道德修养课程"为案例》，硕士学位论文，华南师范大学 2005 年。

[3] 陈以叡：《小学生眼中的英语课》，硕士学位论文，台湾师范大学 1999 年。

[4] 黄博：《普通高中新教师新课程认同感研究》，硕士学位论文，新疆师范大学 2009 年。

[5] 李冰：《高中数学教师对数学新课程认同现状的调查与分析》，硕士学位论文，东北师范大学 2010 年。

［6］钱红:《浙江省中小学教师对新课程改革认同感的研究》,硕士学位论文,浙江师范大学 2006 年。

［7］王春楠:《关于高中学生对数学新课程认同现状的调查研究》,硕士学位论文,东北师范大学 2010 年。

［8］王连照:《西北农村小学教师新课程认同情况研究》,硕士学位论文,西北师范大学 2005 年。

［9］吴玉汝:《关于国中学生对英语课的诠释——一个班级的民族之研究》,硕士学位论文,台湾师范大学 1994 年。

［10］谢妙镶:《国中补校学生眼中的英文课》,硕士学位论文,台湾师范大学 1995 年。

［11］杨娟:《当代大学生政治认同心理机制初探》,硕士学位论文,天津师范大学 2009 年。

［12］郑建芸:《广东省中学教师对新课程认同感现状调查研究》,硕士学位论文,华南师范大学 2007 年。

**外文类**

［1］Calarco, A. & Gurvis, J. Flexible Flyers, A Leader's Frame – work for Developing Adaptability, *Leadership in Action*, 2006, 25(6).

［2］Christensen, Edward W. & Anakwe, Uzoamaka P., Receptivity to Distance Learning: The Effect of Technology, Reputation, Constrains, and Teaming Preferences, *Journal of Research on Computing in Education*, 2001, 33(3).

［3］Fielding, M., Students as Radical Agent of Change, *Journal of Educational Change*, 2001, 2(2).

［4］Geijsel, F. & Meijers, F., Identity Learning: The Core Process of Educational Change, *Educational Studies*, 2005, 31(4).

［5］Greene, M., *Teacher as Stranger: Educational Philosophy for Morden Age*, California: Wadsworth Publishing Company, 1973.

[6] Kazlow, C. , Faculty Receptivity to Organizational Change: A Test of Two Explanations of Resistance to Innovation in Higher Education, *Journal of Research and Development in Education*, 1977, 10(2).

[7] Kelman. H. C. , Compliance, Identification, and Internalization: Three Processes of Attitude Change, *Journal of Conflict Resolution*, 1958(2).

[8] Lee, Chi – Kin. , Teacher Receptivity to Curriculum Change in the Implementation Stage: The Case of Environmental Education in Hong Kong, *Journal of Curriculum Studies*, 2000, 32(1).

[9] Moroz, Rose & Waugh, Russell A. , Teacher Receptivity to System – wide Educational Change, *Journal of Educational Administration*, 2000, 19 (2).

[10] Punch, K. F. & McAtee, W. A. , Accounting for Teachers' Attitude towards Change, *Journal of Educational Dministration*, 1979, 17(2).

[11] Waugh, R. F. & Punch, K. F. , Teacher Receptivity to System – wide Change in the Implementation Stage, *Review of Educational Research*, 1987, 57(3).

# 附　录

**附录1：**

## 高中教师新课程认同调查问卷（教师用）

尊敬的老师：

您好！我们是西南大学教育学部科研人员。因研究需要，需对高中教师在新课程改革中的适应性进行调查。答案没有正误之分，请按题目要求，据实际情况作答。

本问卷为匿名形式，与对您的评价无任何关系。研究结果仅仅用于研究，也不会为上级教育管理部门所看到，请不必有任何顾虑。我们十分珍视您的合作！谢谢！

一、基本情况（前5道题请选择一个答案，在序号下打"√"。第6题请填空。）

1. 您的性别：①男　②女

2. 您的教龄：①5年以下　②5－10年　③11－20年　④20年以上

3. 您的学历：①中专以下　②中专（高中）　③大专　④本科
⑤本科以上

4. 所在学校是：①城区高中　②农村高中

5. 您的任教班额：①30人以下　②30－39　③40－49　④50－59
⑤60人以上

6. 您的任教科目：_____

二、五度选择

【填题说明】以下 5 到 1 五个数字分别代表态度由"完全同意"到"完全不同意"，请根据您的真实情况和想法，选择一个最符合的选项，在序号上打"√"。

| | 完全同意 | 基本同意 | 不确定 | 不太同意 | 完全不同意 |
|---|---|---|---|---|---|
| 1. 我注重培养学生的学习方法 | 5 | 4 | 3 | 2 | 1 |
| 2. 我注重培养学生的创新精神 | 5 | 4 | 3 | 2 | 1 |
| 3. 我注重培养学生的实践能力 | 5 | 4 | 3 | 2 | 1 |
| 4. 我注重培养学生的合作能力 | 5 | 4 | 3 | 2 | 1 |
| 5. 我注重培养学生的探究能力 | 5 | 4 | 3 | 2 | 1 |
| 6. 我注重培养学生良好的情感、态度、价值观 | 5 | 4 | 3 | 2 | 1 |
| 7. 新课程标准容易理解 | 5 | 4 | 3 | 2 | 1 |
| 8. 我喜欢现在的新教材 | 5 | 4 | 3 | 2 | 1 |
| 9. 新教材有助于开展合作和探究教学 | 5 | 4 | 3 | 2 | 1 |
| 10. 我能很好地理解新教材 | 5 | 4 | 3 | 2 | 1 |
| 11. 我教新教材时有些困难 | 5 | 4 | 3 | 2 | 1 |
| 12. 新教材内容偏多 | 5 | 4 | 3 | 2 | 1 |
| 13. 设置选修模块很有必要 | 5 | 4 | 3 | 2 | 1 |
| 14. 讲授选修模块内容时有些困难 | 5 | 4 | 3 | 2 | 1 |
| 15. 我喜欢运用新的教学方式 | 5 | 4 | 3 | 2 | 1 |
| 16. 新教学方式对教师要求较高 | 5 | 4 | 3 | 2 | 1 |
| 17. 我单纯讲授的时间比以前减少 | 5 | 4 | 3 | 2 | 1 |
| 18. 我能较好地指导学生的自主学习 | 5 | 4 | 3 | 2 | 1 |
| 19. 我能较好地引导学生的探究学习 | 5 | 4 | 3 | 2 | 1 |
| 20. 我经常以小组合作学习的方式让学生讨论问题 | 5 | 4 | 3 | 2 | 1 |
| 20. 我会引导每个学生在合作学习中积极参与 | 5 | 4 | 3 | 2 | 1 |
| 22. 我能较好地做学生学习的指导者和参与者 | 5 | 4 | 3 | 2 | 1 |
| 23. 我常根据实际增删教学内容 | 5 | 4 | 3 | 2 | 1 |

| | 完全同意 | 基本同意 | 不确定 | 不太同意 | 完全不同意 |
|---|---|---|---|---|---|
| 24. 我常积极开发利用校外资源（自然、博物馆、家长等） | 5 | 4 | 3 | 2 | 1 |
| 25. 我更多地应用互联网、多媒体等资源 | 5 | 4 | 3 | 2 | 1 |
| 26. 我重视课堂中的生成性资源 | 5 | 4 | 3 | 2 | 1 |
| 27. 我常主动反思并研究如何改进教学 | 5 | 4 | 3 | 2 | 1 |
| 28. 我会将教学问题转化为课题进行研究 | 5 | 4 | 3 | 2 | 1 |
| 29. 评价是为了促进学生发展 | 5 | 4 | 3 | 2 | 1 |
| 30. 我对所有学生一视同仁 | 5 | 4 | 3 | 2 | 1 |
| 31. 我既评价学生的知识掌握情况，也评价能力、情意等方面 | 5 | 4 | 3 | 2 | 1 |
| 32. 我既关注学生学习结果，又关注其学习过程中的变化 | 5 | 4 | 3 | 2 | 1 |
| 33. 我善于引导学生自评和互评 | 5 | 4 | 3 | 2 | 1 |
| 34. 我善于运用多种评价方法（观察、操作、作品展示等） | 5 | 4 | 3 | 2 | 1 |
| 35. 我善于指导学生利用自己的成长记录手册 | 5 | 4 | 3 | 2 | 1 |
| 36. 我具备了新课程要求的知识与能力 | 5 | 4 | 3 | 2 | 1 |
| 37. 遇到教学问题时，我常与其他教师交流 | 5 | 4 | 3 | 2 | 1 |
| 38. 校领导对课程改革非常重视 | 5 | 4 | 3 | 2 | 1 |
| 39. 教师的团结协作对我很有帮助 | 5 | 4 | 3 | 2 | 1 |
| 40. 教室、实验室、图书馆等硬件资源充足 | 5 | 4 | 3 | 2 | 1 |
| 41. 我所教学科的教师是充足的 | 5 | 4 | 3 | 2 | 1 |
| 42. 我愿参加学校组织的教师培训 | 5 | 4 | 3 | 2 | 1 |
| 43. 培训机会增多，并对我很有帮助 | 5 | 4 | 3 | 2 | 1 |
| 44. 培训内容的针对性应增强 | 5 | 4 | 3 | 2 | 1 |
| 45. 培训方式应多样化 | 5 | 4 | 3 | 2 | 1 |
| 46. 考试成绩是评价学生和教师业绩的主要尺度 | 5 | 4 | 3 | 2 | 1 |
| 47. 现行高考制度制约了我积极参与课改 | 5 | 4 | 3 | 2 | 1 |

三、主观开放题

1. 高中新课程实施以来，您觉得存在什么困难？如何克服的？

2. 对教材编写、教育行政部门、学校、校外专家等有何建议？

附录2:

## 高中教师新课程认同访谈提纲（教师用）

性别：男　　女　　　　　　　　　　　　　年龄：

所在学校的性质：主城区　乡镇　农村

教龄：　　　　　　　　　　　　　　　　　任教年级：

基础学历：　　　　　　　　　　　　　　　最后学历：

1. 谈谈您对当前进行的高中课程改革的看法？

2. 如何看待新教材（比如优点，不足）？与旧教材相比，变化大吗？

3. 新教材是否有利于激发学生的学习兴趣？是否有利于学生进行自主、合作和探究学习？

4. 在使用新教材的过程中，您遇到的困难有哪些？您是怎样解决的？

5. 谈谈您对选修模块的看法？选修模块是如何安排的？存在哪些困难？有什么建议？

6. 这所学校开设校本特色课程吗（如影视欣赏等）？您参与校本特色课程的开发或教学工作吗？

7. 您认为大多数学生对新教材的适应情况如何？原因是什么？

8. 谈谈您对自主、合作、探究学习方式的认识？

9. 您如何指导学生的自主学习？您认为实施这些教学方式有什么困难？原因是什么？如何克服的？合作学习呢？探究学习呢？

10. 您觉得自己的知识与能力能否胜任新课程的教学？

11. 您认为学生在进行自主、合作和探究学习时存在哪些困难？原因是什么？

12. 在教学中您是如何评价学生的？用了哪些评价方法？

13. 您如何评价学生在能力（如探究能力、实践能力等）方面的发展？

14. 您如何评价学生在情感、态度、价值观等方面的发展？

15. 您对档案袋评价（也就是学生的成长记录手册）是如何看待

的？您经常指导学生利用自己的成长记录手册吗？

16. 谈谈您对高中实行学分制的看法？学校开展情况如何？推行学分制的困难有哪些？您是如何指导学生选课的？

17. 学校现在的资源能满足您的教学需要吗（比如教学仪器、图书、电脑等）？

18. 您认为本校实施新课程的有利条件是什么（比如教师素质、文化氛围、领导重视、学生整体水平、上级教育部门重视、家长支持等方面）？

19. 本校实施新课程的不利条件包括哪些方面？

20. 如何看待当前学校对教师的考核评价（比如教学与科研等）？

21. 这种考核评价影响您落实新课程倡导的一些理念吗（比如素质教育、培养学生的创新精神）？

22. 您是否进行过有关新课程的培训？觉得效果怎样？对培训有何建议？

23. 高中新课改是否加重了您的负担？是的话，表现在哪些方面？

24. 作为一线教师，您想对教育行政部门、教研员、学校、教材编写者、学生提出什么建议？

**附录3：**

## 高中生新课程认同感调查问卷（学生用）

亲爱的同学：

你好！本次调查，是为了了解你当前学习的基本情况，为科学研究提供数据。你的认真回答对本书非常重要！本问卷以不记名的方式进行，内容不涉及个人隐私，不涉及对学校和个人的评价，调查的结果只用于数据统计分析，请你如实填写。衷心感谢你的参与！

西南大学教育学部

一、基本情况（请你如实填写，请在符合的选项上打"√"，注意

不要漏题）

1. 性别：①男　　②女

2. 民族：　　族

3. 你的家住在：①城区　　　②农村

4. 就读学校是：①城区高中　　②农村高中

5. 年级：　　①高一　②高二　③高三

6. 所在班级人数：①30人及以下　②31－45人　③45.60人　④61人以上

二、五度选择

【填题说明】以下5到1五个数字分别代表态度由"完全同意"到"完全不同意"，请根据你的真实情况和想法，选择一个最符合的选项，在序号上打"√"。

| | 完全同意 | 基本同意 | 不确定 | 不太同意 | 完全不同意 |
|---|---|---|---|---|---|
| 1. 我不仅学到了知识，还学会了许多技能 | 5 | 4 | 3 | 2 | 1 |
| 2. 我掌握了许多学习方法 | 5 | 4 | 3 | 2 | 1 |
| 3. 我的创新精神得到培养 | 5 | 4 | 3 | 2 | 1 |
| 4. 我的实践能力得到培养 | 5 | 4 | 3 | 2 | 1 |
| 5. 我的合作能力、探究能力得到提高 | 5 | 4 | 3 | 2 | 1 |
| 6. 我养成了良好的情感、态度、价值观 | 5 | 4 | 3 | 2 | 1 |
| 7. 我对现行教材很感兴趣 | 5 | 4 | 3 | 2 | 1 |
| 8. 我喜欢教材中的拓展性阅读材料 | 5 | 4 | 3 | 2 | 1 |
| 9. 学校开设了选修内容 | 5 | 4 | 3 | 2 | 1 |
| 10. 我对选修内容很感兴趣 | 5 | 4 | 3 | 2 | 1 |
| 11. 我会根据自己的兴趣选择选修模块 | 5 | 4 | 3 | 2 | 1 |
| 12. 学校还开设了一些特色类课程 | 5 | 4 | 3 | 2 | 1 |
| 13. 我喜欢学校开设的研究性学习、社会实践等活动 | 5 | 4 | 3 | 2 | 1 |

| | 完全同意 | 基本同意 | 不确定 | 不太同意 | 完全不同意 |
|---|---|---|---|---|---|
| 14. 我不喜欢老师满堂讲的教学方法 | 5 | 4 | 3 | 2 | 1 |
| 15. 我对老师讲的内容很少提出质疑 | 5 | 4 | 3 | 2 | 1 |
| 16. 我常主动自觉地学习 | 5 | 4 | 3 | 2 | 1 |
| 17. 我自己能对学习活动进行计划和安排 | 5 | 4 | 3 | 2 | 1 |
| 18. 我常主动总结学习经验和教训 | 5 | 4 | 3 | 2 | 1 |
| 19. 我很喜欢探究式学习 | 5 | 4 | 3 | 2 | 1 |
| 20. 我很清楚如何进行探究学习 | 5 | 4 | 3 | 2 | 1 |
| 21. 我能根据要探究的问题制定解决计划 | 5 | 4 | 3 | 2 | 1 |
| 22. 我在探究学习中能主动收集资料 | 5 | 4 | 3 | 2 | 1 |
| 23. 我积极参与小组活动，并提出自己的观点 | 5 | 4 | 3 | 2 | 1 |
| 24. 我在小组中乐意倾听他人的想法 | 5 | 4 | 3 | 2 | 1 |
| 25. 我在小组中能职责分明，互相帮助，共同完成任务 | 5 | 4 | 3 | 2 | 1 |
| 26. 老师对所有学生都一视同仁 | 5 | 4 | 3 | 2 | 1 |
| 27. 我常对自己的学习进行反思 | 5 | 4 | 3 | 2 | 1 |
| 28. 同学之间经常相互评价 | 5 | 4 | 3 | 2 | 1 |
| 29. 我有时通过实际操作、作品展示等表现自己 | 5 | 4 | 3 | 2 | 1 |
| 30. 在教师指导下，我会利用成长记录手册 | 5 | 4 | 3 | 2 | 1 |
| 31. 现行的高考制约了我积极参与课改 | 5 | 4 | 3 | 2 | 1 |
| 32. 我具备现行学习方法所需的知识与能力 | 5 | 4 | 3 | 2 | 1 |
| 33. 我对许多问题有好奇心，并体验到探究的苦与乐 | 5 | 4 | 3 | 2 | 1 |
| 34. 我的性格影响了合作与探究学习的参与度 | 5 | 4 | 3 | 2 | 1 |
| 35. 我已经习惯于教师讲、学生听 | 5 | 4 | 3 | 2 | 1 |
| 36. 同学之间能相互帮助 | 5 | 4 | 3 | 2 | 1 |
| 37. 教师善于指导我进行自主学习 | 5 | 4 | 3 | 2 | 1 |
| 38. 教师善于引导我们探究学习，而非直接告诉答案 | 5 | 4 | 3 | 2 | 1 |
| 39. 教师善于指导我们的小组学习 | 5 | 4 | 3 | 2 | 1 |
| 40. 家长对现行的教材、教学方法很满意 | 5 | 4 | 3 | 2 | 1 |
| 41. 家长只关心我的学习成绩 | 5 | 4 | 3 | 2 | 1 |
| 42. 教材很容易学习 | 5 | 4 | 3 | 2 | 1 |

| | 完全同意 | 基本同意 | 不确定 | 不太同意 | 完全不同意 |
|---|---|---|---|---|---|
| 43. 教材内容贴近社会和学生生活 | 5 | 4 | 3 | 2 | 1 |
| 44. 教材的编排顺序很合理 | 5 | 4 | 3 | 2 | 1 |
| 45. 学校各科教师充足 | 5 | 4 | 3 | 2 | 1 |
| 46. 学校图书馆、实验室的资源能满足需要 | 5 | 4 | 3 | 2 | 1 |
| 47. 教师经常利用校外资源（如自然、博物馆、家长等） | 5 | 4 | 3 | 2 | 1 |
| 48. 学校建立了学生选课指导制度 | 5 | 4 | 3 | 2 | 1 |
| 49. 选课指导制度能帮我正确选择自己的课程 | 5 | 4 | 3 | 2 | 1 |
| 50. 学分制有必要实行 | 5 | 4 | 3 | 2 | 1 |
| 51. 学校实行了学分制管理制度 | 5 | 4 | 3 | 2 | 1 |

三、开放题

1. 你在学习中遇到了哪些困难？是如何克服的？

2. 为促进你的学习，你对学校、教师、教材编写人员等有什么建议？

附录4:

**高中生对新课程改革的认同感访谈提纲（学生用）**

1. 你觉得现在的教材怎么样？能引起你的学习兴趣吗？

2. 你在学习新教材方面还有那些困难？

3. 你如何看待教材的选修内容？如何看待开设情况？关于选修课你还有什么建议？

4. 学校是否开设了特色课程（如影视欣赏等）？你对学习特色课程还有什么意见？

5. 谈谈你对综合实践活动课程的看法？老师是兼职还是专职？综合实践活动课一般一周上几次？有没有去校外做一些活动？

6. 你知道自主、合作、探究这些学习方法吗？

7. 你是怎么理解自主学习的？喜欢自主学习吗？为什么？学习中的困难有哪些？又是如何克服的？

8. 你喜欢小组合作学习吗？为什么？合作学习中如何分组？在合作中容易出现什么问题？是如何克服的？

9. 你喜欢探究学习吗？为什么？是如何开展的？在探究中存在什么困难？是如何克服的？

10. 你会受高考的影响，将主要精力用于高考所考的科目，而对其他科目，只是为了达到所要求的学分而学习吗？

11. 学习的资源充足吗（比如图书、电脑等）？在进行自主、合作和探究学习时，老师是如何指导的？

12. 现在每学期考试多吗？你觉得这样好吗？学校是否增加了新的评价方式（如学习日记、行为观察等）？

13. 你对档案袋评价有什么看法？学校重视档案袋评价方式吗？推行得如何？

14. 你了解学分制吗？是如何看待学分制的？推行学分制的困难有哪些？学校的领导和教师是如何指导选课的？

15. 你的家长对学校现在的一些做法持什么态度？

**附录5：**

### 高中生的研究性学习认同调查问卷（学生用）

亲爱的同学：

你好！为了解高中研究性学习课程的基本情况，特进行此次问卷调查。本问卷采取匿名形式，与任何考评无关，答案没有对错之分，只供课题研究所用，请你按照自己的实际想法进行选择，对你的真实回答将予以保密，绝不会给你带来任何麻烦。谢谢你的合作！

一、请先认真填写个人资料，在符合自己情况的项目上划"√"。

1. 学校类型：①普通高中　②重点高中
2. 性　　别：①男性　②女性
3. 年　　级：①一年级　②二年级
4. 学校位于：①城市　②农村

二、正式问卷

【填题说明】以下 1 到 5 五个数字分别代表态度由"完全不认同"到"完全认同"，请根据你的真实情况和想法，选择一个最符合的选项，在序号上打"√"。

| | 完全同意 | 基本同意 | 不确定 | 不太同意 | 完全不同意 |
|---|---|---|---|---|---|
| 1. 研究性学习课程使我获得了亲身参与研究探索的体验 | 1 | 2 | 3 | 4 | 5 |
| 2. 我发现问题与解决问题的能力得到提高 | 1 | 2 | 3 | 4 | 5 |
| 3. 我收集、分析与利用信息的能力得到提高 | 1 | 2 | 3 | 4 | 5 |
| 4. 我与他人分享与合作的能力得到提升 | 1 | 2 | 3 | 4 | 5 |
| 5. 我的科学态度和科学道德得到培养 | 1 | 2 | 3 | 4 | 5 |
| 6. 我的社会责任心和使命感得到加强 | 1 | 2 | 3 | 4 | 5 |
| 7. 我对高中研究性学习课程的课程目标完全了解 | 1 | 2 | 3 | 4 | 5 |
| 8. 我认为学习目标适度，没有提出过高要求 | 1 | 2 | 3 | 4 | 5 |
| 9. 我能够达到研究性学习目标 | 1 | 2 | 3 | 4 | 5 |
| 10. 我赞成研究性学习课程作为必修课 | 1 | 2 | 3 | 4 | 5 |
| 11. 研究性学习活动三学年共计 270 课时可以满足我学习的需要 | 1 | 2 | 3 | 4 | 5 |
| 12. 研究性学习内容具有地区和学校特色 | 1 | 2 | 3 | 4 | 5 |
| 13. 学习内容不是预先规定的、标准的、统一的 | 1 | 2 | 3 | 4 | 5 |
| 14. 内容的难易程度与我们的认知水平相适切 | 1 | 2 | 3 | 4 | 5 |
| 15. 选取的主题对学生自身、家庭、学校以及所在社区具有实际意义 | 1 | 2 | 3 | 4 | 5 |
| 16. 选取的主题是日常生活、自然、社会中自己感兴趣的 | 1 | 2 | 3 | 4 | 5 |
| 17. 我们自主确定主题、制定计划、搜集资料、总结整理 | 1 | 2 | 3 | 4 | 5 |

| | 完全同意 | 基本同意 | 不确定 | 不太同意 | 完全不同意 |
|---|---|---|---|---|---|
| 18. 任课教师的知识丰富，能够胜任研究性学习的教学 | 1 | 2 | 3 | 4 | 5 |
| 19. 我对教师的教学方式持赞同意见 | 1 | 2 | 3 | 4 | 5 |
| 20. 教师的教学方式影响我对这门课的兴趣 | 1 | 2 | 3 | 4 | 5 |
| 21. 教师对研究性学习课程认真负责 | 1 | 2 | 3 | 4 | 5 |
| 22. 教师注重发挥我们的自主性、主动性和创造性 | 1 | 2 | 3 | 4 | 5 |
| 23. 教师努力帮助我们联系生活实际，增强实践能力 | 1 | 2 | 3 | 4 | 5 |
| 24. 教师在我们发现、分析、解决问题的过程中给予适时指导 | 1 | 2 | 3 | 4 | 5 |
| 25. 同学们都积极参与研究性学习课程 | 1 | 2 | 3 | 4 | 5 |
| 26. 研究性学习课程的课堂气氛活跃 | 1 | 2 | 3 | 4 | 5 |
| 27. 研究性学习课程中我们的学习方式是多样化的 | 1 | 2 | 3 | 4 | 5 |
| 28. 计算机是我们进行研究性课程学习不可缺少的工具 | 1 | 2 | 3 | 4 | 5 |
| 29. 有关专家能定期指导我们的研究性学习课程 | 1 | 2 | 3 | 4 | 5 |
| 30. 学校为我们提供图书馆、实验室、计算机室等校内资源 | 1 | 2 | 3 | 4 | 5 |
| 31. 我们能够利用企事业单位、科技展览馆、博物馆、小区、商场等校外资源进行资料搜集 | 1 | 2 | 3 | 4 | 5 |
| 32. 家长能以自身的知识技能、人际关系和生活经验为我们提供帮助 | 1 | 2 | 3 | 4 | 5 |
| 33. 研究性学习课程是否进入高考影响了我学习这门课的积极性 | 1 | 2 | 3 | 4 | 5 |
| 34. 评价贯穿了选题、计划、搜集、总结、交流等各个阶段 | 1 | 2 | 3 | 4 | 5 |
| 35. 评价注重我们情感体验、参与程度、能力培养等多个方面 | 1 | 2 | 3 | 4 | 5 |
| 36. 研究性学习重视评价对我们的激励作用 | 1 | 2 | 3 | 4 | 5 |
| 37. 评价中自我、小组、教师、专家、家长、社会机构等多主体参与 | 1 | 2 | 3 | 4 | 5 |
| 38. 采用档案袋评价、研讨式评价、平时表现计入评价等多种评价方法 | 1 | 2 | 3 | 4 | 5 |
| 39. 我赞成研究性学习三年达到15学分这种学分制 | 1 | 2 | 3 | 4 | 5 |
| 40. 学校校制定了研究性学习的相关制度，比如奖励制度、安全制度、设施使用制度、家长和社区参与机制等 | 1 | 2 | 3 | 4 | 5 |

**附录6：**

## 高中生的研究性学习认同访谈提纲（学生用）

学校＿＿＿年级＿＿＿性别＿＿＿访谈时间＿＿＿地点＿＿＿

1. 你对普通高中开设研究性学习的看法是什么？

2. 通过这一阶段研究性学习课程的学习，你觉得你哪些方面的能力提高了？

3. 你了解研究性学习的目标吗？通过哪些途径？

4. 课程如何设置的？一周几课时？你对这样的设置满意吗？

5. 你们怎么选择研究性学习的主题？难易程度与你们的认知水平适应吗？

6. 你觉得任课老师怎么样？他（她）有影响到你对这门课的态度和看法吗？

7. 同学们都积极参与课程学习吗？课堂气氛如何？师生交流多吗？

8. 你们在研究性学习的过程中如何搜集材料？运用了哪些资源？

9. 你所在的学校请过专家做研究性学习方面的指导吗？

10. 你认为研究性学习课程与其他学科课程之间的联系有哪些？

11. 家长了解研究性学习吗？对研究性学习的看法是什么？有没有为你的研究性学习提供过帮助？家长对你研究性学习的支持会增长你学习的动力吗？

12. 你会受高考的影响，将主要精力用于高考所考的科目，对研究性学习只是为了达到所要求的学分而学习研究性学习课程吗？

13. 学校对你们的研究性学习如何进行评价？你对这种评价怎么看？

14. 学校有没有构建安全制度、奖励制度等？

**附录7：**

## 高中生的研究性学习认同访谈提纲（教师用）

学校_____访谈时间_____地点_____

1. 您觉得研究性学习课程是否有利于培养学生的各种能力？

2. 学生能否达到研究性学习的目标？您觉得目标对于学生来讲是不是适度？

3. 您们如何确定研究性学习的主题？

4. 在您的课堂中，学生在研究性学习课程学习中处于什么地位？

5. 您对这门课，平时都做了哪些方面的准备？

6. 学生在课堂上的学习积极性如何，对这门课的态度和其他课程有无差别，

7. 学校为研究性学习课程的开设提供了哪些资源？您怎么看？

8. 家长了解研究性学习吗？您们和家长做过沟通吗？

9. 学校是如何考查学生的学习效果的？学生对于这样的评价持什么态度？

10. 学校提供的教师发展环境怎么样（比如政策、制度、管理方面）？您认为目前作为研究性学习的教师来说，最大的挑战或困惑是什么？您最需要的帮助和支持是什么？

11. 学校有没有构建完善的研究性学习课程管理制度？您认为学校应该从哪些方面来完善研究性学习课程的管理？